移民と国内植民の社会学

矢内原忠雄の植民論とアイヌ民族

佐久間孝正

勁草書房

はじめに

本書の課題は、近代日本の植民思想を代表する新渡戸稲造、矢内原忠雄とアイヌ民族の問題を探ることである。これまで新渡戸稲造や矢内原忠雄の植民思想については、多くの研究がなされてきた。新渡戸ならイギリスとの関係でアメリカの建国史や農業の定着・発達史に関し、矢内原なら台湾、朝鮮半島、中国東北部、南洋諸島の植民地化との関係で多くの成果がある。これはかれらの植民思想が、海外植民（地）の問題として捉えられたからである。

一方アイヌの研究にも人類学や考古学はもとより、民族学、歴史学、社会学等その蓄積には近年、汗牛充棟の感がある。一九九七年には、アイヌ文化振興法（正式名称：アイヌ文化の振興並びにアイヌの伝統等に関する知識の普及及び啓発に関する法律）の施行により、ほぼ一世紀ぶりに「北海道旧土人保護法」は廃止されたが、これは世界的な先住民運動とも連動し、アイヌに関する関心・研究も大いに進んだことを物語る。

ところで近代日本の植民思想と国内のナショナル・マイノリティとしてのアイヌ民族の問題は、これまであまり関連づけて問われたことがない。東京帝国大学初代植民政策講座の新渡戸はともかく、その後継者矢内原にはアイヌと和人の関係をも国内植民地問題として捉える視点があったにもかかわらず、である。本書の目的は、この研究の間隙を埋めることにある。

矢内原は、アイヌに関しまとまった論文こそ書かなかったものの、世界の先住民族に言及する所では、アイヌをよく引き合いに出す。本書は矢内原の先住民研究に、近代日本が資本主義の基盤固めをする際、北海道の国内植民地化論との関連で、アイヌ民族・文化衰退への危機・予兆をも読み取るべきことを示す。資本主義成長のために非資本主義的エリアを不可欠とみたのは、矢内原が重視した『資本蓄積論』の著者、ローザ・ルクセンブルクであった。矢内原植民論にとり北海道は、内地資本主義発展への時間差を含む非資本主義的地域であった。

さらに矢内原の植民論には、今日でいう社会学的な行為理論もうかがえる。かれは、国民の一部が他地域に移住した際、国家との関連が重視される「形式植民」とは区別される「実質植民」を重視したが、その背後には、移住先での入植者と先住民との「対立・闘争・協調・和解」という「闘争と結合の社会学」が内包されている。矢内原の植民論を、社会学的な行為理論としても読み解いてみたい。

その際、矢内原の実質植民論のイメージを確定するために、明治維新直後に北海道南部胆振《いぶり》地方に入植した伊達亘理《わたり》支藩を取り上げ、具体的にかれらが定住するのに、現地アイヌ民族と良好な関係を築くことがいかに重要だったかをみる。「対立・闘争・協調・和解」の行為理論からいえば、「協調・和解」による内地士族定住のコミュニティ形成の例になる。ちなみに胆振地方は現在、アイヌ子孫の人口が北海道でもっとも多く、士族入植の地として歴史学や植民史の領域でも話題の多い所である。

矢内原といえば、第二次世界大戦の引き金となった中国東北部への侵略との関連で独自の満州論があるが、これが当時の社会学者の東亜論とどのような関係に立つかも、本書執筆の隠された動機である。特に社会学の巨匠でありながら、戦後そろいもそろって公職追放に処せられた高田保馬や新明正道らの東亜論との比較を通して、矢内原満州論の独自性に迫ってみたい。

新明正道と矢内原は、共に東京帝国大学政治学科出身で吉野作造の影響を受けながら、新明は矢内原に一切言及しなかった。あの該博な知識の持ち主新明が、多くの知識人に言及しながら矢内原にふれたのは、管見の限りXYZの筆名で一高校長の新渡戸にふれた折り、新渡戸の下から多くの知識人が育ったとして河合栄治郎や田中耕太郎らにふれたついでに矢内原に言及したに過ぎない。話の内容は、矢内原の植民論でもなければ満州論に関するものでもない。わずか五歳しか離れていないにもかかわらず、かつ同じ朝鮮や中国を扱いながら、新明はなぜ矢内原への言及を避けたのか、かれの東亜論の内容もみながら高田とともに考えてみたい。

こうした民族問題に言及する際、矢内原のイギリス留学後の最初の論文、「シオン運動（ユダヤ民族郷土建設運動）に就いて」が、矢内原植民論でいかに重要な位置を占めるかも示す。矢内原研究のなかで、同論文がその後の植民研究に果たした役割についてはほとんどふれられないが、本書はこの論文こそ、その後の矢内原の植民研究に確固たる拠点を与えた書としてその意義を論じる。

なお明治期にイギリスから来た宣教師や探訪家ジョン・バチラー、イザベラ・バードらの北海道での活動も取り上げ、伊達士族入植当時の有珠地方の紹介も兼ね、現在、当地で行われているアイヌの子どもの学力養成の地域学習室活動にもつなげていく。矢内原国内植民論の意義を、北海道――士族入植の地伊達・有珠地方――先住民アイヌとの闘争と和解――イギリス宣教師のみた有珠のアイヌ――資本主義の外部としての非資本主義地域の切り崩し――先住民社会の危機と崩壊――現代のアイヌ子孫の地域学習室運動として、今日のアイヌが直面している問題にも迫ることにしたい。

移住先でコミュニティが成立するためには、一定数になるまで後続の入植を不可避とする。これは今日の移民でいえば、チェーン・マイグレーション（連鎖移民）に相当するが、伊達亘理支藩の場合、それはいかにして可能になったのだろうか。先人の移住者は、現地先住民アイヌの人々とどのように対立、闘争を乗り越え協調、和解、共生していったのか。移住先での新たな社会関係のみならず、自然環境との折り合いはどうだったのか。海外植民とは異なる国内植民の次元で具体的に考えてみたい。

今日世界は、人の移動のグローバルな時代を迎えている。植民、移民、難民問題の行きつくところは、移動先で先住者と社会的、自然的環境においていかに共存・共生していくかに尽きる。同化、統合、多文化、共生等、現代の移民で問われる問題に関しても、矢内原植民論が、すでに多くのアイデアを内抱していることを示してみたい。

先住民と原住民について一言記しておく。アイヌやネイティブ・アメリカン等明らかに植民者に先行する居住者は、基本的に「先住民」としている。しかし「満州」のような所では、歴史的な前後より、すでに現地で生活していた住民（国民）のいたことの方が重要なので、矢内原等の表現も参考にしながら原住民（者）としてある。その他、煩雑を避けるため原著者の表現に倣った所もある。

またアメリカ先住民に関しては、一般にネイティブ・アメリカンとしているが、引用する原著者がアメリカ・インディアンとしている所では、アメリカ・インディアンを使用している（なお、本書脱稿後の二〇一九年二月、政府は初めて、アイヌが先住民族であることを法律に明記し、支援する閣議決定を行った）。

移民と国内植民の社会学——矢内原忠雄の植民論とアイヌ民族／目　次

目　次

第一章　明治新政府と伊達藩――ナショナル・マイノリティとしてのアイヌ

1　亘理《わたり》支藩の移住と有珠のアイヌ

伊達藩の移住

北海道の伊達市周辺は、道内ではもっとも気候が温暖で北海道の湘南ともいわれる。付近を走る有珠海岸は、数十年おきに爆発する有珠山や昭和新山とも調和し風光明媚な所としても知られる。この地域を胆振《いぶり》地方というが、昔から隣の日高と並んでアイヌ民族が多く住んでいる。現在でも道内ではアイヌ民族につながると自覚している人は、日高と並んで多い。

近代になり胆振地方がにわかに脚光を浴びたことが二度ある。一度は本書の影の主題ともいえる幕末期に、維新勢力に反旗を翻し、逆賊の汚名を着せられた奥州の覇者伊達藩――そのなかの亘理支藩士族が新たな再生の地として移住を決意したときであり、二度目は、昭和の時代、北海道電力により火力発電の設営地に指定されたときである。

明治新政府は、東北諸藩に過酷な試練を課した。維新をリードした西軍に対し、徳川幕府打倒にさしたる正当性を認めなかった東北諸藩は、奥羽越列藩同盟を結成し会津藩を先頭に西軍に最後まで抵抗した。しかし近代兵器に優る西軍を前にやがては鎮圧され、朝敵・逆賊扱いにされた。こうなっては元の地域での生活は困難である。再建の夢は、北海道を舞台に展開されることになる。

あらためて述べるまでもなく、維新後の急を要する課題は、アジアに南下しつつあったロシアの勢力から北海道を守ることだった。明治政府は、北海道を「帝国の北門」（小熊、50）とし、外国勢力からの防衛を重視した。伊達支藩のなかでも二万四〇〇〇余りの石高から五八石にまで減封（岡、24）された亘理では、家来への給付もままならず、あげく逆賊の烙印まで押される身となっては、汚名返上の策は、新政府が重視する北海道の開発で果たす以外にない。

亘理の家老田村顕允（常盤新九郎）は、藩主伊達邦成に熱心に北海道への移住を進言し、邦成もまた北海道の開発に再生を託した。このとき、亘理領主邦成に割り当てられたのが胆振地方であり、角田石川家には札幌郊外、石狩平野の当別が割り当てられた。石川家が移住した石狩平野の栗山は、輝かしい成果を上げたとはいえない。一方亘理からの移住による胆振伊達は、のちに農業生産において輝かしい成果を収め、明治天皇より表彰され、朝敵の汚名を晴らしている。

開拓の一歩

伊達藩の移住者は、第九次にまで及び総勢二八〇〇名を超える。当初、伊達藩の移住希望先は有珠より豊漁の期待された日高、新冠近辺だったという（渡辺、40）。有珠は、火山灰故地味も悪いと思われたからである。しかし、実際に割り当てられたのは、日高ではなく有珠だった。一九世紀後半から二〇世紀が、鉄道の世紀でもあったことを考えるとこれは不幸中の幸いといえよう。

札幌に北海道開拓使の本部が置かれ、函館と札幌を結ぶ幹線が開通すると、当初は小樽周りが本線ではあったが、産業の発展に伴い室蘭の地位の上昇や洞爺、登別等の温泉地が脚光を浴びるにつれて、有珠周辺の交通網の整備が進んでいった。日高地方は、苫小牧からもさらに遠く、札幌への交通網からも周辺化され、現在も漁業を別にすれば、産業は牧場が主で気候風土は有珠より過酷である。松浦武四郎（1818–1888）ですら、「朝敵たる仙台藩人に有珠郡の如き結構な地所を割渡すことは、向来注意せらるべし」（同、40）と述べたというから、伊達藩にとっては有珠の割り当ては思わぬ僥倖であった。

最初の当地の移住先は、有珠地域より室蘭側の所で、現在は伊達市中央部のやや西北に当たる。付近には、亘理藩主伊達邦成が鍬入れをした所に記念碑が立ち、その後ろには旧伊達氏の私邸や明治の客人をもてなした迎賓館が建っている。

当然この地域にもアイヌ民族はいたが、主な活動は有珠地区や周辺の海岸、船岡や黄金地区であり、付近を流れる沙流川や原野は、狩猟・漁労に使用はしても所有観念は一般化していなかったから、明治政府にしても伊達藩にしても、アイヌ民族の居住地とは重ならないと考えたのだろう。明治になり、近代国家建設が始まると多くの和人が北海道に入植するが、そのなかでも成功組といわれる伊達支藩の活動は、こうして始まった。

それから一五〇年たち、伊達市の黄金や船岡近辺のアイヌ集落は縮小の一路をたどり、和人との混血も進んだが、当時から大きなコタン（アイヌの集落地）のあった有珠地域には、漁業関係で生計を立てているアイヌの末裔がなお多く住んでいる。そもそも「ウス（有珠）」とは、アイヌ語で入江の意味である（『伊達市史』、223）。有珠地域の住民の四分の一は、アイヌを先祖にもつ人々といわれる。

アイヌの協力

伊達邦成が北海道への移住を申し出、有珠郡を支配地とする辞令を受けたのは、一八六九年八月という（伊達、31）。直ちに下見に出かけたが、当然有珠の随所にアイヌがいた。かれは、アイヌに向かって次のように述べたという。「この度開拓使が置かれ、蝦夷地の名称を北海道と改め郡村に分け、内地人を移し土地を開拓することになった。私邦成がこの地を支配することを仰せ付けられ、来春から漸次人を引移し、土地を開拓し農業に勤しむこととなった。前から住んでいる皆々は私どもの支配を受けることとなるが、これまでどおり、家業に励み、御用に勤めるのはもちろん、農業についてもよく学ぶように心がけるように努めてほしい」（同、54）と。

伊達家に絞ってみても、岩出山の伊達邦直は、空知内に支配地を分割された。かれらも一八七一年に「石狩からアイヌの人夫七名を引き連れて、小舟で石狩川を遡り……予定地に着い」(同、100)ている。アイヌは当時、先住民として北海道の多くに散らばる形で住んでいた。和人は、目的地に到達するうえでも原生林が生い茂る北の大地に踏み入るには、先住民アイヌの力を必要とした。この点で、アメリカの開拓に似ている。白人は、ネイティブ・アメリカンの力なくして開拓もままならなかった。サンクスギビングとは、農耕に不慣れな白人が、トウモロコシ、ジャガイモ、カボチャや魚の取り方まで先住民に学び、収穫を得た感謝への共同の祭といわれる(藤永、28)。

当時の北海道は、しばしば無主の地として誰のものでもなかったようにいわれるが、これはアイヌの生業と関係している。アイヌは、農業民族ではなく狩猟民であった。新渡戸稲造も指摘するように、狩猟民に必要なのは、大地の所有ではなく管理・活用なのである。それには、集団による管理が個人より適している。

ただしこのような見方に対し、アイヌも農業を取り入れており、それが局地や副業程度に追い込まれていったのは、農繁期とニシン漁の時期が重なり、日本との交易の進行により、儲けの多いニシン漁や漁労生活に特化されていったからとの説もある(テッサ・モーリス－鈴木、58)。アイヌ民族への狩猟規制と土地収奪・下付を扱った山田も、千歳郡のアイヌの農業に関し、松浦の日記にも注目しつつふれている。ただし山田は、農業はアイヌにとり生活の「部分的」(山田、163)なものとしている。狩猟民にとって土地を所有する必要はない。土地を所有する必要が生じるのは、農耕を主とする人々にとってである。

新大陸建設の熱狂時代を旅したトクヴィル（Tocqueville, A. 1805–1859）は、ヨーロッパ人が到着したことをもって、「発見当時はこの地域はまだ一つの無住地を形作っていたに過ぎないと正しくいえる。インディアンたちはこの地域に占めてはいたが、まだこれを所有してはいなかった。土地を人間がわがものとするのは農業によってである」（トクヴィル、上、58）と述べている。北海道に対する明治政府の立場も、こんなものだったろう。

家臣への家訓

アイルランド（南北アイルランドは八万四一一六平方キロメートル）と面積がほぼ同じ北海道の人口は、明治維新の頃、和人とアイヌをあわせても一〇万人足らずだった（榎本 一九九三、18）。九州のほぼ二倍に相当する大地に、である。先住民アイヌにとり、所有地を確定しようにも、確定する必要も発想もなかった。

伊達近辺には、結構多くのアイヌ民族がいた。それは明治三四年（一九〇一年）、学齢期のアイヌ児童の多い集落（学齢児童三〇人以上）に独自の学校設置が可能になると、「虻田第二小学校」（渡辺編、上、693）が創設されていることからもわかる。本町の有珠第二尋常小学校だけでも、明治三六年四月開校時には男子三一名、女子二一名の入学児童がいた（同、693）。そこで亘理支藩が移住する際重視したのは、先住民アイヌとの共生であった。北海道開拓でモデルケースとされる有珠では、本格的な開発に取り掛かる前に伊達邦成が、次のような直書を公布した。

「一、何事に依らず、信実を旨と心得、礼儀、廉恥の風を厚く体認致すべき事。
一、土人とあなどり欺き偽り玩弄すべからざる事。
一、土人と諸品交易並びに夫馬召候事、其時々夫馬惣長に申出指図を請け申べき事。
一、土人家にみだりに出入り相成がたき事。
右の条々違背これにあるに於ては厳重御沙汰及ばさせられ候事」（伊達宗弘・君代、59、古い漢字を平仮名に書き改めたところがある）。

この一文は、邦成らが移住する際、いかに先住民との良好な関係に配慮していたかを物語る。どだいアイヌの手を借りずには、入植も不可能だった。初期の入植時、アイヌの支援を受けた例は枚挙にいとまがない。今でこそ伊達藩の有珠開拓は北海度入植の成功例と称賛されるが、一八七〇年四月六日の第一回の入植時の室蘭港付近には、雪が六〇センチも積もっており、むしろを敷いて泣き泣き食事をしたという。翌日から有珠への入植が始まるが、老人や婦女子のなかには、アイヌに背負われなければ動けなかった者もいた（榎本 一九九三、59）。

当時、亘理から伊達にたどり着くには、現在とかなり異なるルートを経由した。かれらはまず、亘理から塩釜の寒風沢まで陸路でやって来た。そこから船に乗りときには函館を経由し、ときには直接室蘭に着いた。室蘭からはまた陸路で伊達に向かったが、道路等整備されていない当時、老人や女性、当座の食料品等の運搬に、早速アイヌの手を借りている。夕張に入植したグループなどは、付近一帯が歩行困難な湿地帯だったので、アイヌの丸木舟に乗せてもらわないことには、目的地にすら着けなかった(同、161)。

そこで初期の入植心得や開墾の指南書には、「アイヌを雇い自然習慣を得る」とか「アイヌに対する接し方」などが盛んに語られた(同、102)。初期移住者の生活が始まると、さまざまな掟も作られたが、いずれの場合もアイヌとの良好な関係を重視している。もちろんアイヌの使役に対しては、給料が支払われた。伊達藩入植の初期の頃は、その給料も支払えずに、開拓使に懇願し、米も譲り受けている(同、65)。

先住民との関係でいえば、たとえ逆賊扱いの身でも国家権力側に位置する民族は、国の保護を受けられるだけでも有利であった。別にいえば、先住民族アイヌもまたこうした開発ぐるみのなかで、急速に貨幣経済に巻き込まれると同時に周辺化されていった。

2 「国民」の創造

「日本人」としてのアイヌ

維新後本州から和人が続々と入植することにより、激変したのはアイヌの生活である。道内に散在していたアイヌは、制度的に明治新政府により「日本人」に組み込まれた。アイヌが「日本人」となったことは、民族と国家についていろいろなことを教えてくれる。民族が生物学的な出自に基づいており、人間の意志を介さない自然なものであるのに対し、国家は支配者の意志による人為的なものである。それゆえ民族は超歴史的ともいえる長きにおいて存続するのに対し、国家は、人為的であるゆえに歴史的であり、歴史のある時期に生まれ、ある時期において役割を終える運命にあるともいえる。

アイヌの人々は、ながらく日本の北方に生活し、日本の近代国家が誕生したとき、「国民」として編入された。したがって日本という国家は、近畿や関東を中心とするマジョリティの和人と北方のアイヌ、南方の沖縄を中心とした琉球の人々からなる多民族国家として出発したことになる。したがってアイヌや琉球の人々は、言語も、文化も習慣、宗教も和人とは異なる。

日本に、和人と異なるアイヌ等の人々が同じ「国民」として存在し続ける現実は、国家がいかにそのときどきの特定民族を中心とした支配権力による人為的な産物であるかを示す点で、アイヌ民族は貴重な存在である。国家とは、支配民族による複数の民族のテリトリィにまたがる権力の及ぶ人為的な空間であり、近代の産物である。アイヌ民族の存在は、無言でこの近代国家の暴力性や人為性という現実を示している。

国家は、科学や生産力のある段階に特有な民族の括り方であり、太古の昔から存在したものではない。世界史的には一七世紀以降、同一圏内の民衆を「国民」化する形で立ち現れて、他の国民国家と競り合いながら成長してきた。しかし、国民国家が永遠化するかといえば、生産力なり科学がさらに発展すると、グローバルな連合体が台頭するようになり、国家の座を広域の連合組織に引き渡すことも起きる。ＥＵは、まさしくこうした試みの一つといえる。

ＥＵ加盟国内では、人びとは特定国家の国民であると同時に、より広域のＥＵ市民としての自覚も胚胎させており、従来の国民のアイデンティティ、ナショナリズムにも変化が起きている。長期的にみた場合、歴史的にある特殊な段階に立ち現れてきた国家は、さらなる変化の下で、国家に代わる組織にその座を奪われる運命にある。いずれにしろナショナル・マイノリティとは、自らの国家を形成する前に隣接する有力民族に吸収された民族である。

マイノリティの多義性

本書では、日本のマイノリティとしてのアイヌの人々を、ナショナル・マイノリティとして捉えたい。ナショナル・マイノリティとは、いうならば近代国民国家誕生以前から現在の領域で独自の文化、言語、習慣、伝統をもって生活していた人々であり、現代の国家が形成されたあと、生活の糧を求めて外部から来た人々、典型的には移民の人々とは異なる。近代の国民国家形成後に仕事を求めてやってきた移民や「移動を強いられた（forced migration）」人々、すなわち難民は、エスニック・マイノリティと呼ばれる。同じマイノリティでも、双方は区別して論じる必要がある。

他国の例でいうとアイヌの人々は、オーストラリアのアボリジニやニュージーランドのマオリとも共通性をもっている。またより広域的に捉えるならば、イギリスのウェールズ人やスコットランド人などとも共通性をもつ。イギリスのウェールズ人やスコットランド人は、遠い昔はケルト系の人々であり、北ヨーロッパのアングロサクソンが移動することにより、イギリス西部に追いやられた人々である。イギリス定住の起源は、明らかにアングロサクソンより早かった。かれらは今なお、固有の言語、宗教、伝統、文化をもつ。

今なおといったのは、アイヌの人々の固有の言語、文化、宗教、伝統は、日常生活の次元ではほとんどみられないことと比較して、である。なぜアイヌの人々は、固有の言語、文化を失ったのだろうか。

大きな理由が二つある。一つは、日本とイギリスの異文化に対する同化圧力の違いである。イギリスの産業化、近代化の特徴は、いずれも「下から」、すなわち政府とは異なる民間の、かつ官僚の指導によるのではなく民衆の力から起きたものである。対する日本は、長い鎖国の遅れを取り戻すために、産業化も近代化も中央政府主導の、かつ民衆ではなく官吏による「上から」のもの、であった。

二つは、「下から」の産業化、近代化を世界でいち早く達成したイギリスは、世界に船出していき、多くの植民地を獲得することになる。民衆の目が、外部に向けられるとき、内部の差は気にならない（ジンメル 一九九四、下、357－8）。外部と内部の差の大きさに目が奪われているからである。イギリス（グレート・ブリテン）は、内部にイングランド、ウェールズ、スコットランドという異質な空間をもちながらも、当時世界に進出していったイギリスと植民地国との差の方が重要であった。多くの文化的な差のある植民地の存在が、国内の差をほとんど気にさせなかった。

日本の明治の為政者は、イギリスのような小さな国でも、西方や北方には民族の異なるケルト系が住み着いていることを知っていた。岩倉使節団に随行した久米邦武は、スコットランドの高地地方を訪れた際、案内役のパークス（Parkes, H. 1828–1885）やアレキサンドルにも理解不能な言語を話す人々の存在を紹介している（久米、二、237）。しかし帰国後、近代国家の原型を考える際、イギリスの例は採用されなかった。国民国家の内部においても、複数の言語を話す空間が存在することに大きな衝撃を受けながらも、である。

むしろ範となったのは、最初に訪れたアメリカの方である。アメリカは、面積の広大さにおいても、人種の多様性においても、日本と比較が困難なほど変化に富んでいる。イギリス人、ドイツ人、フランス人、スペイン人、アフリカ人（黒人奴隷）、そして中部にはネイティブ・アメリカンがいた。これらの多様な国をまとめるために採用したのは、「英語ヲ国語トナシ、制度モ大抵英制ニヨ」る方法だった（久米、一、69）。近代国家を創出するうえで、国語の果たす役割と中央の制度を重視する方策を優先したのである。

遅れて列強の仲間入りを果たそうと焦る日本は、国内の異文化も同質化しないでは、国家としてのまとまりを欠くと考えた。北海道や沖縄は、国内植民地として、あげて同化し、外部にあい対することに精力が傾注された。異文化に対する凄惨的弾圧にも等しい同化は、遅れて産業化、近代化した日本の宿命でもあった。

多文化主義の陥穽

二〇世紀後半から、このようなナショナル・マイノリティの存在に目を向けるべく、さまざまな試みが行われている。なかでも重要なのは、国家とはもともと同一の言語、同質的な文化からなるものではなく、多文化的なものだとする多文化主義の台頭であろう。

多文化主義の実践国として有名なのは、カナダやオーストラリアである。しかし、注意しなければならないのは、カナダやオーストラリアで多文化主義が台頭したのは、先住民族の文化や伝統を尊重するためではない。むしろ、これらの国家が移民国家ゆえに、多くの移民の文化や伝統を尊重することなくしては、国家的なまとまりを果たせなかったからである。その意味で、多文化主義が登場したのは、移民国家を中心にして、エスニック・マイノリティの文化や伝統に配慮するためであり、ナショナル・マイノリティに対してではない。

カナダは、西海岸や中央カナダのアングロサクソン文化に対して、ケベックを中心にフランス文化圏が存在し、一文化主義では国家的な統合が果たせなかった。オーストラリアも人口を増やし、国家として切り盛りをするには、アジアや中東からの移民受け入れに寛大にならなければならなかった。当然、移民者の文化は多様だったので、国家統合のために複合文化主義を採用せざるを得なかったのである。

ナショナル・マイノリティへの気づき

なぜ、ナショナル・マイノリティが注目されることになったのか。イギリスを中心にみておこう。

イギリスでは、戦後労働力不足が深刻となり、一九四〇年代後半から七〇年代にかけて旧植民地から多くの移民労働者が入国してきた。時期的な経緯でみると、四〇年後半から五〇年初めに入国したのはカリブ系の人々であった。かれらの多くが、ロンドンはもとより地方の交通局のバスや地下鉄の職員に採用されていった。女子の場合は、国家医療事業（National Health Service, ＮＨＳ）に就く者も多かった。しかしカリブ系の人々だけでは、労働力は不十分だった。

そこでやって来たのが、インド亜大陸系の人々である。具体的には、インド、パキスタン、バングラデシュそして一部のスリランカ等南アジアの人々である。かれらのなかには、地方都市の繊維産業や道路工夫となって働く者も多かった。カリブ系にしてもインド亜大陸出身者にしても、アングロサクソン文化とは異なる。そのため移民労働者の数が増すと、マジョリティとのなかで摩擦や暴動も頻発するようになった。摩擦を少なくして、現代でいう共生のために何が必要か問われるなかで、イギリス国民が気づかされたのは、外から移民を迎え入れる前に、イギリスそれ自体が内なる多文化・多民族社会という現実である。

通常、近代の国民国家は、ある種共通の言語、文化、習慣からなる均質的なまとまりをもった社会と思われがちである。一言語、一民族、一国家は、近代国民国家成立の伝説になっている。そのため、国民が異質な言語や文化に接するのは、移民集団が来て初めてと思いがちである。

しかし、多くの移民の受容は、反転してイギリスそのものが、内なる多文化、多言語、多民族からなる社会であることに気づかされた。グレート・ブリテン島自体が、民族的にはアングロサクソンやケルト、北欧バイキングの子孫からなり、文化的、宗教的にも多様なものの統一であることを再認識したのである。

同じことが日本にもいえる。日本人が、アイヌや琉球民族に関心をもちはじめたのは、いつ頃であろうか。アイヌ民族の教科書への記述が登場したのは、一九七〇年代後半、正確には一九七八年度の中学校社会科歴史教科書からだという（吉田、1）。この時期は、六〇年代に高度経済成長を成し遂げて、日本経済が世界化していく時期である。アジア近隣諸国との関係をみても六五年には日韓条約が締結され、七二年には日中国交回復も果たされた。これが契機となり、七〇年代後半からは、中国からの帰国者も多数来るようになった。日本の外国人も、オールドカマーだけではなく、ニューカマー来日の本格的な時代を迎えたのである。

こうした異文化への接触のなかで、日本のナショナル・マイノリティへの関心も高まり始める。多様なエスニック・マイノリティと関係することにより、日本も本当に一言語、一文化、一民族だったのだろうかと思い始めたのである。

社会構成的文化

アイヌの人々がナショナル・マイノリティであるとするならば、移民労働者とは異なり先祖代々の社会的な文化が地域で営まれていたはずである。キムリッカ（Kymlicka, W. 1962–）は、ナショナル・マイノリティが築いてきたこのような文化を、ソサイタル・カルチャー（societal culture)、日本の翻訳者は、これを端的に社会構成的文化と訳している。

アイヌの人々も和人と接触するまで、自分たちの社会構成的文化を営んできた。ではなぜ、アイヌの人々は、和人と接触することによって社会構成的文化を放棄しなければならなかったのか。とりわけ大量に和人と接触することになった江戸後期以降、明治期にかけて、なぜアイヌの文化は衰退していったのか。

一般論として文化の衰退には、二つある。一つは、植民地化などによって宗主国の主流文化によって力ずくで否定されること。北海道は、一九世紀末に日本の国内植民地化の典型的な例とされる。圧倒的な和人の力により、日本の北方で営まれていた土着の文化は遠来の文化によって駆逐されるようになる。とりわけ文化は、その民族の生産と結びついている。アイヌの生産は、何よりも自然相手の狩猟・漁労を中心としたものであり、それにまつわる文化が主であった。自分たちのこれまでの生業が否定されるに及び、文化も大きな支柱を失った。

もう一つの民族文化の衰退理由は、当の民族自身が、ほかの文化を争って採用することによる。この間の支配―服従関係を見事に明らかにしたのは、グラムシ（Gramsci, A. 1891–1937）のヘゲモニー論である。これは一言でいうならば、被支配者に支配文化を採用させるには、支配者側の強制だけでは不十分であり、被支配者側にも支配者側の文化を積極的に受容する姿勢（協力）を不可欠とみる視点である。支配者側が、特段の暴力を使用せずとも被支配者側が進んで隷従する点で、「究極の支配」ともいわれる。

歴代の社会学者の見方を借りれば、被支配者側にも支配者側の文化を受け入れることを正当なものとみなす、正当性の信念を醸成することである。アイヌの文化が、なぜ和人と接触後、社会構成的文化になりえなかったかは、この二つの理論で説明可能だろう。

文化が生業に根差すものだとの認識は重要である。日本人の文化も、古くからの稲作を中心とした生業に深く根ざしている。山川草木悉皆成仏のような観念も、日本人が米や野菜を主食とし、肉を好まなかった稲作農業から来る古来の日常に由来する。このような日常性は、長い間に昇華し、伝来の仏教思想とも融合し独特の文化を構成する。

アイヌの人々の文化も同じである。長いこと続いた狩猟、漁労による生活は、独自の動物に対する恩恵の観念と自然に対する畏敬の念を発展させる。アイヌの人々の動物や自然の神々に対する敬愛の念は、すべてかれらの生業に由来するものである。その生業が否定されれば、かれらが守り育んできた文化や神観念にも大きな影響を与える。

北海道が国内植民地化される過程で、和人に土地の払い下げが行われ、これまでの生業の場であった森や川が奪われたことは、かれらの守り伝えてきた文化に対しても甚大な影響を与えることになった。しかしかれらが固有の文化を喪失していったのは、このような上からの支配者側の論理だけではなかった。かれらの側にもそれをやむを得ぬと受容する過程があったのである。

文明化の圧力

アイヌの人々が和人と大量に接触していった一九世紀から二〇世紀初期は、世界的に列強の帝国主義段階とみなされていた時期と一致する。当時、世界の列強は、おのれに似せて世界を作るために、植民地獲得に乗り出した時期である。このとき列強は力ずくの暴力的な支配だけではなく、文明化イデオロギーも積極的に利用した。自分たちの産業の進んだ国がより産業の遅れた地域を支配するのは、単に自分たちの意のままになる領域拡大のためではなく、「後進」地域を文明化するためでもあるとの信念である（本書、第八章参照）。

この時期、世界の先進国では、社会は進化し発展するものだと捉えられ、思想的にはダーウィン（Darwin, C. 1809–1882）の進化論、その社会版としてのハーバート・スペンサー（Spencer, H. 1820–1903）の社会進化論、さらにはマルクス（Marx, K. 1818–1883）の生産力史観が絶大な影響力をもった時期である。すべての社会は、未開から文明化に向かって進歩するものであり、それをいち早く達成したのがヨーロッパだと信じられた時代であった。

世界の文明化イコール世界のキリスト教化は、ヨーロッパ産業革命のイデオローグであったサン・シモン（Saint-Simon. 1760–1825）の立場でもある。日本は、一神教の国ではないが、近代化、産業化は文明化でもあるとの立場は、西側と同じである。

和人が北海道でアイヌの人々と接触したとき、当時の時代の流行であった未開の大地の文明化というイデオロギーが働いたとしても不思議はない。西欧社会の文明化への使命は、形を変えて国内植民地の領域にも働いた。そのためアイヌの人々が、これまでの生業を否定され和人の生業に編入されると、アイヌの人々にとっても文明化への思いは切実なものとなる。

たしかにアイヌ民族に対し、かれらの固有の言語であるアイヌ語やアイヌ文化に対する支配者側の弾圧は熾烈を極めたが、アイヌ側も文明化のために和人の文化を積極的に採用したのである。当時のアイヌの生活を聞き取り調査した人の話によると、コタンで老人たちだけが話すときは、子どもにもわからないアイヌ語だったが、子どもが近づくと日本語に切り換えたという。子どもにもいち早く日本語を習得させたかったのである。

また筆者の友人のアイヌの女性によると、親が今夜は早く寝ろというときは寄り合いがあり、ふと目が覚めると大人たちの言葉はアイヌ語だったという。大人たちの会話はアイヌ語でも、子どもには日本語を使用させたのである。

当時、北海道に住んでいたイギリス人宣教師、ジョン・バチラーは、「アイヌの女たちは皆好んで日本人の妻になりたがります」（バチラー 二〇〇八、286）と指摘したし、自分のところにアイヌの伝統である入れ墨をとって欲しいと願いでた婦人のことを紹介している（同、263）。

日本政府による入れ墨の禁止は、一八七一年（明治四年）である。和人の生活習慣と異なる入れ墨が法令で禁止され、制度化されることにより、入れ墨をすることが「野蛮」視されてくる。マジョリティの目により、進んで入れ墨をしないことが選び取られてくる。アイヌ自身が、進んで和人の文化に近づこうとすることは、アイヌ固有の伝統が自らの意志で否定されることでもある。

民族言語放棄の先例

こうした民族による、独自文化の積極的な放棄には先例がある。それは、アイルランド人によるアイルランド語の放棄である。アイルランドは、母語がアイルランド語（第一公用語）でありながら英語（第二公用語）を話す珍しい国である。理由は、一九世紀から二〇世紀にかけて移民が盛んなとき、英語がイギリスやアメリカに移住後も重要な言語であることを考えて、親が子どもたちに母語以上に英語を話すように仕向けたからである。英語は、イギリスの植民地下にあって、公務員や支配階級になるためにも有利だった。親たちは、子どもたちの前では母語以上に積極的に英語を話したのである。

アイヌ民族が母語を失う背景には、支配者側による親子の強制別離や隔離教育もさることながら、被支配者側の協力をも不可避とするような社会学者の諸理論やグラムシのヘゲモニー論を地で行く状況があったのである。人の行動は、単独でなされるより多くの諸行為の相互連関の下でなされる。自分の選択した行為が不利な状況を招くとなれば、自らの行為を進んで修正する。いわゆるリフレクシブ・ソシオロジー（reflexive sociology）であり、人は過去の行為を反省しつつ次の行為に活かす。北海道が国内植民地化され、新移住者の文化や諸行為様式、言語、次世代を担う子どもの学校教育が国家権力を背景に擁護されていく状況のなかでは、マイノリティの言語をはじめとする文化が、しだいにマイノリティ自身によって放棄されるのは当然であろう。

これらの人の移動に関する問題は、従来、植民や移民として主に祖国を離れた海外移住の例として取り上げられ、研究蓄積も多い。しかし近代国民国家が確立する以前は、国境内部の領域化、安定化のために同一国内でも組織的かつ大量に移民、植民が行われた。維新以降の北海道は、まさにその舞台となった。こうした点について、国内植民の視点からいち早く貴重な理論枠を提起したのが矢内原植民論であり、人の移動や植民に関心をもつきっかけを与えたのが一高・東大時代、矢内原の師の立場にあった新渡戸稲造である。

第二章　新渡戸稲造の植民思想——北大植民学派の始祖

1　新渡戸稲造の植民論

新渡戸稲造の生涯

あらためてふれるまでもない人物ではあるが、本論の関係上、新渡戸稲造の生涯について簡単に言及する。

かれは一八六二年、南部藩士新渡戸十次郎の三男として生まれた。祖父・伝（つたふ）は、「十和田湖の水を引いて三本木を開拓した人」（矢、二四、692）という。十和田市三本木原の地元では、米産の「恩人」といわれ、稲造の名は三本木で米がとれるようになったことにちなんだ名という（STVラジオ編、89）。

新渡戸の転機になったのは、明治天皇が三本木原を視察した折り、新渡戸家に立ち寄り「子々孫々農事に励めよ」とのお言葉を頂戴したことである。以来、新渡戸は祖父や父を尊敬し、自分の生涯の仕事もまた農業経済学や農政学に定めたという（同、90）。

小さいときから母に英語を習っていた新渡戸は、さらに英語を極めようと上京を熱望し、一八七一年九歳のとき、叔父太田時敏の養子となる。一八七三年東京外国語学校に入学し、その後東京大学という選択もあったが、維新以降にわかに「皇国の北門」と重んじられた北海道では、原生林を開拓し農業生産を根づかせる目的で、その中心に札幌農学校（一八七六年）が設立された。これは、ときの北海道開拓使長官・黒田清隆の発案で、アメリカのマサチューセッツ農科大学を模したものである。

農業に日本並びに北海道の未来を託した新渡戸は、札幌農学校に入学する。クラーク（Clark, W. 1826–1886）は、一八七六年七月から七七年四月までおり、一八七七年四月入学の新渡戸とはすれ違いであったが、学内に漂うキリスト教の精神は新渡戸にも新鮮な刺激を与えた。在学時代の一八八一年に受洗、一八歳で札幌農学校を卒業、一時開拓使に勤務の後、一八八三年農政学を研究するため再度上京、東京大学の選科生になる。

アメリカ、ドイツへ留学

有名な「太平洋の懸け橋になりたい」は、面接時にこれまでの新渡戸の経歴からなぜ文学部なのかと尋ねられた際の返答である（矢、二四、388）。面接官は、社会学者の外山正一であった。東京大学は、新渡戸には退屈な所だったようで、在学一年で切り上げ、一八八四年九月からはアメリカのジョンズ・ホプキンズ大学に留学する。「ここでは経済学、農政学、農業経済学、国際法、歴史学、英文学等を修めた」（同、719）。

同大学で研究中の一八八七年三月、札幌農学校助教授に任じられ、その後三年間ドイツに留学し農政学の研究を行った。その間一八八九年には、兄の死により新渡戸姓に戻っている。当時のドイツは、東プロイセンを中心に農業労働者が不足し、ポーランド人移民の全盛期であった。ウェーバー（Weber, M. 1864–1920）の『東エルベ・ドイツにおける農業労働者の状態』や教授就任講演『国民国家と経済政策』でもなじみの問題であり、東プロイセンのポーランド化を阻止するため、国内植民地問題が脚光を浴びていた時代である。このときの問題が、のちの北大の国内植民地問題に与えた影響については、後述する。

新渡戸は、こうした当時のドイツの農業問題の状況下で、ボン大学ではゼーリングから農政学や農業経済学を学び、ベルリン大学では社会政策学会の大御所グスタフ・シュモラー（Schmoller, G. 1838–1917）から農業史を学んだ（矢、二四、719）。こうした研究が実を結び、一八九〇年六月にハレ大学から博士号を授与される。題目は、Ueber den japanischen Grund-besitz, dessen Verteilung und landwirtschaftliche Verwertung（『日本の土地所有、その分割と農地利用』）であった。

その後、帰国の途中アメリカに寄り、フィラデルフィアの富豪の娘メリー・エルキントンと一八九一年に結婚し、帰国後ただちに札幌農学校教授になる。講義科目は、農政学や農業発達史等であったが、予科の英語や倫理も担当した。妻方の家から届いた遺産をもとに学校を設立し、貧しい子どもや日中働き教育を受けられない子どもに教育を施したのもこの時期である。「豊平橋近くのキリスト教会日曜学校の校舎を買い取り」、当初は週二回、新渡戸が教えるだけだったが、盛況を博し、やがては「札幌農学校の生徒たちも手伝って毎晩教えるようになった」（ＳＴＶラジオ編、94）という。

こうした激務も重なり、もともとそう頑健ではなかった新渡戸は、やがて強度の神経衰弱になる。そこで一八九七年札幌農学校を辞職し、アメリカで静養する。その間、札幌農学校時代の講義をまとめて二書を著した。一つは、「農学講義録の形で出版された」『農業発達史』であり、もう一つは、新渡戸の主著ともいわれ、「農村社会学的な色彩をもつ」（矢、二四、720）『農業本論』である。

新渡戸が、台湾農政局長時代の後藤新平に請われて、アメリカで静養後、母校札幌農学校に戻るのを急遽変更し台湾に赴任したことはよく知られている。後藤の郷里水沢に「後藤新平記念館」があり、種々の資料とともに内川永一朗氏（社団法人新渡戸基金常務理事―当時）の「岩手日日新聞」に掲載された全三〇回にわたる「後藤新平の真髄」の切り抜きも展示してある。職員の厚意によりコピーしていただき、それで知ったことだが、後藤が台湾の農業再建のかなめに新渡戸を招いたのは、『農業本論』を知ってのことらしい（二〇〇九年一一月二六日、三三）。

本書は、「農業」と題してはいるものの何か具体的に農事のことを論じているわけではなく、「農」をめぐる日本古来の思想なり、農のもつ人間の自立や人類史的意義について論じたものである。特に新渡戸がこだわったのは、農を「なりわい」と捉え、ものごとの出発なり、国の基本、ことの始まりとして強調したことである。台湾のかじ取りを任された後藤は、こうした信念の持ち主新渡戸なら自分とともに台湾の国造りに貢献してくれる、とみたのである。

『武士道』背負って再帰国

有名な『武士道』（一八九九年英語版）もまた、この静養中に書かれた。きっかけは以前、ベルギー人の友人から日本の宗教教育の様子を聞かれたことである。日本では宗教教育はないというと、友人は絶句し、道徳は何をもとに教授するのかと尋ねたという。新渡戸も即答できずに、その後、自分の行動も含めて思索した結果、多くの行動規範が武士道に根差していることに気づいたという。本書は、「日清戦争の四年後、日露戦争の五年前」（矢、二四、725）の時期である。日本に対する知識が、世界的に未熟な時代だったため、日本を知る格好の書となった。のちにセオドア・ルーズベルト大統領（Roosevelt, T. 1858–1919）がまとめて購入し、友人に送った話は有名である。

その後の新渡戸は、前述の通り一九〇一年台湾総督府の技師となり、後藤の知己も得て一九〇三年には、京都帝国大学法科大学教授も兼任、一九〇六年には、第一高等学校長兼東京帝国大学農科大学教授となる。一高の校長は八年ほど勤めたが、やたらに公務以外の会合に出過ぎるとの風評がたち、世間や学生からも批判された。一九一三年第一高等学校を辞職し、東京帝国大学法科大学教授専任となり、一九一八年には東京女子大学の初代学長となる。一九一九年に、国際連盟事務次長就任（一九二六年まで）のため東京大学を辞職し、その後任が矢内原であった。ジュネーブでは、七年間その任に当たり、一九二七年帰国、一九三二年アメリカで日本の満州問題に関し講演し、一九三三年第五回太平洋会議のためカナダに行き、現地で客死という生涯であった。

生前新渡戸は、花では梅と萩が好きで、無類の子ども好きでもあった。一高校長時代は、出かける前に必ずキャラメルをポケットに入れ、道すがら出会った子どもにあげたという。常連の子どものなかには、それを楽しみにしていた子もいたというから、今では隔世の感がある。

新渡戸には、夜学校開設にもうかがえるように社会的弱者に対する憐憫のまなざしがあり、近代日本の黎明期、下田駐在のハリスの世話人を課せられたお吉も、一九三三年下田を訪問した折り、国家の犠牲者として供養している（竹岡、40）。お吉は長らく、「外国人」相手の女性にしか思われていなかったが、「太平洋の懸け橋」たらんとした新渡戸は、自らの無智を詫びつつ弔ったとされる。名もなく貧しく両国に尽くし、国家に「見捨てられた」女性がいたのである。

矢内原の新渡戸像

新渡戸の主著ともいえる「植民政策講義及論文集」は、もともと講義で話したものを矢内原が一冊の書にするよう熱心に勧め、矢内原が原稿のまとめを行ったものである。本書のもとになった講義を矢内原が聞いたのは、一九一六年から一七年にかけてであり、新渡戸はその後、国際連盟事務次長就任のため東大を去り、植民政策学の後任には矢内原がつく。かれもまた植民政策学を講じることになるが、その内容たるや新渡戸をはるかに凌駕するものであった。岩波書店『矢内原忠雄全集』に収録されている『植民及植民政策』は、一九二四年以来の東京帝国大学の講義を元に編集されたというから、新渡戸の講義後わずか七〜八年の間に植民研究もかなり深化したことになる。

新渡戸の専門は、通常、農政学（主著は『農業本論』新、二、一九六九年）ということになっているが、もう一方のアカデミックな世界では、東京帝国大学の初代植民政策の教授であった。しかし、社会科学の領域では理論らしきものがない。大内兵衛が、『新渡戸稲造全集』第四巻解説で新渡戸の講義がそれほど深いものではなく、時事論談風、「毎時間植民についての雑話を聞いているような気持であった」（新、四、646、傍点引用者）と述べているのもわかる。矢内原が、「先生の講義にはいはゆる『お話』が多かったのであります」（矢、二四、390）と述べているのは、アカデミックな話より、雑談的なものが多かったのだろう。

新渡戸は、一貫した思想家ではなく、かなり状況依存型の思想家だった。日本の史実に関しても、長けてはいなかった。すでに太田雄三がこの点は指摘しているが（太田　一九八六）、太田を待つまでもなく、最愛の弟子ともいえる矢内原も指摘していた。新渡戸は、誤解されやすい人物でスキはいくらでもあったと。「先生の言論が世間から誤解や批難を蒙つたことは実に度々でありまして、世を終る時まで一生涯つきまとつたのであります。何故先生はこんなに誤解を受けたのでせうか。先生が日本語の表現をよく知らなかつたということもあるでせう。不注意に何でも談話するといふ、口の軽い癖もありました」（矢、二四、143）。

筆者は、単に口が軽いだけではなく、むしろ主著「植民政策講義及論文集」にしても、明確な理論や方法がなかったことを重視したい。矢内原にいわせると、新渡戸はドイツ流に厳密な概念規定を下し、物事を体系的に論じることを好まなかったというから（同、723）、講義が談論風発的なものとなり、話が「軽かった」のもやむを得なかったのだろう。北岡が、「新渡戸の議論は常に中途半端で、常識的であった」（北岡 一九九三、184）というのも頷ける。

その点矢内原は、当代一流の経済学者であり、スミス（Smith, A. 1723–1790）やマルクスにも造詣が深く、新渡戸を継いだ植民論には明らかに理論があった。かつて矢内原の子息、経済学者の矢内原勝は、父の主著『植民及植民政策』のタネ本に言及した折り、それは見当たらない、強いてあげれば「『国富論』第四編第七章であろうか」（矢内原勝、8）と述べたことがある。そこはスミスが、「植民地について」論じた章で筆者も同感である。その辺のことはおいおいみていくことになるが、ここでは手始めに「植民」の規定をみておこう。初めは比較を兼ねて新渡戸からみる。

新渡戸の植民論

新渡戸は、「植民」及び「植民地」を次のように定義した。「植民地とは新領土なりと定義し、植民とは国民の一部が故国より新領土に移住することをいふ」（新、四、61）。新渡戸にとって、植民なり植民地とは、国民が海外に移住することであり、国家の外部に新しく国家権力の及ぶ新領土が形成されることである。したがって同一国内での移住は、植民にはならない。「Innere Kolonie

（国内植民地）は我輩及び諸学者の植民地の定義に合しない」（同、67）。

また新渡戸は、「植民」と「殖民」の関係についてふれ、「殖民」は「非公式の語」という。「公用語としては殖民の語より起りたる拓殖」が用いられた。「拓殖」とは、「開拓（若しくは拓地）殖民の意味」で、開墾を目的に民を殖えることであり、「殖民」は公式には使用されていない。中国にもこのような使用例はなく、文字は中国から借り、思想はヨーロッパから借用したものという。世代からして新渡戸の孫弟子に相当する高倉新一郎もまたいう。「拓殖とは拓殖植民の略で、未開地を開墾し人民を移し植えることである」（高倉　一九四七、3）とする。

新渡戸によれば「殖民」とは、コロニーを翻訳する際に作られた言語である。「殖民」には、「民を殖すこと」、「民を殖えること」が含まれ、これが「植民」に代わるのは、近年のことである（新、四、49-50）。新渡戸植民論には、古くからのこの殖民論が下敷きにある。たしかに、一八八七年札幌農学校の授業科目表「農学科課程」をみると、第四年級後期に「殖民策」が講じられている（『北海道大学百年史』、145）。新渡戸の札幌農学校在職時代であり、詳しくはドイツ留学時代に相当するが、当時は「殖民」として論じられていた。

ただし新渡戸には、植民地を「病的状態」（新、四、63）にして、「一時的」なものとみる視点があった。「国家学が生理学であるとすれば、植民政策は病理学である。植民地は一つの病的状態ではないだろうか。スペインの植民地はイギリスに優つたと思われるが、それでも四百年で滅んだ。植民地は性質上一時的のものであるまいか、との感を深からしめるものがある。植民政策とはかかる一時的傾向あるものについて、本国に取りての利益を永からしめようとする政策である。植民政策は現在の各国植民地の研究を基として、自国の意思を新領土に行ふものである。即ち新領土に於いて国家がその目的を達する為の政策である。従つて植民政策には各国植民地の比較研究が必要である。本講義もその比較研究を以て進めたい」(同、63)。

ここには、植民地とは本国の利益を優先する政策ではあるが、「病的」にして「一時的」なものであり、かつ国家間の関係との認識が濃厚である。これを日本に当てはめるなら、植民地とは対外関係において生じるものであり、対内問題にもなるとの認識は希薄である。北海道を国内植民地と捉え、古い先住民族と新しい入植者との民族・集団間の利害対立・闘争・協調でみる視点はない。新渡戸植民論は、同一国内での人の移動を異集団、異文化がらみの対立・闘争・調和の社会関係として考察する発想を、もともと欠いている。

2　北大植民学派の形成

北大植民学

こうした移住先での諸集団間の闘争の視点を欠いていることは、のちの植民研究にも大きな影響を与えたように思える。一九七〇年代後半、北海道大学経済学部で起きたアイヌ民族に対するある差別事件が、北大の開学以来の植民研究に共通にみられることを指摘したのは植木哲也である。植木は、植民研究における北大学派ともいうべき存在を「北大植民学」と呼ぶ。北大植民学とは、高岡熊雄に始まり、北海道開発論において一大地歩を占めた高倉新一郎、林善茂に連なるアイヌ民族なき開発論である。北海道を、先住民を無視した和人の入植による開発・発展の歴史と捉え、先住民の生活していた時期を歴史なき時代とみて、真の歴史は明治以降から始まるという見方である。

アイヌはいても同化の対象でしかなく、その意味で「植民学」というより「殖民学」であり、歴史的・民族的視点を欠いた開発政策・移民政策に過ぎないとされる（植木、133）。この北大植民学の系譜をみていくと、これからみる二人の植民学の権威、新渡戸稲造と矢内原忠雄のうち、前者新渡戸に行きつく。それもそのはずで新渡戸は、札幌農学校で教鞭をとった時代、高岡熊雄を指導している。

『北海道大百年史』は語る。「札幌農学校における農政学、植民学の研究は、アメリカのジョンズ・ホプキンズ大学でドイツ歴史学派の流れをくむ……経済学、歴史学を学んだ佐藤昌介と、アメリカ留学の後ドイツのボン大学、ベルリン大学などで農政学、農業史、植民論を学んだ新渡戸稲造を中心に進められ」（田中修、3）、その後の膨大な研究成果に結びつくと。

植民学派の源流

今日では植民学の始祖というと新渡戸が有名だが、日本最初の殖民学の講義は、一八九〇年、札幌農学校において佐藤昌介によって始められた。この点に最初に光を当てたのは、北大の田中愼一であり、講義科目は「殖民史」であった（田中愼一　一九八二、592）。その後歴史学者の井上勝生は、佐藤の当時の講義内容の復元を試みている（井上　二〇一三、180-3）。佐藤はのちに札幌農学校の校長になり、後身の北海道大学の初代総長ともなるが、アイヌへの言及は極力避けたばかりか、広大な土地を譲り受け自ら農場主になったほどである（井上　二〇〇五a、上、4。二〇〇三、128）。さらに、日本農業の病弊を本州の小農経営に求め、対する北海道は内国植民地として大農経営が可能、とした。北大植民学は、その初発から先住民の土地収奪という現実を突きつけられる。

井上によると当時、札幌農学校には校費生と特待生の制度があり、特待生は授業料が免除されるだけだったが、校費生には授業料免除に加え少額の学費の支給もあった。その代わり卒業後の就職に関しては、校長への一任が校費支給の契約に定められており、卒業後、佐藤により植民地朝鮮の総監府に送り込まれた者もいる。札幌農学校はこの時期、北海道と朝鮮という内外の植民地化に重要な役割を果たした（井上　一九九八、11）。

加えてのちにふれるが、台湾の製糖業に新渡戸が関与したとき、殖産の技術部門を担ったのが、札幌農学校三期生の堀宗一らであったとなると（井上　二〇一三、179）、この時期札幌農学校と植民地経営は切っても切れない関係にあった。高岡熊雄も台湾を訪問し誇らしげにいう、「視察中に痛快に感じたことは、領台後、……新渡戸稲造、柳本通茂、堀宗一などの先輩を始め、多数の卒業生や、札幌農学校関係者が、他に率先して彼の地に渡り……官界……民間において、盛んに活躍しつつあること」（高岡回想録編集委員会、101-2）だと。このところ北大が、こうした観点から台湾に渡った卒業生の調査を精力的に行っているのは、貴重である（山本美穂子、15）。

井上により復元された佐藤のノートをみると、一九世紀後半のこの時点で、佐藤が広く海外の植民史に着目していることが目を引く。とりわけ印象に残るのは、イギリス海外植民のなかでも、カリブ諸国のような先住民の少ない地域での新規入植者の必要性や奴隷労働への着眼である。「労力供給論」と題された所では、Wakefield（ウェイクフィールド―引用者挿入）の原著名が英語のままあげられ、植民地における労働力の重要性が説かれている（井上 二〇〇五ａ、24）。

ウェイクフィールド（Wakefield, E. 1796–1862）は、海外植民の盛んなイギリスの一九世紀時代に活躍した植民思想家で、ミル（Mill, J.S. 1806–1873）やマルクスにも注目された。ミルは、『経済学原理』でしばしばウェイクフィールドの植民論に言及している。例えば同書四編「生産および分配に及ぼす社会の進歩の影響」の第四章では、「使用分野に関するウェイクフィールド氏の学説」と題し、利潤率下落に関するウェイクフィールドの見方を妥当と評している（ミル 一九六一、四、67）。ウェイクフィールドは、資本による使用分野は、その国の土地と外国諸市場の引きとり能力によるとした。外国諸市場とは、植民地の本国製品と交換できる製造能力や購買力の問題である。この論評は、ウェイクフィールドの主著、『イギリスとアメリカ』を読んでのことであった。

マルクスもウェイクフィールドをとりあげた。『資本論』第一巻二四章は、「いわゆる本源的蓄積」であり、続く二五章が「近代植民理論」であるが、そこでマルクスは、資本家と労働者の関係について重要なことをいう。「ウェイクフィールドが植民地でまず第一に発見したことは、ある人が貨幣や生活手段や機械その他の生産手段を所有していても、もしその補足物である賃金労働者、すなわち自分自身を自発的に売ることを余儀なくされている別の人間がいなければ、この所有はまだその人に資本家の極印を押すものではない、ということである。彼が発見したのは、資本は物ではなくて、物によって媒介された人と人とのあいだの社会関係だということである」（マルクス、二、998–9）。

もちろん佐藤が、ウェイクフィールドに注目したのは、資本は社会関係であり、階級関係だとするマルクスの意味ではない。佐藤が注目したのは、土地を得るだけでは不十分であり、大土地所有者なら小作人を必要とするし、イギリスが労働力を補うため一時は囚人をも導入し、やがてはそれでも先住民が不足すると、大量のアフリカ系労働者を必要とした事実の方である。佐藤が大土地所有者でもあったとなると、かれはこうした植民史を研究しながら、北海道もまた大土地所有を機能させるためには、多くの小作人労働者の使用なり入植者が必要なことを感じていたのだろう。

佐藤がこの時期、海外植民より内国植民にとりわけ熱心であったということは（井上一九九八、5）、本州の小土地所有による過剰人口のはけ口と、大土地所有の可能性に富む北海道の過剰人口の吸収とは、近代国家日本の確立にとり、表裏の関係をなすと思われたのではないか。こうした佐藤の言動から推測できるのは、北海道が本州の和人とは異なる先住民族アイヌの土地との認識はなく、のちの議論でいえば、この広大な「無主地」にいっときも早く大農経営を確立すること、その労力確保への関心である。札幌農学校、そして北海道大学の歴史は、いやがうえにもこうした事実と向き合わざるを得ない。

その後においても、北海道の歴史がアイヌ民族なき和人の「殖民史」になっているという警告は、道内で編纂されている多くの市史、町史にもいえるのではないか。伊達市に関しても、現在のところ三種類の市史、町史があるが、うち一史は、伊達支藩定住からの発展史であり、他の二冊も多くの紙数が割かれるのは、亘理藩定住から今日までの歴史である。われわれもいつしか、こうした身近な各地の市町村史を通し、先住民族なき通史に慣らされてきたといえる。

先住民なき開拓史

新渡戸がアイヌを語るのは限られており、先住民にあまり言及しないのは、かれの歴史観が関係している。それは、文明をもって人類の開明段階と捉え、狩猟・漁労段階を未開とみる歴史観である。

アメリカ建国を分析した『米国建国史要』(新、三)も、アメリカ史を述べるのに、ネイティブ・アメリカンの登場は限られている。米国建国史といわれても、アメリカとイギリスとの関係史や独立の経緯、アメリカとヨーロッパの関係、大陸内部でのヨーロッパ人どうしの独立までの対抗史であり、アメリカ先住民を欠いた建国史である。北海道をみる場合も、こうした歴史観に立つ限り、先住民アイヌを欠いた北海道開発論になるのはけだし当然である。

このような先住民を除いた開発論は、北海道だけに固有のものではない。アメリカ研究にもいえる。手元にあるアメリカに関するある書は、かの国の民主政治を理解するうえで簡にして要を得た名著であるが、ここで描かれているアメリカは、ネイティブ・アメリカンなき、ヨーロッパ人到来後の建国史であり、民主政治の軌跡である。日本だけではないのである。

高弟たちの功罪

その点高倉新一郎の『アイヌ政策史』(高倉 一九七二)は、植木が北大植民学の特徴としたアイヌなき北海道開発学とは異なり、北海道を綿密にアイヌ史のなかに位置づけて論じている。高倉は、北大植民学の定礎者とされる高岡熊雄の弟子であり、事実、本書は高岡にささげられている。高岡とは異なり、少数民族の権利等が叫ばれる前から、アイヌの窮状を幕末、維新前後の政策との関係で説いている。

ただ残念なのは、すでに矢内原の一連の業績が公表され、北海道を国内植民地とみる視座が提供されていたにもかかわらず、その認識は弱い。矢内原の『植民及植民政策』は、一九二六年に出版されており、高倉の本書の初版は一九四二年である。矢内原は植民とは、あくまでも「人口の一部分が遠隔の地に至り、異りたる諸関係及び異りたる国民若しくは異りたる種類の人口の間に定着すること」(矢、一、19)として、先住民との関係のなかで社会生活が行われることにともなう、諸行為の協調・対立・抗争・和解を植民研究の中心課題としたが、高倉の書は移住社会を行為の相互連関として捉える社会科学的な視点より、事象の因果関係を重視する歴史学的手法の方が濃厚である。

なるほど方法的には、実証主義による分析かもしれないが、狭い範囲での事実と資料との歴史的な因果関係にのみ関心が向けられるなら、魅力に欠ける。

かつ本書が、六〇〇ページを超える浩瀚の書であるにもかかわらず、矢内原の前著には最終章で申し訳程度にふれるに過ぎない。本書の最初で植民の定義は学者により異なるとしながらも、「最も広義に解する」なら、「社会群が新たな地域に移住すること、およびその地において社会的経済的な活動をなすことを要件」（高倉　一九七二、17）にするという。この植民の規定は、以前、矢内原が植民を「社会群が新たなる地域に移住して社会的経済的に活動する現象」（矢、一、14）と捉えたのと軌を一にする。しかし、矢内原の書の参照を求めることもなければ、国内植民の方法的視座とも無縁であった。

高倉には、一九四七年出版の『北海道拓殖史』（柏葉書房）があり、そこでは本州からの組織的な移民が扱われている。事実上国内植民に相当する移民が扱われながらも、植民なる語は使用されず、多くが文明化を象徴する「開拓殖民」を示す「拓殖」として扱われている。士族や一般の民の入植を扱いながら、植民の語を使用しなかったのは、北海道を国内植民地とみることを避けたかったからなのか。

もしそうだとすれば、これは高倉自身にも関わることかもしれない。高倉がいうように、かれの両親や一族は内地からの開拓移住者であった。当然かれも「其歴史の中に生れ育って自らその一端を見聞する機会を恵まれた」（高倉　一九四七、1）青年期を帯広で過ごす。帯広には当然、広大な自然のなかにアイヌ民族が散在して住んでいた。矢内原の国内植民論は、資本主義的原蓄の過程で先住民を土地や原野から切り離し、丸裸にしていく過程を扱う。国内植民を認める限り、どうしてもこの現実と向き合わなければならない。これらを直視することに、辛い記憶があったのではないか。

十勝は、しばしば土地下付が大々的に行われた所として知られる。「旧土人保護法」によるアイヌ民族への土地下付に関し、農業に適した肥沃な土地は、まず和人に与えられ、アイヌへの給付は和人の避けた所といわれる。下付の実態は多様なため地域ごとに検証が求められるとはいえ（山田、210）、そうした風聞の飛び交うなかでは、当時の下付にふれるのは勇気を要する。同じ土地を与えられても、農業の訓練を積んでいる和人の方が、狩猟民族アイヌより、はるかに技術に優れていた（山田、例えば第二部）。

そうみると高倉の書には、やたらに北海道を「未開地」なり、「漁猟生活を営む未開人」（高倉、一九四七、6）生息の地、の表現が目につく。北海道の大半は、明治に至るまで斧を入れたこともない原始林に覆われ、先住民はただ「鳥獣を狩り、その中に繁る野草を集め、河岸に群る魚類を採って生活する漁労民族の活動に任されていた」（同、4）との認識である。こうした文明を遠ざけていた大地の開墾殖民を担ったのが、和人の役割だという訳である。

少なくとも、国内植民の方法をとらないところから、和人や政府による原蓄に伴う先住民の国家ぐるみの土地や原野等の生産手段からの剝奪やその結果としての窮乏化は、体系的に捉えられない。これらは、先住民研究に占める矢内原と高倉の方法論上の差をも示す。矢内原には、国内植民の理論と方法があり、植民を何よりも先住民と新移民との社会的相互関係行為でみる視点が強くあった。高倉には、歴史的な因果記述の方が優先され、移住者と先住者との行為論的な相互作用は、後景に退いている。

井上は、高倉がアイヌの共有財産問題に関し、財産保管法等の詳細に一切ふれないばかりか、アイヌ独自の民族運動に関しても、その資料を自分で大学図書館に入れながらことごとく無視した事実を批判しているが（井上 二〇一三、178）、アイヌの共有財産や民族運動に関しては、ふれたくない現実があったのかもしれない。

ドイツの国内植民

では高倉の師高岡熊雄は、なぜ国内植民論を展開できたのか。かれは若いとき、ドイツに留学している。一九〇〇年から一九〇四年にかけてである。当時ドイツでは、東西プロイセンの農業政策をめぐり華々しい議論が行われ、その余韻覚めやらぬ時期であった。ウェーバーの『東エルベ・ドイツにおける農業労働者の状態』（一八九二年）や有名なフライブルク大学教授就任講演『国民国家と経済政策』（一八九五年）が行われたのも、同じ問題を引きずる時期である。没落しつつあるユンカーと現在でいうならば安価な労働力の提供者ポーランド人とをめぐる問題は、単なる農業労働者問題のみならず民族・文化問題に関わる社会政策学会をあげた国家問題であった。

こうした喫緊の課題のなかでウェーバーや社会政策学会の大御所グスタフ・シュモラーらの出し

た結論は、大土地経営とは異なる中土地所有者の国内移転、すなわち国内植民といわれる方法だった。国内植民の資本主義体制なり人類史に占める意義については、やはりウェーバーがより普遍的な視野からふれている。

ウェーバーは、資本主義的過当競争社会において海外から安い食料品が出回るのは当然で、当時のユンカーとインストロイテ（大土地所有と小作）のような関係では太刀打ちできないこと、ユンカーが少しでも安い賃金労働者としてポーランド人の使用に走ること、農民側にも自分の土地でないものの土地改良を含む営農意識が育たない等、これらはやむをえないと考えた。これに対抗するには、東部国境を閉鎖し、東プロイセンの王領地等を中心に政府が直接買い取り、計画的にドイツ人の土地持ち農民を入植させること、資本主義の浸透に伴い自由への希求は限りなく広まるゆえに、自由に自己決定できる土地もち農業労働者の育成こそ緊急の課題とみたことである。「農業労働者問題とは土地問題」（山口、33）にほかならないからである。

高岡はまさにこの期にドイツに滞在し、ことの本質を認識していた。肝心なのは、ポーランド人の「有するところの大地積の農場を国家が買いあげて、それを小区劃に区分し、有利な条件の下に、ドイツ民族の中小農、あるいは農業労働者をとくに多数移植して、ドイツ民族の勢力を扶養する」こと、なぜならここで問われていることは、「一種の民族的競争」（高岡回想録編集委員会、81）、すなわちウェーバー的にいえば、「民族間の闘争」（ウェーバー　一九六五、16）にほかならないからだ。

高岡がドイツに留学した当時、社会政策学会をあげて東部ドイツのポーランド化阻止のために独立自営農民を国内植民させるという方法は、明治以降にわかに「皇国の北門」としての役割を担わされた北海道の開発に大きな刺激を与えた。東部ドイツでは、ポーランド人との対外国家政策が問われたが、北海道の場合は、国境が海により遮断されている。しかし代わりに先住民がいた。

この新たな植民者と先住民との関係を単なる明治政府の国家の土地買い上げ等支配・服従関係ではなく、新規入植者と先住民のコミュニティ形成の問題として捉える視点を、北大植民学の面々はどれほどもっていただろうか。北大植民学に、先住民族問題が欠落していたとすれば、高岡が留学した当時、ドイツにおいてはポーランドとの国境問題こそ最重要課題であり、民族問題のかなめであったが、日本ではロシアの南下政策に備え、原野の開墾、開拓を通した国内化が焦眉の課題とはいえ、海外民族問題はなかった。代わりにいるアイヌ民族は、先住民であり、数や文化からして和人を脅かす存在にはなりえない、そうした思いが影を落としていたのかもしれない。

前述した高岡の高弟高倉の言葉を思い出す。「政治・経済・社会方面から見ても、先住民族であった蝦夷は、原始林中に散在して漁猟生活を営む未開人で、その数も少なく、集団も小さく、政治的に大きな勢力をもつに至らなかつたのは勿論、経済的にも能率が低く、到底農業民たる移民の敵ではなかった」（高倉　一九四七、6）。

農業経営の専門領域のなかでも、佐藤は大農論であり、高岡は中農論（中農標準化論）だが、経営形態をめぐっても佐藤の留学したアメリカと高岡が学んだドイツの当時の学界の影響がみてとれる。ポーランドと踵を接する東プロイセンの農業再建には、ユンカー経営では外国人勢力に太刀打ちできず、自国の中農の育成が課題であった。高岡の中農論には、かれの留学時代の喫緊の課題、東エルベの農業労働事情も関連している。

乏しい先住民への関心

いずれにしても、佐藤昌介に始まり、新渡戸稲造、高岡熊雄、高倉新一郎等の北大植民学は、先住民族アイヌを非文明さながらの民族とみる傾向が強く、独自の生活文化や共存問題を真剣に受け止めてきたとはいい難い。かれらは、アイヌ民族の身近な所にいながらにして、アイヌ民族が独自に築いていた生活文化、共有地、農業文化に注目することは少なかった。

佐藤昌介には、北海道帝国大学の父としての伝記も少なくない。いくつかをみたが、『北の大地に魅せられた男』は、「北の大地」といいながら、アイヌとの関わりは一言も出てこない。内容は、札幌農学校に魅せられた男、当大学の帝国大学化に尽くした生涯の紹介であり、そのこと自体の重要性は認めるが、大農場経営者の生活描写もない。親族による佐藤昌介の論文を含む『佐藤昌介とその時代』も、「その時代」と謳いながら、先住民との関係も農場経営の話も避けている。これは佐藤にとり、先住民族は啓蒙・教化の対象でしかなかったからなのか。

伝記のなかに農場経営にふれたものもある。『北海道大学の父　佐藤昌介伝』である。札幌農学校出身の有島武郎は、父の代に広大な土地を政府から譲り受けその経営を任されたが、当時の社会主義思想やキリスト教徒としての信念から、やがては農地を小作人に解放した。しかし佐藤は、

「農業資本の回転すなわち経営としての農業や土地の生産性を高めるといった具体的実践的課題があったのだろう、農場主でありつづけた」（蝦名、98）という。

かれの晩年の農場は、「面積二百町歩、小作人百十八人、通い小作人八戸の大農場となっていた」（同、171）。「模範農場」とはいうが、どのような地主だったのか、小作人の生活はどうだったのかはわからない。ただ佐藤の伝記類で気になるのは、アイヌは登場しても佐藤たちが道内を周遊する際、アイヌを使役した話が主で（同、66）、アイヌの現実生活への関心が薄いことである。私的なことにはなるが、佐藤の妻は日高の静内に入植した洲本稲田家の娘であり（藤井、108）、池澤夏樹の小説『静かな大地』に描かれたように静内は、当時からアイヌが多く家臣のなかにはアイヌと共同で農場経営をした者もいた。しかし筆者は、佐藤とアイヌの関係を紹介した書を知らない。

北大植民学が、先住民アイヌを欠落させていることは、三代目総長高岡熊雄の大学観からも読み取れる。北大総長は、初代と三代が、佐藤昌介、高岡熊雄と植民学の専門家がついた。現在もそうだが、総長は、ときの重視されている科学なり学問分野から選ばれる傾向が強い。重視されている分野には、投票可能な教職員からして多いからである。当時の総長が、農政学を含む植民学関連から選ばれているのは、学部が限定されていた時代とはいえ、植民学が日本にとっていかに重要だったかをも示す。

高岡は、一九三四年二月の「北海道帝国大学第一六回記念式における式辞」で、大学の使命に次の三つをあげた。「一は国家社会のために有為なる人材」の育成、「二は学術の蘊奥を攻究すること」、「三は一般社会の文化の発展のために直接寄与する」ことである。ここでは、権力からも自由に真理を追究する使命は語られない。二番目の目標が、これに相当するかの印象を与えるが、そこで問われる「学術の蘊奥」とは、まさに逆のことである。それは、「国家ニ枢要ナル学術ノ蘊奥」であり、「研究の自由」も『国家ニ須要ナル学術』の研究をなすための自由」(高岡回想録編集委員会、280–3)に他ならない。

すなわち学術、その府としての大学は、国家に奉仕するものでなければならない。こうしたなかには、この時代の北海道が、国内植民地として内地の過剰人口を植民し、同時に北海道の開発に寄与することが国家目標とされた時代の使命をみる思いもする。こうした学術の使命感なり、大学観から、アイヌ民族に焦点を当てる研究など望むべくもない。先住民を保護し、その知恵に学ぶなどということは、開発をいたずらに妨げるだけと思われたであろう。いっときも早い開発なり近代化は、当時の国家の喫緊の課題であった。

のちに取り上げるが矢内原は、『大学について』の一節で、明治期日本の官学大学には、二種類あったとし、東京帝国大学と札幌農学校をあげた(六章一節「矢内原と北海道大学」参照)。たしかに札幌農学校には、そうした側面があった時期もあるが、廃校を免れた以降の北海道帝国大学は、一段と国家に奉仕する大学を運命づけられたともいえる。高岡の大学観は、それを如実に示す。北大植民学には、先住民を切り捨てざるを得ない歴史があった。

山田や井上の書で知ったことだが、札幌農学校二期生の内村鑑三は、当時、同校の卒業生に課せられた開拓使勤務を果たしている折り、千歳川の鮭の捕獲で生計を立てているアイヌ民族の密漁を目撃し、札幌県に伝統的なアイヌの漁獲を認めるよう申し立てた（山田、177、井上 二〇一三、198）。しかし、それが認められなかったことを機縁に、職を辞し、東京に戻りやがてはアメリカ留学へと旅だった。山田によると千歳川は、「極めて良好なサケの産卵地と評価」（山田、162）も高かったゆえ、規制も厳しかったという。

山田は同時に、当時の内村の復命書（対応策を含む調査結果報告―引用者）には、「深読み」するならアイヌ民族の生活に根差した権利と川の自主的管理に対する思いも読み取れるという（同、182）。矢内原もまた、東京というアイヌ民族の現実生活からは遠い地で植民研究のスタートを切ることになるが、北大植民学の面々よりはるかにアイヌ民族のみならず、海外の先住民族の危機を近代化との関連で意識していた。これはやはり、特筆すべきことではないか。

第三章　矢内原忠雄の植民論と社会学——行為論的社会認識

1　矢内原の国内植民論

矢内原忠雄の生涯

矢内原忠雄もまた広く人口に膾炙した思想家ではあるが、行論上、最小限ふれておく。矢内原は一八九三年、現在の愛媛県今治市に生まれた。家は代々医者でありその四男であった。一一歳のとき神戸市立雲中尋常小学校高等科三年に転入学し、翌年三月に同校を卒業、四月に神戸中学に入学した。校長は、札幌農学校二期生の鶴崎久米一であり、かれは内村鑑三、新渡戸稲造、宮部金吾（1860–1951、植物学者）と同級であった。すでにこの時代から矢内原自身、鶴崎校長を介して内村や新渡戸と強い糸で結ばれていたともいえる。

一九一〇年一七歳で神戸中学を卒業すると、九月には無試験で第一高等学校に入学する。校長は新渡戸稲造であり、同級生には芥川龍之介、倉田百三、のちに矢内原植民論の好敵手になるマルクス主義者の細川嘉六らがいた。翌一九一一年の一八歳には、晴れて念願の内村鑑三の聖書研究会への入門が許されている。矢内原が、キリスト教徒となるには強靭な精神が必要と感じたのは、一九一二年内村の娘、矢内原と同じ歳のルツ子の死を経験してである。

内村は愛娘ルツ子の葬式に当たり、今日は悲しい葬儀の日ではない、ルツ子の天国への結婚式の日だといい、棺に土をかける際、「一握りの土を摑んだ手を高く上げ」、「ルツ子さん万歳」と叫んだという。同席した矢内原は、「雷で打たれた様」な衝撃を受け、「之はただ事では無い」（矢、二四、446）、キリスト教徒になるには並々ならぬ覚悟を必要とすると感じたという。

また一高三年次には、新渡戸稲造の校長辞職を経験している。新渡戸は「八方美人」的なところがあり（同、688）、一部の学生や世間から突き上げられていた。新渡戸が辞職する当日、学生二〇〇～三〇〇人が新渡戸を取り囲み、別れを惜しんでそのままに新渡戸が住んでいた小石川まで歩いて送ったという。新渡戸の家では、アメリカ人の妻が待っており、矢内原が学生を代表して英語で別れの挨拶をした。うるわしい師弟関係の時代だったのである。

一九一二年に矢内原は、二〇歳で母を亡くす。翌一九一三年の七月に一高を卒業し、九月に東大に入学したが、一〇月に今度は父を亡くしている。一九一七年、内村の娘、自分の母、父の死に在学中相次いで遭遇した東大を卒業する。東大時代、熱心に講義を聞いたのは、政治学の吉野作造（1878–1933）と植民学の新渡戸稲造の授業であった。そのほかはあまり印象には残らなかったようである。

郷里に就職後東大へ

卒業後は当初、矢内原は朝鮮でキリスト教関係の仕事をやりたかったようであるが、両親を相次いで亡くしたこともあり、妹たちのためにも郷里に帰ることを決意し、就職先は新居浜にある住友の別子銅山であった。三年勤務したが、新渡戸稲造との運命的な出会いは、再び矢内原を東大に呼び返すことになる。一九二〇年、国際連盟事務次長に就任するため東大を去る後任に矢内原が推挙されたのである。同年三月に住友を辞職し、ただちに東京帝国大学の新渡戸の後任助教授となり、一〇月には植民政策研究のため欧米に留学する。

英国での受け入れ先は、ロンドン大学の名門、スクール・オブ・エコノミックス・エンド・ポリティカル・サイエンシズであった。この期間、矢内原は『資本論』や『国富論』を熱心に勉強したようだ。といってもガリ勉猛者というわけではなく、ずいぶん芝居や観劇、旅にも興じたようである。

かれ自身、留学には三つのタイプがあるという。一つは、文字通り勉学一筋のタイプ、二つは研究もさることながら、教養を深めるため適度にエンジョイするタイプ、三つは、もっぱら遊びに費やすタイプである。自分は、第二のタイプだと述べている。イスラエルを訪問したのもイギリス滞在中であり、そのほか観劇にも興じていることが同僚にも知れわたり、果たして帰国後講義ができるのかと懸念もされた。

一九二三年二月帰国。帰国後二週間余りで留守宅を守っていた夫人を亡くしている。留学後の最初の論文は、『経済学論集』第二巻第二号（一九二三年一〇月一五日発行）に載った「シオン運動（ユダヤ民族郷土建設運動）に就て」だった。ユダヤ人の排斥運動に関するものだが、公表先が大学の専門誌『経済学論集』であり、留学の最初の成果がシオン運動に関するものということで、同僚は二度びっくりした。年配教授には、本当に「矢内原君は講義ができるのか」と心配した者もいたという（矢内原 一九五八、20-21）。

同論文は、矢内原忠雄『全集』第一巻に加筆修正される形で収録されている。矢内原が東大に招かれたとき、一つの専門書も論文もなかったことは有名である。二八歳のときに上梓した本も『基督者の信仰』（南原他、671）だったため、経済学の講義ができるのか、同僚から心配されたのも無理はない。

帰国後の一〇月、東京帝国大学農学部植民政策講義担当となる。二五年には、東京大学経済学部外国語経済のテキストにマルクスの『資本論』の採用を教授会で議されるなどのこともあったようだが、二六年の『植民及植民政策』を皮切りに、これまでの同僚諸氏の不安を吹き飛ばすように珠玉の業績が相次いで公表される。その後の一〇年間近い研究成果は本文に譲る。

このような旺盛な研究活動を突然ストップさせたものは、一九三七年『中央公論』九月号に発表した「国家の理想」であった。ただこの時点では、ただちに辞職を迫られるまでにはならず、まだ擁護する者もいた。決め手となったのは、藤井武の記念講演が同年一〇月一日日比谷市政講堂でもたれ、「神の国」と題し二〇分話した内容であった。藤井に「亡びよ」という言葉があったので、「理想を失った日本をもう一度再生させるためにも、いったんこの国を葬って下さい」と述べたのである。中国内部で日本兵が死闘を繰り広げているとき、「この国を葬れ」と述べたのだ。

さすがにこれには、これまで弁護に努めてきた長与又郎総長までもが擁護を断念、講演二か月後の同年一二月、教授会に辞表を提出し一九二〇年以来一七年間務めた東大を去る。東大に再び戻るのは、戦後の一九四五年一一月である。再職後の矢内原は、一九四六年東京帝国大学社会科学研究所所長、一九四八年東京大学経済学部長、一九四九年東京大学教養学部長、一九五一年東京大学総長と大学行政においては目覚ましいが、本書の植民政策とは直接かかわらないので、かれの経歴はこの辺までにしよう。

黄金の一〇年

矢内原忠雄は、生涯おびただしい論考を仕上げているが、本書で注目したいのは、一九二六年から三六年ないしは三七年までのほぼ一〇年間である。かれが東京帝国大学の新渡戸稲造の後任に指名されたとき（一九二〇年三月）、一つの論文も著書もなかったことは前述した。そのかれが、教壇に立つや珠玉の業績が次々に公表されていった。

一九二六年のかれの事実上の主著ともなる『植民及植民政策』、二七年『植民政策の新基調』、二八年『人口問題』、二九年『帝国主義下の台湾』、三一年『マルクス主義と基督教』、三四年『満州問題』、三五年『ヨブ記』、『南洋群島の研究』、三六年『民族と平和』、『新渡戸博士文集』、三七年『帝国主義下の印度』、『民族と国家』である。矢内原の高弟、楊井克己も、矢内原忠雄『全集』第五巻月報九（一九六三年）で、矢内原の「植民政策関係の諸業績は、ほとんど昭和一二年までのものである」と述べている。

このうち、三七年のインド論は、『植民及植民政策』で明らかにした理論の『満州問題』や『南洋群島の研究』をインドに適用したもので、かれ自身直接にインドを訪問して実証研究として公表したものはない。それを考慮すると、かれの植民論に関する業績は、三五年の「南洋群島」までの一〇年間に集約される。筆者が、矢内原の国内植民地理論並びに調査として重視するのは、この期間に公表された思想なり方法との関連である。

矢内原の植民論

矢内原は、前述したように植民を「社会群が新たなる地域に移住して社会的経済的に活動する現象」（矢、一、14）と捉えた。ここで矢内原が、移動の主体を「国民」とはいわないで「社会群」と述べていること、「新たな国家」と呼ばないで「新たな地域」としていることが重要である。

「社会群」とは、「種族民族国民等」からなる集団で、「国民」に限定すると、世界的にみてユダヤ人のような国家を形成しない民族の移動が見失われること、また当時日本は、朝鮮半島を併合しそれが引き金となって朝鮮人の満州やシベリア地方への移住が盛んになるが、これをも「日本国民」の移住とみると、移住先でみられる満州族、蒙古族、漢族等と朝鮮族、日本人（和人）との民族間特有の社会関係、文化活動が、中国や日本「国民」として無色透明化されること、加えて「国家」とすると、同一国内での組織的・集団的移動を植民とはみない欠陥が生じる。

ここにはすでに、恩師新渡戸に対する批判がある。矢内原はいう。「植民は新たなる地域における活動現象である。新たなる地域とはその地域が移住社会群の意識にとりて新たなることを意味する。その地域の自然的及び社会的条件に応じて旧来とは別個の集団意識を確立したるとき、換言すればその地域が当該社会群にとりてもはや新奇なる、他人的（fremd）なる地域にあらずして、自己固有の地域たる集団意識の生じたるときは植民なる現象は終止したるものである。新とは時間的相対観念である。一地域における植民現象は時と共に終る。永久的なる植民地なるものは存在し得ない」（同、16）。

植民地を「永続的なもの」とはみない点で新渡戸植民地論と似ているが、移住地を国の内外の空間的差でなく、時間的差としていること、移住地での生活を新旧民族の相互関係、対立、緊張、抗争、和解の視点から新移民の運命を読み取ろうとする視点が矢内原には濃厚である。また、今日でいえば二世、三世の移民につながる視点を有する点も重要である。新しい移住地が、「新奇」でも「他人的」でもなくなったとき、「植民現象」が終わるとは、二世、三世にとっては移住地こそ故郷になる。移住地も世代により、その性格は変わるのである。

反対に、二世、三世の時代になっても新旧民族の対立、抗争が解消せず、緊張状態が強いられるとき、移住者にとり新天地は郷里にはなりえず、疎遠な地としての観念が永久化される。とりわけ二世、三世は、自分は何者なのかとアイデンティティの確立にも悩む。これは現在の移民を考える場合、テロの温床に関する視座を提供する。「ホーム・グロウン・テロリスト」の問題である。

植民と移民・難民

またここで問題となるのは、移民と植民の違いであろう。移民も植民も、これまでの居住地と異なる地域での再出発という点で、「移動」なり「移住」に含まれる。ただ一般に移民は、自国を越えて他国に移住することを指し、植民とは同一国内での移動なり、移住先の国内化を目的に移住することを指すとされる（同、18）。こうした区別を踏襲したのは、山本美越乃（1874–1941）である。山本は、植民政策研究において当時、東の矢内原に対し西の山本といわれた京都大学の植民学の教授であった。

山本はいう。「移民ト植民トハ其ノ間ニ明白ナル区別存シ、移民ハ単ニ某国民ガ其ノ郷土ヲ去リテ永久又ハ長期間他国ノ領土内ニ移住スルヲ称スルモ、『人』ニ対シテ『ころにー』ナル語ヲ使用スル時ハ、之ニ反シテ某国民ガ其本来ノ国土以外ノ領土換言セバ新タニ本国ト政治的ノ従属関係ヲ生ズルニ至レル土地ニ、移住的・放資的若クハ根拠的ノ発展ヲ為スヲ称ス、更ニ之ヲ約言セバ移民トハ自国ノ主権ノ行ハレザル他国ニ移住スル者ヲ謂フ」（山本美越乃、43–44）。山本は国民が、主権の及ばない他国に移住することを移民といい、他国でも自国の主権が及ぶように企図するか、主権の及ぶ地域への移動を植民と呼んだ。これは、当時の宗主国と植民地の関係を反映させた見方である。

しかしこの区分は、あくまでも一般的であり、移民と植民が大きく重なる移住も多い。北海道への伊達藩の移住は、実態は植民に近いが多くの歴史書では、亘理支藩からの移民と呼ばれている。しかし、内地から道内への入植ともしばしば形容される。入植とは、植民としてある地域に定着、定住することを指す。すなわち同一集団の移動でも、表現の割れることも多い。

広辞苑第二版（一九六九年）によると移民とは、「個人または集団が、恒久的または相当長期にわたって、一国から他国に移住すること。またその人びと」とあり、植民とは、「或る国の国民または団体が、その本国と政治的従属関係にある土地に、永住の目的で移住し、経済的に開拓し活動すること。また、その移住民」とある。この規定だと、移民は国が変わるが、植民は必ずしも国が変わるわけではない。ただし一九九一年の第四版では、植民は同じだが移民は、「他郷に移り住むこと。特に、労働に従事する目的で海外に移住すること」と国より郷里が出てきて（移民とは郷里を変えること、特に海外に移住すること）、典型的には国を変えることとされる（二〇一八年一月発行の第七版も同じ）。

一方、大辞林第二版（一九九五年）の方はどうか。そこでは移民とは、「労働に従事する目的で外国に移り住むこと。また、その人」とあり、植民は、「主として国外の領土や未開地に自国民の移

図3-1　人の移動と植民，移民，難民

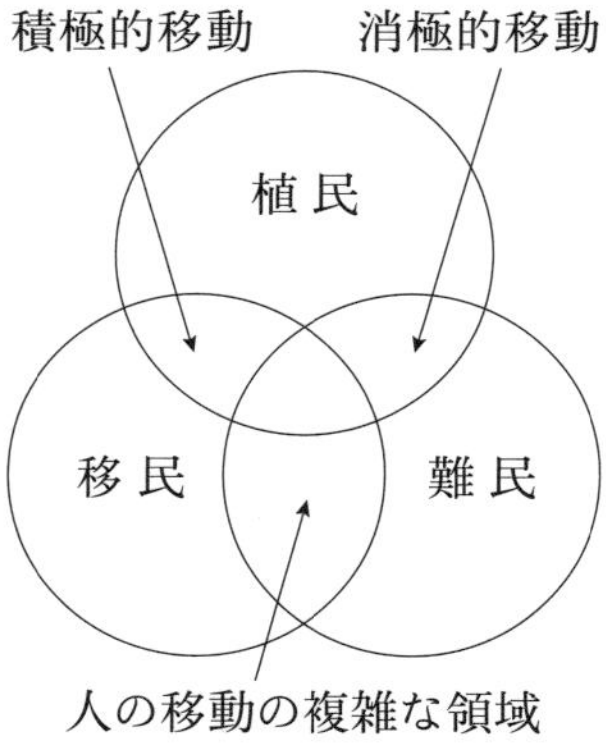

住・定住を促し、開発や支配を進めること。また、その移住民」とある。大辞林では、移民も植民も国が変わることが典型例にされている。二〇〇六年の第三版も内容に変わりはない。矢内原の時代も現代も、移民と植民を明確に区分することは難しい。日本の代表的な二大国語辞典でも、移民、植民に関し統一性があるわけではない。

　これに近年は、難民も加わる。難民は、別に近年に始まるわけではないが、最近はこの言葉を聞かない日はないほどである。難民に関し広辞苑第四版は、「戦争・天災などのため困難に陥った人民。特に、戦禍・政難を避けて流浪する亡命者」とあり、第七版も以前の「政難」の部分が、「政治的混乱や迫害を避けて故国や居住地外に出た人」となり、基本は同じである。大辞林も、「①天災・戦禍などによって生活が困窮し、住んでいた土地を離れ安全な場所へのがれて来た人々。②人種・宗教・政治的意見などを理由に迫害を受けるおそれがあるために国を出た人。亡命者」であり、それほど変わりはない。難民の要点は、移動が本人の意思というより、政治的混乱や天変地異により強いられたものということであろう。これらの三者関係を図式化すると、図3－1のように考えることもできる。

　いずれの移動にも積極的なものと消極的なものを区別できる。植民は、典型的には国策がらみのものを連想するが、国策を転じて新天地への移動を積極的に捉えれば、自発的な移民と重なる。しかし他面では、他国への入植が県別、自治体別に割り当てられ、一種強制に似た移動も生じた。これは難民と重なる部分である。移民は、本人の意思によるとして自発性に注目したが、なかには周りの者が行くので何となく行かざるを得ない心境に置かれ祖国をあとにする者もいる。

これは、どの国の移民グループにもみられ、イギリスでもカリブ系やインド亜大陸系にみられたし、日系南米人にもいえることである。これらは、移民といえども一種、移動の強いられるケースに相当する。かたや難民にも、紛争の絶えない子どもの教育すらままならない地域や国家より、将来展望の築ける国を目指して移動を積極的に捉え祖国を離れる者もいるので、このようなグループは、限りなく移民に近い存在になる。三つの輪の重なる部分は、人の移動に関し植民ともいえ、移民にもなり難民にも近い、明瞭には区別できない現実の多様な複雑性に関わる。植民、移民、難民は、本人たちの意志とも関連づけるなら、截然と区別されるものではない。

こうした複雑性を見越したかのように矢内原は、「植民と移民との本質的区別を否定」（矢、一、18）した。理由は、ユダヤ人のパレスチナへの移住の実態や日本での朝鮮半島、満州への移住とハワイへの移住で、移民、植民の相違を明確に区別することが困難だからである。その点で矢内原の見方を応用するなら、北海道への伊達支藩の移住は、これまでの生活地から新しい居住地への移民であるが、北海道の日本国へのたしかな領域化を目的とした開墾、開拓にあった点では、国による組織的、集団的な植民政策の一環ともなる。

新渡戸にとり人類の歴史は、別に移動の歴史でもあるが、「先史時代の人類が水草を追うて移住したやうな事は、移住（migration）であって植民（colonization）ではない。植民は国家に関するものたるを要する」（新、四、81）。これは直言するなら植民は、国家の意思にかかわる事業ということであり、先の植民地の規定（本書30ページ）も参考にするなら、植民とは国家による国民の海外への移動、移住ということである。

しかし矢内原は、新渡戸と異なり人びとの移動を国民や国家とは別に捉えようとしている。矢内原は、植民とは海外に移住するのみではなく、「国家内の一地方の住民が他地方に移住せる場合」（矢、一、15）も同じとみる。ということは、植民地もまた広義には、国の内外は問わず、「植民的活動の行はる々地域」（同、26）のことを指し、北海道は国内植民地となる。

たしかに植民を国内にも用いる使用法は、当時において一般的ではない。国内植民といういい方自体、植民とは海外に行くことであり、植民地とは国外のテリトリーのこととの含意がある。北海道の移民研究のほとんど草分けの書といわれる『北海道移民政策史』の著者安田泰次郎も矢内原の植民論を評していう。矢内原は、「一国内に於ける所謂殖民的なる活動をも殖民と称し得べきものの如く述べられたけれども、殖民地は或国の本土以外にある当地区域を称するを以て適当なるものと認めらるるが故に、……厳格なる意味に於ては之を殖民地と称する事を得ず」（安田泰次郎、1-2）と。

それだけに矢内原の植民研究は、国家間の支配・従属関係（新渡戸がいう植民とは「国家に関するものたるを要する」）より、移住者の目線に立った先住民と新規入植者の新しく取り結ぶ社会諸関係・行為連関の方に関心があった。ここに矢内原植民論の今日的意義もある。

国の人口問題

矢内原が移民に関心をもち続けた理由は何か。移民は、形を変えた国の人口問題であり、失業問題だからである。矢内原が、『植民及植民政策』のあと、ただちに『人口問題』そして『帝国主義下の台湾』『満州問題』を公表していったのは、植民が人口問題、労働問題と結びつくからである。人口問題と失業問題は、矢内原植民論を背後に貫く二大社会問題である。その理論の妥当性を求めて実証に向かったのが、台湾と満州だった。

世界的にみても農業国から工業国に転換するとき、過剰人口問題が起きる。農村部で自給自足的に過剰人口は養われていたが、工業国に転換する時点で、多くの農村部の人口が都市部に移動する。日本もそうであった。明治初期、工業国に生まれ変わるとき、農村部の多くの人口が都市部にはき出された。都市部で雇いきれない人口は過剰人口とされ、海外移転が望まれた。和人が北海道に行ったのも、内地では働けない労働力の移転・移動である。ただ国内で消化しきれない労働力を、同じ国内で移動しているので国内植民（地）となる。

こうした問題を通して矢内原が注意を喚起しているのは、資本主義の世界性である。資本主義社会は、他国との交易を通して世界的であり、結局、移民、植民、失業問題の真の解決には、ゆくゆくは国際機関を設けずには不可能とみていたことである（矢、四、47あたりに濃厚である）。この限りで矢内原植民論は、今日のグローバリゼーションの先駆をなす。グローバルな各国間の連合は、最終的には世界を単一のものに組織化していく。戦後矢内原が東大に戻ってきたとき、多くの植民地を失った日本の大学の講座で、戦前の自分が担当していた植民政策を国際関係なり、国際経済学に改めた下地は、戦前のこうした研究にすでに表れている。

2　植民論と社会学

先住民への相互行為論的接近

実質的な植民論を重視する矢内原は、植民地と植民とを区別した。そのうえで植民のはらむ問題に関心を向ける。植民地はいわば国家に関係し、本国との政治的支配—従属関係になるが、植民は人に関わり、現地での植民者と先住民との協調・摩擦・対立・闘争等相互関係こそ問われなければならない。これは今日の科学の主題からいえば、経済学的というより新しい地域社会（コミュニティ形成）に伴う社会学的な相互行為をめぐる問題であり、筆者が関心を引きつけられたのもこの点である。

当時の植民学の研究者は、日本も海外の研究者も含め、植民研究を「行政学又は国家学の特殊部門」と捉えていた。しかし矢内原は、「植民の本質を以て社会的経済的活動にありとする以上、植民研究を以て国家学又は政治学の一分科たりとするを得ない」(矢、一、24) という。むしろ植民研究は、「経済学社会学政治学等の諸科学の特殊研究の綜合（ママ）的一体である」(同、24、傍点引用者) とする。

矢内原は、「社会」という概念に特別の意味をみる。「植民は社会現象」であるというが、その「社会」とは「人の行為の総合」である。植民者――すなわち移住者、新しい入植者は、「意識的に行動」し、その行動は「価値関係的行為である」(同、22)。ここにいう価値関係的行為とは、行為者が所与の条件のなかで最善の行為を選択するさまを指し、単なるそのときどきの「反射的」「偶然的」(同、22) な行為ではなく、考え抜かれた目的的・意識的行為をいう。

こうした価値的・意識的行為を、植民者は先住民との関わりのなかで遂行する。その限りにおいて植民者の行為は、直接には政治的・国家的政策と関わらない、個人的・価値的関係行為である。植民をこう理解することにより、矢内原は、これまでつきまとった植民に対する国家的、国策的制約からの解放を訴える。すなわち植民概念の国民国家的視座から社会的行為連関への組み換えである。

矢内原植民論の特徴として、しばしば指摘される実質的植民と形式的植民の区別もこの点に関わる。植民を何よりも政治権力の拡大を狙う国家政策より、現実に新天地に参入し、従来からの先住者とどのようにわたり合い、地域社会関係を築いていくかを植民研究の課題と考えた矢内原にとり、植民をもっぱら国家権力の次元でしかみようとしないのは植民の形式に囚われた研究である。重要なのは当地に入植した植民者が、既存の自然条件や先住民との社会環境のなかでどのような共同社会関係を構築するかである。

矢内原は、当時の植民研究がもっぱら国の政治権力との関係のみで追及される現状を批判し、それを形式的植民研究とし、むしろ重要なのは一人ひとりの新世界での生きざまと捉え、これを実質的植民と呼び区別したのである。この背後には、社会を人と人との相互行為的関係として捉える、現代でいう、すぐれて社会学的な見方が関わっていたのである。

こうした社会学的視点からすれば、矢内原が植民を民族どうしの協調、摩擦、対立、闘争として捉えたのも当然である。

「人類社会は種族民族国民等の社会群若しくは社会的集団の交錯及び並列より成る。各社会群は各々一定の地域に占居するが、必ずしも之に束縛せられず必要に応じて地域的に移動する。その新たなる居住地域は無住地たることあり、或は既に他の社会群の占居せる地域たることあり、いづれにしても新たなる自然的及び社会的環境を供することによつて之に移住する社会群の集団生活に特殊の趣を生ずる」（同、14）。矢内原植民論は、所与の自然条件のなかで同種族、他種族を通し、生存条件をめぐる対立・抗争・協調・和解の一種の行為理論を内包している。社会学の形成期、ジンメル（Gimmel, G. 1858–1918）は、これを「闘争と結合の社会学」として諸集団分析のかなめとした。

矢内原は、一九二七年一一月、第三回日本社会学会で「人口食料問題と社会制度」と題し講演した（矢、二三、528）。内容は、ギリシャやローマが滅んだ理由に関するもので、崩壊の背後に食料品調達をめぐる問題が絡んでいたとしている。かれの年来の主張ともいえる植民問題は人口問題と重なる重要なテーマであるが、講演を引き受けたのは、当時は現在ほど科学の専門分化が激しくなっておらず、相互の行き来がなされていたこともあるが、それでも自分の植民理論が、社会学の思考・方法にも近いことを感じていたからではないか。

『植民及植民政策』冒頭で矢内原はいう。「即私は一の社会的事実としての植民及植民政策の意義、植民の人類に対し、殊に利害関係者たる植民国対植民地、植民者対原住者に対する影響、植民的社会諸関係の特色を明らかにせんと欲した」と（矢、一、5、傍点引用者）。

従来、矢内原植民論においてこの相互行為的側面は看過されてきた。筆者の意図は、矢内原植民論をたとえ国家の権力問題が背後に潜もうとも、現実世界では国家権力も一人ひとりの行為者の諸行為を通して追求されざるを得ない社会的諸関係として、すなわち国内植民における移住者と先住民との、和人とアイヌとの社会的諸行為連関から捉え直すことである。前述の引用でいえば、「一の社会的事実」といい、「一の法的なり経済的事実」とはいわなかった意図である。

国内植民地としての北海道の例えば胆振地方でも、ときの国防上の政策はさまざまな法や規則として各地域に布達、伝達される。新規入植者は、いわば法や規則の具体的な担い手として、先住民と対峙する。国家レベルでの法や権力もまた、各地域レベルでは、個々の入植者と先住民の社会的諸関係並びにその実践を通して追求されていく。

スミスに学んだ行為論

行為理論といえばウェーバーが有名だが、矢内原のウェーバーへの言及は社会学的な方法に関するものではなく、宗教と資本主義の興隆に関する「プロテスタンティズムの倫理と資本主義の『精神』」についてである（矢、二四、377）。ウェーバーの方法論や行為理論に惹かれた形跡はない。

相互行為的視点に関する矢内原のアイデアは、その多くをスミスから得ている。『道徳情操論』の著者スミスは、その著の一七年後に書かれた『国富論』も、内容は通常の経済学書というより、商業社会で繰り広げられる商人どうしの交換行為を問う、すぐれて行為論的な書であった。

有名な「一匹の犬がもう一匹の犬と、一本の骨をもう一本と公正にしかも熟慮のうえで交換するのを見た人はまだ一人もいない」（スミス　一九六五、一、117）とは、「交換性向」を人間にだけみられる普遍的な関係行為と考えたスミスのたとえ話である。スミスは交換を、人間の基本的活動のなかでももっとも本質的な歴史貫通的な行為と捉えた。交換には、単にモノだけではなく、言葉なり意思をも含むコミュニケーション一般が含まれる。英語のインタレストが、「関心」をさしながら「利害」や「利子」も意味するように、人が関心を示すのは、自分の利害と関わることが多い。

『道徳情操論』でスミスは、人間どうしの意思疎通の根底には、他者の感情理解が不可欠であることを繰り返し指摘する。自分の苦しみをほとんど理解しえない者とは、「これらの問題に関してお互いに話し合うことはできない」（スミス　一九六九、上、67）し、自分も相手と「友情関係を維持することはできない」。友人関係や会話の成立のためには、相手への感情移入が、すなわち「想像上における立場の交換」が前提であり、それをお互い「完全に行おうと努力しなければならない」（同、67）。これができれば、「社交と会話は、心の……平静を失った場合に、……平静を取り戻すもっとも強力な救済手段であり……幸福な気質を維持するための最良の予防法でもある」（同、70）のだ。

人間とは、自己の関心（利益）に基づき、コミュニケーションを含む交換し合う動物である。この人間の感情移入、交換性向は、矢内原にもさまざまな視点を提供した。国の内外を問わず移住者にとっても、移住者どうし、あるいは先住者とどのような関係行為を築くかは、社会の在り方を、コミュニティの性格を、植民地での社会関係を決定する。

加えて植民が、何らかの意味で文明の伝播となると、スミスには植民地の獲得・建設も、国家間のむき出しの政治的支配、権力関係より原住民と移住者の関係を通して行われる産業化なり歴史的な発展、すなわち文明化に関心があった。植民地化による途上国の文明化を通した地球規模でのグローバルなつながりである（スミス 一九六五、三、第七章「植民地について」、388-389）。

交易を通してかつての植民地国の「原住民がこれまでよりもいっそう強くなり、またはヨーロッパ人がいっそう弱くなるであろうから、世界中のありとあらゆる地域の住民は、……対等のものになるであろう」（同、389）。スミスは、植民者は入植する時点ですでに原住民より高度な文明を有し、かつフランス領カナダでも、イングランド領北アメリカでも植民地は、原住民どうしによる社会進歩以上に、どこでもスピーディであったことを強調している。

もちろん現実の社会や政治の動きは、理想通りには進まない。その意味で矢内原がスミスにひかれたのは、一つひとつの理論ではない。むしろスミスの『国富論』には、矛盾するものが多いことも指摘している（矢、五、247）。矢内原がスミスを評価するのは、住民の目線で原住民との関係を捉えていること、独占を排し自由な交換が行われた際、起こりうる可能性である。そのとき「スミスの『国富論』は今なお……示唆に富むもの」（同、338）なのだ。事実スミスが、前述したフランスの植民地カナダの進歩に注目するのも、ある独占企業の解散後の迅速な発展に対してである（同、288）。

のちに矢内原は、経済学に限らず、法学や哲学、社会学、文学、書誌学にいたるまで幅広い会員からなる「アダム・スミスの会」を立ち上げ、談論風発、社交的な意見交換の場を創っている。スミスは、矢内原にとり広く人間の交流や社会のことを考えるうえで無限の宝庫であり、経済学というより「社会科学の慈父」（同、488）だった。

こうしてみると矢内原が、植民地より植民（行為者）を、形式的植民より実質的植民（入植者が取り結ぶ関係行為）を重視したのは、まさにスミスの行為理論と重なる問題意識ゆえである。したがって矢内原もそしてスミスもということになるが、植民地を決して暗い屈辱的なものばかりとは考えなかった。ただし前提条件があり、「植民政策が本国及び植民地の民衆の利益に立脚」（矢、一、536）する限りにおいてである。

スミスはこれを強調した。矢内原が「スミスに感激」（同、536）したのも、この入植者のまなざしを強調したからである。これは意外に重要な点と思われる。矢内原は、植民地と属領とを区別する。属領は、主権を放棄し、完全な属国であるが、植民地には、一部主権の認められる種々のタイプがある。「南洋委任統治論」（矢、五）には、「本国が明白無条件なる領土権を有する属領」という言い方があり、属領は、主権を放棄したものである。しかし植民地には、「保護条約の下に内政及び外交の全部若しくは一部を監督行使する処の非保護国、年限を限って租借せる処の租借地も亦、植民地の中に数えられることが適当」（同、130）と述べ、属領以外にも植民地には種々のタイプがあるとしている。

植民地の積極面

たしかに植民地（移民、植民）は、コロニーやプランテーションともいわれ、自国の力だけでは産業化ができないとき、先進国からいろいろ援助を仰ぐことは歴史上よくある。永遠の植民地（「永久的なる植民地なるもの」矢、一、16）はないのであり、文明が遅れているとき一時的に支援を受けるのは正当との考えがある。この点日本には、植民地として朝鮮半島や満州という悲惨な経験があり、過去の歴史的記憶との関係でネガティブイメージが強いが、アメリカ合衆国は、イギリスの植民地でありながら、その後無限の発展の可能性を引き出された国であり、いわゆる植民地の通常のイメージとはかなり異なる。スミスにもそして矢内原にも、植民地といっても先入観をもたないことが重要である。スミス、矢内原の植民地に対する肯定的な響きには、あきらかにアメリカがある。

この点で「世界経済発展過程としての植民史」（矢、四、141-169）は、重要な書である。矢内原は、世界資本主義のグローバル化をひしひしと受け止め、資本主義は、マルクスがいうように「自分に似せて世界をつくる」、すなわち資本は、国家間の相互交流・交換を通して世界を同質一体的なものにすると捉えている。植民地は、世界の格差を埋める土台となる。永遠の植民地はないのだから、自力で先進国の仲間入りができなければ、格差が埋まるまでの間、植民地化により文明を学ぶ必要性もあると考えた。同時に、国際的な形で社会主義が不可避になるとも考えている（同、166）。「世界経済及び政治は全地球的に有機的連結の体系を有する事実となり、その発展は国際協調の基礎を要求しつつある。完全なる国際協調は国際統制を必要とし、完全なる国際統制は国際社会主義のみこれを可能たらしめる」（同、166）。国際社会主義といっても、グローバルな計画経済のようなものではなく、無制限な国家間の競争の時代から国家を超えた何らかの国際協調組織の必要性を訴えたものであろう。

植民地がやがて独立し、自由な交換が可能になれば、資本主義の国際社会化、世界社会化が起きる。「国際経済の発達は国際政治における二つの段階の完成を要求する。第一は、国家間における植民地的従属関係が終止し、すべての国家が自由なる社会として交通することである。第二はかかる自由なる社会としての諸国家が、民主主義の原則に従って一つの世界的な政治権力に統合せられることである。かくして国際経済の発達は世界における統一的な法組織、政治組織を要求し、同時にその組織内における諸国民の自由を要求する」（矢、五、338）。

世界社会は、今なお成立していないし、その現実味も前途多難な状況にある。しかし江戸時代は、二六五年の長きにわたり存続した。当時、時代の渦中にあって人は、藩ごとに分断されている人民が、一つの国家「国民」として統合されるとは誰も信じられなかった。それと同じく、現在各国民として分断されている人々が、将来共に地球上の人間として共通の法や政治組織に統合されるとは思いもしないだろう。しかし将来各国と国際社会の双方で、二重の意味で自由と民主主義が達成されたら、その可能性は誰にも否定しえない。

グローバル化が叫ばれて三〇年、この流れが今後、徳川政権の崩壊に要したと同じ三〇〇年近く過ぎたときどうなるか、やや楽観的過ぎるかもしれないが、「国際経済の発達」の必然的傾向として、世界社会、世界政府ともいえる新しいグローバルな次元成立の可能性が、矢内原により察知されている。

社会群の接触による新世界の創出

これらの動きを現代流にいえば、人びとの交流や交易は、ローカルからナショナルへ、ナショナルは、ときにインペリアルにもなるがインターナショナルを促進し、そして一段とグローバルになり、さらにこれらを通してユニバーサルなものへと転化する。すなわち地方から国へ、国家から帝国へ、帝国から世界へ、そして地球へとなる（矢、四、141）。

　これをなすうえで植民の果たした役割は無視できない。「植民」によって人間の居住空間は広がり、「社会群は接触し」、文化、文明が伝わり、本当の意味での世界社会なり「世界歴史」（同、141）が成立するようになったからである。「植民とは社会現象である」、それは「一の新たなる社会の発生及成長に関するもの」（矢、一、22）と繰り返したのも、植民により新たな人間の活動領域、相互行為的社会空間の広がりに着目したからである。

　したがってかれの主著『植民及植民政策』が発表されるや、当時から投げかけられた批判、代表的には大内兵衛によるマルクス主義的な植民論からの批判には、明らかに解明したい内容に差があった。大内らの関心は、国家間の支配従属関係にあり、よしんば移住者レベルでも国家権力を背にした移住者と先住者の縦の関係に向けられたのに、矢内原の関心は、国家権力以上に移住者間の、あるいは移住者と先住者（社会群）どうしの横の関係にあった。

　縦の関係重視派では、入植者への権力の保護、原住者への支配・隷属関係が確定されれば、それで研究目的は果たされたと考える。しかし、横の関係重視派では、たとえ入植者への国家権力による保護が確定されても、日常生活次元では権力関係が現実にはどのように新しい社会関係を貫徹するかも含め、まさにその後が関心事となる。まして権力から遠い末端の庶民なり、一度ならず権力に背いた集団（たとえば本書でいう伊達藩の移住者）ならなおのことである。

　そのうえで矢内原は、人びとの行為がなぜかくなりかくならなかったのか、与えられた状況のなかで因果関係を問おうとした。かれの植民研究は、台湾にしても南洋諸島にしても、すぐれて今日いう実証的なものである。さまざまな現象を人々の動機にまでさかのぼり、諸行為の因果連関を究明する方法的立場は、かれの場合、その熱心なキリスト教との対話から生まれた。人は特定の神と対話するには、方法論的個人主義に立たねばならない。そのような個々人の行為、接触を重視する社会学的立場に立脚することにより、国家的な支配、権力関係からはみえないものが抉り出される。

矢内原の書を読んで強く感じるのは、キリスト教信仰の影響である。ここにいう実質的かつ形式的植民にも、筆者はキリスト教をめぐって闘わされた問答の影をみる。無教会の無教会たるゆえんは何か、それは教会という制度なり形式に価値があるのではなく、キリストを信じる信仰なり魂にある。神の価値は、教会という組織や伝統によって形式化された制度にあるのではなく、神を信じる信仰や魂の内容・実質にある（矢、一五、396）。植民も同じである。植民が人々の行為に迫る社会科学にとり重要なのは、国家の制度や組織ではなく、現実にある社会集団が、すでに先住者のいる地に移住し、新しい自然かつ社会環境のなかで、いかなる相互的な社会関係を切り開くかという実質的諸関係の中身である。

明治期北海道には多くの士族が本州から移り住んだが、これは単なる国家権力の勢力拡大のみならず、移動を決意した人々の背後には、これまでの社会関係の清算と新天地での新たな社会関係の創出があった。移民が作り出す先住者との相互関係（社会群の接触）は、異なる文化接触が双方に文化変容をもたらす点でも国家の権力問題に回収されるものではなく、これまでとは異なる地域での人と人との新たな文化を含む関係の再構築なのである。

現代に通じる種族・民族・国家

矢内原の植民及び植民地研究は、十分、社会学的であるが、その一半は使用する概念の内容にもよる。矢内原は、多くの種族が集まると民族を形成すると捉える。そして民族が国家形成に成功すれば、「国民」が誕生すると捉え、社会集団の構成要素は現在のエスニシティ論に近い。「人類の原始的社会群は血縁団体たる氏族（gens）であり、数個の氏族を合して之に若干地縁的基礎を加味したる種族（tribe）を生じ、更に数個の種族を合し一層地縁的意味を拡大したる社会群として民族（nation）が成立したのである」（矢、一八、614）。現代の民族問題をとらえるうえでも、基本的用語は出そろっている。

聖書研究につながる論文「シオン運動」でも、ユダヤ人に言及しつつ「民族的結合の最も有力なる基礎たる種族的特徴に於も、ユダヤ人は顕著なる特殊種族として認められる」（矢、一、542）といい、「米国の日本移民排斥に就て」でもはっきりと、「数個の種族は結合してさらに高度の社会群たる民族を形成する」（同、601）と述べるなど、民族を構成する最小単位として種族の特徴に注目している。

イギリスの著名な社会学者であり、ネイションやエスニシティに関し優れた著作を残したアントニー・スミス（Smith, A. 1939–2016）も、エスニシティの最小単位にエトニを重視するが（スミス一九九九)、これは矢内原でいえば、民族の構成要素としての種族や氏族に相当するものである。当時の民族論の通説にも長けていた。

これらは、矢内原の民族と類似の諸概念との関係であるが、民族そのものの内容規定に関しても重要な理解を示している。矢内原はいう、「民族とは血族共同体及び文化共同体を基礎とする運命共同体若しくは生活共同体であるということが出来よう。包括的に生存の運命を共同にした生活を共同にすることが民族なる共同体の中心概念である。故に民族は歴史の所産であり、従ってそれは自然的概念たるよりも寧ろ社会的概念であり、血族的概念たるよりも寧ろ文化的概念である」(矢、一八、15、一部現代的用語に書き改めている)。

民族を血の共同性という自然的なものより、歴史的に生活を共同で営んできた社会的概念にして、文化的な概念としている点で、すぐれて重要な意味をもつ。和人とアイヌは、血という自然的な差というより、歴史的に生活の共同運命下にはおかれていなかったことからくる社会空間的差であり、ひいては文化的にも区別される差である。この民族を分ける歴史的、生活的、地理的にして政治的運命の差、文化的差とする見方は、のちの日本民族と朝鮮民族、満州族、ひいては東亜民族論を展開するうえでも重要な視点を提供するばかりか、当時の矢内原的多文化論を理解するうえでも貴重である。

戦前も含め戦時期、朝鮮や満州の併合を「正当化」するため、日本民族との共通性を強調する東亜民族論が興隆を極めたが、これらは儒教や漢字文化圏と欧州が異なる程度のもので、民族が社会的、政治的、文化的差に由来する以上、東亜民族論もそう単純なものではない。

その一方でアメリカに言及した箇所では、「米国社会は『英国人＋独逸人＋伊太利人＋猶太人＋……』の如く各種民族の無機的堆積にあらずして、之等の凡てを含み而かも之等の何れとも異る一の新なる民族、新なる国民である」（矢、一、166）と述べ、移民国家としてのアメリカ「国民」が、従来の種族が民族を、民族が国民を形成するのとも異なると捉えていた。その限りで矢内原は、かつてクレヴクール（Crèvecœur, M. 1735–1813）がアメリカ人とは何かと問い、イングランド人でもなく、オランダ人でもない、それらの融合した人間とみたように、アメリカ人を血の問題ではなく共通の価値や生活スタイルに求めたのとも軌を一にする。

矢内原の国民理解には、国民を規定するものが言語や血統のような客観的なものではなく、産業の発展による共通の観念やハビトゥスとする点で、ベネデクト・アンダーソン（Anderson, B. 1936–2015）などとも共通する民族、国民理解があったといえる。国民意識の成立に共通の民族意識を不可欠とし、その推進力を産業発展に求める矢内原に、アンダーソンが重視した印刷技術による国民統合の文化装置をみることも可能である。

同一民族の自覚に共通の歴史的な物語を前提にするという民族観に立つなら、次章の課題ではあるが、先述の通り東亜民族の可能性など、それほど簡単なものではなくなる。高田保馬も新明正道も、第二次世界大戦前の近衛体制を側面から擁護するように、西欧人と比べて日満支の共通性を強調した。しかし民族とは、単に文化並びに宗教の近似性だけではなく、共通の歴史的物語をも重要な構成要素にするとなると、日満支はそれぞれ異なる歴史的物語をもつ。北海道のアイヌ民族ですら共通の国民にするために、天皇の赤子にするなど多くのフィクションを必要としたように、日本人と大陸の民族には大きな差がある。

矢内原の民族論は、安易な東亜民族論を語らせないためにも心にとめておきたい。

社会学的手法

しかしより注目しておきたいのは、むしろ社会分析の方法である。『植民及植民政策』以外のそのほかのモノグラフィーも、例えば『帝国主義下の台湾』や『満州問題』（矢、二）はもとより、『南洋群島の研究』『アイルランド問題の沿革』（矢、三）等すぐれて（歴史）社会学的研究である。たしかに同三巻に所収の「帝国主義下の印度」は、インドの工業制度や金本位制の分析等、経済学的研究が主であり、社会学的分析に通じる研究と貴重な対比をなす。

繰り返すがここで社会学的というのは、人々の行為をその動機にまでさかのぼり、制度や組織の成立過程を当事者の意識や行為を媒介にしながら、かくなってかくならなかった原因・結果を探求するその方法を指す。現在みられる制度や組織はもとより、歴史的資料や遺跡に至るまで、先人たちの主観的な想いが凝結して構造化されている。

なぜ北海道の胆振地方、そのなかの中心都市の一つ伊達市の道路には、T字路が多いのか。理由は、幕末・維新にさかのぼる。すでにみた通り伊達周辺は、明治のごく初期に東北の雄藩、伊達氏の亘理支藩が住み着いた所である。すなわち伊達市は、典型的な士族入植の地である。初期の入植時には、まだ廃刀令（一八七六年）は施行されておらず、これからは刀の時代ではなく、ペンの時代と頭のなかでは知っていても、現実に街づくりをするとなると、これまでの経験が先立ち、敵が攻めてきても直線的に本丸（邦成公の本屋敷）には到達できない仕組みが随所に発揮された。

数次に及んだ移住の後半には、亘理支藩の先祖を祭る大雄寺（一八八〇年）も建立された。入植地の本丸とはほど遠くない地域にであり、寺の名も亘理と同じである。亘理のこの寺は、かつて邦成公が家臣を集め、北の開発の決意を熱く語った場所である。移民コミュニティにとって宗教的シンボル（寺、教会、モスク等）や死後の埋葬地の確保は、移民先を安住の地とするのに極めて重要な役割を果たす。現在の多くの町づくり、組織、諸制度に対する歴史的な因果帰属は、関係した人々の意識や諸行為、なかんずく意識や行為の凝結した資料や遺跡にまで遡及し確定できる。

矢内原の人の移動、植民論にもこの社会学的手法はみられるし、それは前期のアカデミックな研究書ばかりではなく、例えば内村鑑三の母校、アマースト大学を訪問した際の素描等にもうかがえる。アマーストの名は、イギリスのピット首相時代、北米遠征のため派遣されフランス軍と勇猛に戦ったロード・ジェフリー・アマースト（Amherst, J, 1717–1797）将軍にちなんだ名という（矢、二四、450）。大学設立のきっかけは、ウェブスター辞書で有名なノア・ウェブスター（Webster, N. 1758–1843）が移り住み、辞書編集に携わりつつ学校を設立したことにある。この学校が、アマースト大学の前身となる。

設立目的は、アメリカ建国も例外としなかった多大な流血や人類の犠牲への反省からである。「平和と人道の社会」建設を目標に、信仰と福音伝道の目的のために設立された。アマーストは、ハーバードとも異なり、「消極的な信仰態度の伝播を食い止めて」、「創立当初は特に伝道者養成の目的」（同、452-453）を担っていた。クラークは、同大学最初のドイツ留学者であり、博士号取得者である。

アマーストには、マサチューセッツ州立農科大学があり、のちにクラークが初代学長となる。そのクラークが、マサチューセッツ農科大学学長職のまま札幌農学校に赴任し、クラークの信念であった「禁酒禁煙」と「イエス信仰の誓約」の下に農学校一期生の佐藤昌介、黒岩四方之進（畜産家、新冠御料牧場長）、伊藤一隆（北海道初代水産課長）等を指導し、その理念は二期生の内村鑑三、宮部金吾、新渡戸稲造らに受け継がれた。組織や制度を人々の意識や行為の凝結したものとみるなら（副田 二〇一四、395）、アマースト大学の規律、精神、制度は、卒業生らの諸行為を介しマサチューセッツ農科大学、そして札幌農学校に受け継がれていったことになる（矢、二四、454）。

この建学の規律、精神が、その後の日本の社会や歴史の一部をいかに決定していくかは、矢内原による内村のアマースト大学訪問記に生き生きと描かれる。内村は、一八八一年に札幌農学校を卒業するが、しばらく北海道にとどまり、前述したが開拓使に勤務ののち、八四年にアメリカに留学する。他所で働いたのち留学先をアマースト大学に定めたが、たどり着いたときの所持金は七ドルだけだった。

しかしときの学長シーリーは、その内村を暖かく迎え、二年間の授業料と寮費を免除し、かつ奨学金を授与した。当地で学んだ内村が、その後日本のみならず世界のキリスト教界にいかなる影響を与えたかは、多言を要すまい。読者は、アマースト大学の設立理念や歴史的経緯、制度からコレッジに充満する心的エートス、寮生活を通して、マサチューセッツ農科大学ばかりか、札幌農学校、クラークの行動等を過去と現在の繋がりとかれらの行為連関を通して生き生きとつかむことができる（同、449以降）。

移民の内的動機

こうした行為者の動機探求という社会学的な観点から『植民及植民政策』を読み直してみると、本書で社会的と語られている章・節の内容は、今日でいえば社会学に相当するものが多い。例えば、本書、第三章「植民の動因（消極的）」の五節は、「社会的動因」であるが、一節の「経済的動因」とは異なる植民の宗教的・政治的理由による植民者の考察である。

「植民の消極的動因の中社会的なるものは、宗教上人種上政治上等の理由によりて受くる社会的不利不安である。之等の理由によりて一国内の支配階級より圧迫せらるる社会群は、機会にして提供せられなば他の地域に移居して、擾されざる社会生活をなさんと欲する潜在的の生活本能を有する」（矢、一、65）という。

これまでもみてきた伊達藩の北海道移住は、まさにそうであろう。幕末期、にせの勅令により徳川幕藩体制を打倒した薩長連合は、奥羽越列藩同盟諸藩にとっては、武力行使による反乱軍であり、鎮圧すべきものであった。しかし先述したが、西欧式の軍備に優る反乱軍との闘いに敗北した以上、従来の領地で生活を続けることは不可能であった。この政治的・社会的状況が、伊達藩の北海道移住の主たる動因である。経済的な理由に加え、政治的な事情に基づく社会的身分の降下（そのままでは生涯逆賊扱いになる）という理由が移住の背後にあった。

同じく本書第七章「植民の社会的方面」（同、146）もまた、そこで分析されている内容は、社会群の接触、種族的接触、文化的接触、社会的接触等すべて、今日でいう社会学的な主題ばかりである。すでに植民を国家の外部への国民の一部の組織的移動だけとはしないで、社会群の国家内部の移動も含む見方と並んで、矢内原植民論は、幕末期の和人の北海道への移動（植民）を考えるうえで重要な視点を提起する。伊達藩にみられる北海道への士族の移住は、伊達藩に帰属する国民では一括できない社会群の移住であり、受け入れ地域での社会活動の開始である。当然、受け入れ先には独自の先住民がおり、移住者の社会的活動は、先住民との摩擦・対抗・協調・和解のなかで行われざるを得ない。

亘理から伊達への移住は、九次にまで及んだ。最初のグループが当地に順応していったのをみて、後発が後を絶たなかったのだろう。忘れてならないことは、この地域一帯には、先住民アイヌが住んでいたことである。亘理グループ成功のもう一つの理由は、この先住民アイヌと良好な協調、和解関係を築いたことが大きい。

反対に海外の例になるが、中国東北部に一九三一年、忽然と姿を現した独立国家満州には、匪賊の跳梁跋扈が相次ぎ、移住者は関東軍の護衛無くして日常の生活もままならなかった。原住民に、日本人の移住が理解、納得できなかったのである。新規移住者と先住民との摩擦・対抗・協力・和解の視点は、移住研究のかなめなのである。

植民研究の新地平

こうして矢内原は、今日の移民研究においても十分に応用できる方法や視座、多文化主義を展開する。かれの生きた時代と当時の国家目標とを重ねて考えると、その冷静な判断と勇気には、示唆されるものが多い。

一般に植民は、文化の高度な地域から未発展の地域への移動と考えられる。世界的にみてもこれは多くの論者によって肯定された。矢内原もまたこうした見方をとっている。しかし、文化の高低にあまりこだわらなかったのも事実である。それというのも矢内原にとり、異なる文化の高低を測ることは一概にいえず、常に相対的なものを免れないからである。異なる民族にとり「異種の系統に属する文化はその高低を判断すべき標準を有しないから」（矢、一、17）にほかならない。

したがって植民とは、社会群の新たなる地域での活動と捉えられるが、植民を本国政治権力の及ぶ地域への移動、移民を現地政治権力（本国政治権力ではない）の及ぶ地域への移動とみる当時の見方にも反対した。植民とは、あくまでも「人口の一部分が遠隔の地に至り、異りたる諸関係及び異りたる国民若しくは異りたる種類の人口の間に定着すること」（同、19）であって、本国の政治権力の浸透度以上に、入植地での新しい社会関係の創出に注目した。植民者もまた、先住民との諸関係のなかで社会生活を開始するからである。

もちろん新規入植者と本国政府との関係を、まったく無視するのなら問題である。植民（地）の果たす人類史的役割にいち早く着目したスミスは、新植民地での繁栄の「二大要因」として、「良質な土地」と「自分の諸問題を自分なりの方法で処理することの自由」（スミス 一九六五、三、290）の二点をあげた。土地の質への注目はともかく、自分の問題を自分の方法で処理する「自由」とは、いかにもスミス的ないい方だが、祖国なり中央政府の干渉を受けないということである。過剰な干渉を受けない方が、植民（地）の発展には重要だというのだ。これは新しい領土での入植者の知恵と、先住者との新しい社会関係に注目した見方である。

矢内原の植民規定では、植民地国と被植民地国との支配・従属関係や階級関係が希薄だとの批判が寄せられるが、植民を国家内部にも求め、民族や言語・文化の異なる社会集団の間での対立、緊張、闘争、和解の解明こそ植民研究の課題とした意義は大きい。すなわちかれの「実質的植民論」を国内植民地論として、日本の先住民族問題に生かすことは、きわめて重要な課題である。

繰り返すが、植民をめぐり当の国家権力とのつながりをまったく否定するものなら、留保が必要である。具体的な例でいえば、逆賊扱いの亘理支藩であっても、不作で日々の食糧にこと欠くときは政府から支援を受けているし、どだい新天地で先住民に自らの入植を宣言し、自分たちの支配に服するよう宣告できたのも、ときの権力を背にしてのことである。しかし入植者の日々の行為レベルでは、先住者との対立と和解こそ重要であり、地域でいかなる社会関係を結ぶかが入植の成否を決める。矢内原はまさに、新規に形成される社会関係に注目したのである。

矢内原はいう。植民には、消極的と積極的な植民がある。消極的には、宗教的な対立や迫害を避けるためやむを得ずして居住地を去るものがある。現代的にいえば、難民のように移動の強いられるケースである。しかし、消極的理由は、積極的なものに容易に変わる。「植民の消極的動因は通常その半面に於て、新移住地に於て運命を開拓し生活を繁栄ならしめんとする積極的動因」（同、68）に転化する。

伊達藩のみならず、明治初期の各藩の北海道移住は、まさにこれを地で行った。奥羽越列藩同盟諸藩は、幕末維新以降はからずも減封となり、これまでの領地での生活は困難となった。新天地に入植し、立て直しを迫られたのである。それは逆賊の汚名からの消極的逃避ではあったが、伊達藩にとっては「皇国の北門」を防御する国家的事業に応える積極的な使命、目標に転換した。事実、邦成は明治二五年（一八九二年）、北海道開発の労により勲四等瑞宝章、男爵の栄誉に輝いている。ピンチをお家再興のチャンスに活かしたのである。

社会・自然条件にみる植民

これまで、矢内原植民論を国内植民研究に活かす必要性が語られながらも（村上、232）、この方面の研究はほとんどなされていない。北海道への「内地」からの移動を「内国植民」と捉え、明治以降、北海道と海外移民とを相互関連的に追及する必要性を指摘したのは桑原真人であるが（桑原、64）、矢内原植民論は、その潜勢力をすでに宿していた。本書の課題は、矢内原植民論を明治期北海道の移民・植民に結びつけ、それをさらに先住民アイヌとの関係で問うことである。

人間社会は、国家を形成し得ない時点では、種族なり民族の集団間の諸行為の協調・緊張・対立からなる。国家を形成した民族にとっては、国民相互間及び他国での諸国民間の対立、緊張、闘争、和解からなる。このような社会集団からなる社会群は、希少価値をもつ土地なり食物を求めて移動を繰り返す。移動先においては、まれに占有なき土地で自ら所有者になることもあるが、すでに先住者がいればかれらに隣接して居住せざるを得なくなる。

その際どのような社会関係を結ぶかは、植民研究の第一の課題となる。それは単に、先住民との社会関係のみならず、従来の自然的条件と異なる定住先の環境とどう向き合い固有の文化を築き上げるかという点でも、植民研究の最大の課題である。これまで身につけてきた固有の文化と新しい自然環境にどう対面し新たな要素を加味するかは、植民研究の白眉をなす。

亘理藩の入植を考えても成功の理由には、いろいろあげられている。伊達邦成自身が陣頭指揮し、決死の覚悟で臨んだこと、義理の母保子の献身的な貢献、移住に際し妻子妻帯を原則とし単身は認めなかったこと――いわば退路を断ったこと、朝敵の汚名返上のため領主も家老も一致団結したことなどである。

しかし筆者は、あまりふれられないがこの地方の温暖な気候風土を、矢内原でいうならば移住先の自然環境を成功の条件にあげたい。高倉新一郎もまた、自分の経験を踏まえてであろうか、北海道の過酷な気候を評していう。「冬季の気温も、北部及び内陸地帯は可成り低く、越冬には特別の工夫を要したが、南部は殆んど本州と大差なく、即ち函館の平均気温は青森と同様で、盛岡よりは寧ろ高い」（高倉　一九四七、5）。

町村合併の盛んな時期に、内陸部の大滝村と合併（二〇〇六年三月）することになったが、山間部や関内を除く伊達市内は、緯度は函館よりも高いものの、寒さや積雪は函館よりしのぎやすく、東隣の室蘭や南の長万部と比べても積雪、雨量共に少なく、まさに本州と大きく変わらない温暖な地域だった。亘理支藩の人々にとっても、郷里とあまり変わらなかったのではないか。今世紀になってから合併した大滝区は、雪が多く決して住みやすいわけではない。

この地区は、薩摩藩の札幌農学校校長も務めた橋口文蔵（1853–1903）に払い下げられた地域である。大滝と伊達市内中心部を比べるなら、前述した通り松浦武四郎ではないが、新政府にたて突きながらいい土地に巡り合えたといえる。ちなみに伊達藩の本流は、宮城県岩出山である。維新期この地には、伊達邦直がいた。亘理の伊達邦成は、邦直の実弟である（榎本　一九九三、47）。邦成はその後亘理の養子となり、伊達邦実・保子の娘菊子と結婚、維新を経て伊達に移住する。

邦直に割り当てられたのは、既述の当別である。当別は石狩川の支流に位置し、河川工事も不十分な当時は水はけの悪さに泣かされた。冬も雪深く、寒さも厳しく内地とは大きく違った。そのため移住者も続かず、大きな成功をおさめることはできなかった。現在、当別近くの栗山には、岩出山の伊達家につながる末裔が住み、宮城県の角田とは友好都市の関係にある。

この気候条件の類似は、当時の主産業である農業経営にとっては死活に関わるほど重要な意味をもつ。郷里から持参した種や苗等がそのまま使用できたこと、当地の特産物は、アイヌに生産方法を学ぶなど、いち早く土地に順応できたからである。事実、『伊達町史』（新稿）によれば、来道後間もないのに郷里から持参した「大小豆、蕎麦、大根、薯」（渡辺編、下、12）を収穫し、生活の手ごたえを得ている。

同時に本書は、かれらの定着が四月というのに、二〇日あまりのうちに八町五反以上開墾したことを伝えている（同）。農業に不慣れな士族中心の、かつ高度な開墾の技術や機械・農具のない時代に、である。移住が九次にまで及んだこと自体、先発組から気候や風土を含め十分生活が可能との情報を得たからであろう。

『伊達市史』によると第一回目の移住は、一八七〇年三月であり、九次は一八八一年四月というから、組織的なチェーン・マイグレーションは、一一年にわたり続けられたことになる。第三次、四次、五次は、先発組から遅れること一年～三年であるが、三次には七八八人、四次四六五人、五次五六二人という大量の移住者を生んでいる（『伊達市史』、252－3）。明らかに先発組の情報により、農業でも生活可能な感触を得たのだろう。後発組の面倒をみるのは、先発組の義務でもあった。

北海道のほかの地域は、持参した種はもとより、開墾もそうはいかなかった。気候条件が内地とはあまりに違ったからである。海外移住の場合、自然環境、風土の相違にはさらに大きなものがあろう。入植前の政府側の現地の宣伝・紹介と、入植後の実生活に大きな差のあることは少なくないが、これはしばしば棄民と呼ばれる。国家ぐるみで海外植民が盛んだった日本にも、少なからぬ例がある。代表的には、カリブ海のドミニカ移民があげられる（今野他編）。単に気候風土ばかりか、土地も石だらけのとても農業民族日本人に堪えられるものではなかった。

矢内原植民論は、現地で社会的行為を形成する際、新規移住者に社会環境に加え自然条件との折り合いにも注目している。

移民の国際比較——海外移民避ける日本人

矢内原による移住者研究で注目したいのは、植民の類型論との組み合わせである。国により、移民を苦にしない民族もいるが、移民したがらない民族もいる。移民したがらない民族の代表は、フランス人である。フランス人は、移民に出たがらない。「移民というのは、一国の労働力と資本が外国に流れていくものである。移民は国民の中でも特に堅実な中堅階級の人々が出ていくのであるから、さういふ人々が海外に失う事は、一国の経済から見て損失である。昔十九世紀の初めに、フランスの名高い経済学者のセイといふ人がかういふ事をいつた。即ち十万人の移民が資本を携へて外国に移住する事は、十万人の兵隊が武器弾薬を持つたまま、敵国に降伏するのと同じであつて、移民の出ていくことを不利益だと申しております」（矢、四、572）。

矢内原は、このようなセイに対して、仕事のない過剰人口をそのままにしておくより、海外で働いて収益を得る方が効果的にして、移民は本国経済を拡張するもの（同、582）としている。一方イギリスのマルサスは、人口の自然増加に関しては、国家は自由放任がいいとして、国家が規制することには賛成しなかったが、海外に移民することは国家が奨励すべきとしていた（同、594）。この差かあらぬか、イギリス人は先進国にしてはよく海外に移民した。

一方日本人が、イギリス、ドイツ、イタリア（フランスを含めていないことに注意）と比較し海外に出たがらないのはなぜか。先祖崇拝のために、島国に閉じこもり易い、相手国に同化しない、移民する能力が低い等いろいろ理由はあげられるが、矢内原は、一八九四年の日清戦争以降、日露、第一次世界大戦と当時一〇年おきに戦争が行われた事実に注目する（同、623）。戦争は、たくさんの兵士を必要とするので、移民を出すにも出せなかった。本来、男女の出生率はどの国も同じ傾向をもつが、人数に変化を与えるのは戦争である。戦争は、男子を駆り立てる。

植民政策の三類型

矢内原の類型的方法で有名なのは、朝鮮半島の植民地化にふれた際、植民政策を従属主義、同化主義、自主主義の三類型に分け、この時点でイギリスと日本の施策を対比していることだろう（矢、一、247–9、285–291）。従属主義は、植民地「住民の利益」を考えない、本国による一方的な搾取（「専制的搾取」同、731）であり論外にしても、同化主義も言語や文化の同化などほとんど考える事すら不可能として退けた。

「我が国の植民地統治政策は一般的に同化主義の色彩を帯ぶ。法律も漸次内地法を延長するの形勢である。教育もその骨子は内地教育である。朝鮮の普通学校の教科書は内地の国定教科書、又は之を基礎とするものである」。だが「法制慣習教育言語等の内地化即ち同化主義が朝鮮人の生活秩序を攪乱し、社会的不安を醸成したることは争はれない」「朝鮮は日本と別個の歴史的社会として取扱はねばならない。政策による同化は不可能である。故に同化政策は誤謬である」（同、741）。

本論文は、「朝鮮統治の方針」としてもとは単独に公表されたものであるが、その後『植民政策の新基調』として論文集に収められた。矢内原の主著、「植民及植民政策」公表後、五ケ月もたたない一九二六年時点で、朝鮮の統治を法律も教育も内地主義を踏襲する同化主義一辺倒として批判しているのは、その後の経過を踏まえると慧眼である。同化に対する慎重さには、恩師東京帝国大学法科大学教授吉野作造の影響も感じられる。吉野と矢内原の関係はのちほど取り上げるが、吉野は矢内原に先立つこと五年前の一九二一年『婦人公論』一月号の「外交上に於ける日本の苦境」で、朝鮮が無主地ならともかく「一千幾百万の民衆を包容する旧い国である以上」（吉野、九、157）、ただ日本の防衛のためにのみ利用するのは、根本的な間違いと断じた。

日本の本土防衛のため対馬海峡を、対馬海峡防衛のためには朝鮮半島南部を、朝鮮半島南部防衛には、朝鮮全島を、朝鮮防衛のためには、満州をと際限なく続き、とどのつまりは世界全体の「併呑」を、となる。こうした自国の防衛のみを考慮した政策は、「侵略的外交政略」そのものに他ならない。これは、帝国主義そのものである。その結果、日本人は朝鮮人のみならず「支那人」にも「侵略的国民」（同、161）とみられている。にもかかわらず、日本が有難いとか、日本国民になれるのは光栄だと暗唱させるのだから、この愚は計り知れない。このように語って吉野は、朝鮮、中国の同化施策に警告を発した。

矢内原の植民論は、この吉野によって提起された課題に植民政策という専門領域のなかで、詳細に応えていくことにもなる。例えばその一つが、アジア近隣諸国での日本の同化政策を「父権的保護政策」（矢、四、303）と呼ぶなどである。父権的とは、異なる国にも天皇を頂点とする親子関係をもち出して、包摂することを物語る。イギリスの植民地の文化や制度を認める間接統治と比較しても、鮮やかな対比を示す。

独立に通じる自主主義

こうした植民地統治の三類型のなかで矢内原が重視したのは、自主主義である。朝鮮半島の統治も、現地議会を設け間接統治を現実的なものとみた。歴史も国家の成り立ちも異なる両国を一緒にすることなど、不可能とみたのである。当時のヨーロッパでも植民統治をめぐり間接型のイギリスと直接型のフランスの存在が知られていたが、矢内原もイギリス式に倣った感じである。したがって議会運営に関しても、朝鮮に独自議会を設け朝鮮人の自主性を重んじる方式を重視した。「朝鮮の内政は朝鮮人を主とする議会に於いて之を決すべきである」（矢、一、741）。「朝鮮人の朝鮮統治に対する参与は朝鮮議会の方法によらねばならない」(同、742)。

植民地の自主主義の尊重や議会の設置を独立とは区別し、矢内原は植民地の独立までは支持しなかったとする意見、批判もある。代表的には、浅田や成田、金子がいる(浅田 一九九〇、361。成田、149。金子 一九七九、91)。しかし矢内原の植民地論には、イギリスのドミニオン型(自治領)があり、カナダやオーストラリアの植民地統治が念頭にあった。本国議会に植民地の代表が送られても、植民地の政策が本国の多数の議員によって決定されるのでは、植民地の住民も納得しないだろう。

一方、イギリスのドミニオンは、植民地に独自議会を設け植民地のことは植民地住民に委ねた。これは、「ほとんど独立国である」(矢、一、734)。ならばなぜ帝国内に留まるか。それは、連合(矢内原は、結合という)のもたらす効果である。連合している方が、国際社会で双方に利益をもたらすからである。双方は、英帝国内において「姉妹国として……対等の地位を要求する」(同、734)。帝国内に相手国が留まるか否かの判断は、相手国の意思による。留まるとすれば、相手にも利益があるからである。朝鮮統治にイギリスのドミニオン方式を理想とみたということは、ほとんど将来、独立を認めるに等しい。

このような自主主義的独立論が展開できたのは、カナダやニュージーランドのような同一民族の場合との見方もあるが、アイルランドはやがてドミニオンに移行し、しばらく英帝国内にとどまったが、やがては連邦国からも離脱し、波乱万丈ではあったが独立の道を選んでいる。矢内原が、日本の朝鮮統治もイギリスの自主主義を参考にすべきであり、真の帝国的結合は、強制のないところに生まれ、よしんば日本とたもとを分かち完全独立の道を選んだとしても、「之わが植民政策の成功」の証しであり、「日本国民の名誉」（同、743）というのは、理想は将来の独立にある。

当時の日本の政治・社会情勢を考慮すれば、自主主義の尊重といい、独自議会の設置、同化に対する批判的言説は、かなり勇気ある発言である。北海道のアイヌは、朝鮮人より格段に少なく、かれらのテリトリィは完全に和人に編入されたが、朝鮮半島の住民への思いは、アイヌ民族固有の言語や文化の尊重にも重なるものをもつ。アイヌが生産手段としての漁場や山林を失ったことへの眼差しは、朝鮮半島でも併合後「土地の大なる部分」は、「内地人の所有に移り」「生産者は生産手段より分離」され、「多くの朝鮮人がシベリア及び満州に移住し」（同、727–729）、他の者は内地、すなわち日本への移動を余儀なくされたとし、アイヌと同じ運命の下に考察している。

かつて歴史学者の大江志乃夫は、日本の植民地研究は、「内国植民」としての沖縄、北海道、千島などの問題抜きには、アジア近隣諸国の植民地研究も不可能と述べたことがあるが（大江、viii）、矢内原植民論は、国内外植民論に連なる方法を秘めている。

3　同化・統合・多文化

文化に高低はない

矢内原は、同化政策のために日本語を重視する政策は、ほかの植民地支配にも等しくみられることとして、『南洋群島の研究』でも貴重な指摘をする。「かくの如き国語普及政策はひとり南洋群島のみならず、我国の諸植民地に共通せる教育方針であつて、根本に於ては同化主義政策の表現と解しなければならない。又小学校（日本人児童）と公学校（島民児童）との間に教員の転任を自由に行ふことは、一応は日本人教育と島民教育とを一視同仁するの趣旨を現はすものではあるが、往々にして島民の風習や思想について理解浅き教育を施すの弊害を招くことなしとせず、前述の徹底せる国語教育方針と相俟つて、島民社会の特殊性に対する考慮の不足を感せしめる」（矢、三、331–332）。

本書の書かれたのは、昭和一〇年、一九三五年六月というから、日本語を武器に海外植民地に一様の同化教育をしようとしている折り、まさにその弊害を指摘したのである。現代的な観点からすれば、本文前後には「未開土人」という表現がいくつかあり、当時の強い影響も感じられるが、島民の潜在的能力はもとより「風習」にすら、慎重に対応しようとしていることがわかる。原住民を「未開人」呼ばわりしているとして、言葉だけで切り捨てるのは失うものが多い。

こうした立場から、民族特有の文化を無視した同化の弊害にも一言ふれていう。「島民人口の衰退の主要原因として縷々衛生思想の欠如、生活様式の非衛生、特に乳児保育についての無知識があげられる」（同、335）。しかし、「例へば島民が身体に椰子油を塗沫する旧慣は、保温防水虫害及び外傷予防等の効果を有し、姜黄粉の塗抹も亦虫害予防の効果を有した。檳椰子を嚙む習慣は口内を殺菌し歯牙を強むる効果を有したと言はれる。之等の慣習は外人にとり如何に悪臭、汚穢、不潔であつても島民自身の生活に於いては却つて衛生的意義を有したのである」（同、335）。金田一京助ですら原住民（アイヌ）同化論の時代（坂野、194−5）、あくまでも文化の自主性を重んじようとする矢内原の立場は傾聴に値する。

原住民の文化を無視して、近代の衛生学の知識から服を着用させると、保温用の椰子油姜黄粉の塗抹はすたれ、服の使用法には慣れていないため、海中や水浴しても、服のまま入り、乾かすことも取り換えることもしないため、かえって熱を奪い、衛生的にも好ましくない結果をもたらす。文化は一つの体系をなして存在し、思いつきによりどこかの一部を取り換えても、当の民族や原住民のためにはならない。一民族の文化とは、機械の部品のように不具合な部分のみ取り換えてすむようなものではないのだ。重要な指摘である。

矢内原の多文化主義

こうした「同化」に対する警戒感は、多文化の評価につながる。『全集』第五巻、「植民政策に於ける文化」は、この点で貴重な論文である。そこには、単一文化より多文化が成長・発展に富むこと、つまり文化を「構成する民族的要素が単一であるときは、……必ずや早晩停滞的衰微するに違ひない」（矢、五、319）といい、各文化・民族には、それぞれ固有の独自性があり、すなわち「各民族各種族にそれぞれの文化的個性があること、……すべての民族及び種族の文化に発達可能性があること、この二つの事実は世界文化の複雑性並びに新鮮性を維持し、文化に進歩と活力あらしむる所以である」（同、319）とまでいう。

ダイバーシティ、多文化という言葉は使用していないが、「原住者に対する政策的態度が友誼的でなき場合は、いかに優秀なる本国文化の伝播普及を計っても、その結果は原住者の文化に破壊的影響をあたへ、融和を妨げ、反抗を準備するものとなる」（同、321）と警告する。今でいう「同化」と異なる「統合」の重要性の指摘である。

国家や政治が前面に出ると、他国の権力的支配に走りやすい。文化の伝播には、むしろ国家機関によるより、宣教師（同、322）や民間の果たす役割の方が重要である（同、323）。今日でいうＮＰＯのような組織の重要性である。北海道の有珠地域に即していえば、宣教師バチラーの果たした役割やその後援会等民間組織の果たした影響である。

矢内原は、アイヌへの直接的言及は少ないものの、世界各地の土地の人たる住民については「土人」としていたところで言及しており、そうした箇所で北海道の先住民アイヌを念頭に本書を読むことは十分に可能である。

先住民を滅ぼす同化

矢内原のアイヌ民族論への貢献は、国内植民地として資本の本源的蓄積の過程で生活手段を喪失していくアイヌの描写ばかりでなく、今日の「多文化」化社会における「同化」と「統合」に関しても重要な貢献がある。

矢内原は、原住者政策に言及した箇所で、樺太の原住者について、「アイヌ、ニクブン、オロッコ、キーリン、四種類の原住者あり」と記し、同化政策によりその後人口が漸減傾向にあることを指摘した。また「アメリカの土人」についてもその集合生活に言及し、白人の入居を厳禁し、酋長の圧政を監視しつつ、白人指導者による生活指導と徴税制度に言及した箇所でいう。「樺太及び北海道に於ける土人政策は多少之に類似の趣旨である。而して『同化』政策が土人人口衰滅の趨勢に対して如何なる関係を有するやは研究に値するであろう」（矢、一、308）。矢内原はすでに、同化政策が先住民族の人口を減少させ、固有の文化をも破滅に導くとみていた。

文化は、自然的・歴史的・社会的要因等により民族ごとに長らく社会成層の深部に沈殿しており、体系をなして存在している。このような文化も、他文化に接触し変容することはよくある。文化触変による文化変容である（平野、53―56）。当然各民族文化は、沈殿に数百、数千の年月を要しており、他文化触変による変容にもそれだけの年数を要しても不思議はない。

これだけの年数を費やしている文化を、あたかも機械の部品交換のように都合のいいよう他文化に置き換える同化は、文化には民族固有の全生命が宿っているだけに、文化を置換された民族の短命化へと導く。その際、同化をめぐる議論で無視できないのは、『全集』四巻所収の「軍事的と同化的・日仏植民政策比較の一論」である。初発表は、昭和一二年二月の「国家学会雑誌」であるから、一九三七年ということになる。日本が大陸に進出しなかなか思うように支配できないさなか、フランス型の同化と日本の同化を比較し、さまざまな問題を指摘していた。

植民政策の類型論——フランス型とイギリス型

矢内原は、フランス型の統治をイギリス型と区別し、イギリスの植民政策が「各植民地の特殊事情に基づく自主的発展」（矢、四、289）にあるのに対し、フランスの原住者政策は、フランス語の普及を重視する同化主義にあるとしている。そのうえで、日本の原住者政策も、「植民地の特殊なる行政制度、自主的なる政治的発展を認めざること等、日本植民地行政上の同化政策はフランスの場合と同様であり、否それ以上である」（同、296）という。

この指摘は、日本の植民地行政を顧みた際、きわめて重要なものを含む。明治維新後、北海道の国内植民地化は一段と深化した。所有関係の明示化されていない土地や原野は、官有化され、同時に先住民アイヌの固有の文化・伝統は、ことごとく和人の文化・伝統に同化するよう強制された。死者が出た際の家の焼却、入れ墨の禁止、日本語使用の強制等を想えばいい。問題は、このような同化が、地域を超え、国を越え、その後の国外植民地台湾、朝鮮、中国東北部へと拡大・応用されたことである。国が異なれば、違う統治があることに思い至らなかったのである。

またフランスの同化政策の哲学にふれ、次のようにいう。「フランスの同化政策は十八世紀末の啓蒙哲学並びにフランス革命思想に根拠するものであつて、人間はその出生境遇の差別に拘らず理性の所有者として凡て同一であり、従つて植民地原住者も亦フランス人と同一なる天賦人権即ち人間としての自然権を保有するものであり、原理的にはフランス人と同一の人間として、政策的にはこれをフランス人に化し得べき人間として見るのである」（同、299、傍点引用者）と、フランスの同化の哲学的理念を述べる。

フランスの同化施策の根底には、人間は理性の担い手たる種としては同一であり、外観が異なろうとも人一般が有する権利、すなわち人権は等しい、故に同一の環境に置けば同一の人間になるとの哲学が存在する。これに対し日本の同化の根底にあるのは、日本語には言霊として日本の精神が宿っており、日本精神の体現者たる「日本人」にするために日本語を使用させるのである（同、301）。

日本語の強制

かつて台湾人が独自の方式による文字使用を申し出たとき、台湾総督府文教局長は、その要望を拒否した理由を、「大和魂のヤは無限といふ意、即ち大和魂とは無限の熱誠を有する生命であつて、この生命を君に捧げば忠となり、親に捧げば孝となる。国語それ自身にそれぞれ特有の内容があるのに、君は仮名に似た変な文字を以て台湾語を書き表はしたところで国民精神と何ら関係もない」（同、300-1）とまでいい放った。

さらに同じ局長は、他の機会に「台湾人には白話字（教会ローマ字、ローマ字――引用者注）の方が親しみ易いかもしれんが、それでは白話字が普及されたら国語普及の努力を怠るやうな結果になり易いと思はれる。更にわが国語には字語そのものに国体精神を宿してゐる。例へばヤマト魂とは無限の誠の心であり、ヤサカニの曲玉（まがたま――引用者注）は無限に栄える曲玉の意であり、文字そのものに尊い精神がある。これをローマ字白話字などで表示してもその精神は死滅してゐるのだ。われらは飽くまで国語一本槍で進みたい、さうでないと台湾統治の伝統的主張たる同化政策の徹底を期する事ができない」（同、301）と語ったという。

明治期国語学の確立に腐心していた上田万年は、「日本語は日本人の精神的血液」（上田、17）と述べたが、これを彷彿させる植民地統治である。さらに上田は、言語は話す者を「血液が肉体上の同胞を示すが如く、精神上の同胞」（同）をも示すと考えたが、これは帝国臣民を創るのに国語の果たす役割を述べたものである。上田はかつて「国語は帝室の藩屛」にして「国語は国民の慈母なり」（安田、61）と述べた人物である。

台湾人、朝鮮人、南洋群島島民、アイヌに日本語を国語として強制したのも「これによつて彼等に日本精神を所有せしめよう」（矢、四、301）としたからである。矢内原は、大陸進出以前の台湾、朝鮮進出の時点で、国語としての日本語強制の政府側の施策を批判し、そこに骨がらみの日本人化をみていたのである。外形が同化したからといって「心的同化」（矢、一、732）も可能と考えるなら、誤解も甚だしい。それは人格の尊厳を知らないからだ。

同じ同化といってもフランスには、人類普遍の原理としての理性への思いなり自然権への配慮が前提になっているのに対し、日本の同化は、日本語という言語を通して日本人同様の意識と行動の持ち主にすることである。矢内原は、日本の同化にフランスのような人間一般や人類普遍に対する哲学も理念もないことを見抜いている。

内地延長主義的同化主義

そのうえで植民地統治政策が、内地延長主義なのは、植民地行政が「内地行政機構の一部として」位置づけられているからだとみている。イギリスのインド統治の行政官の採用には、インドに関する専門知識が問われる。しかし、日本の満州国の官僚採用には、植民政策の講義すら聞かない者が採用されている。イギリスのインド統治が巧みなのは、このようなインドに関する専門知識が重視され、専門官が採用されるところにある（矢、五、114）。

文化は各国固有なので、統治する以上は文化の独自性を把握したうえでそれぞれにかなった方法があるはずである。その方が、統治する側にもされる側にも無理がない。イギリスの統治方法は、官僚の採用からその意図がみられる。内地延長主義教育施策の由来を、イギリスと比較のうえでその特徴を抑え、日本の海外植民地行政の延長上に教育施策も展開されているとみるなかに、比較類型的な矢内原の独自性もある。

また大陸経営に関し、今日でいう統合の考えも展開されている。「政策的に移住者の急速なる大陸化を計ることも、原住者の急速なる日本化を計ることも共に不可である。実際生活上の接触交渉ある以上、両者は次第に相互の言語風習其の他文化内容を知り合ひ、その相互的尊重の上に社会的融和が成立する筈である。之は人々の性格上の必要より出づる自然の結果であり、政策としてはこの文化的交渉疏通上の妨害を除き便宜を供するに止まるべく、人為的に一方の文化の他方への同化を強要することは避けねばならない」（同、115–116）。

公表された時期からしてこの一文は、のちの東亜民族論に通じる内容である。民族の融和があるとすれば、相互の積極的な交流が不可欠であり、かつお互いに対等・平等な社会関係が求められる。移住した日本人を中心にするのなら、自然の交流にはならず、人為的で植民地主義的な支配・従属に向かう「同化」にならざるを得ない。民族の融和は、あくまでも対等、平等な相互交流による長期にわたる営みに他ならない。

果たして、当時の移民や植民に関心をいだいた政治学や社会学の専門家は、満州に対しここまで見通し得ただろうか。これに関しては次章でみるだろう。

ネイティブ・アメリカンが語るもの

アイヌとネイティブ・アメリカンが似た運命下に置かれていたことに再三言及してきたが、アイデンティティ研究に一時代を築いたエリクソン（Erikson, E. 1902–1994）には、ネイティブ・アメリカンに関する研究がある。エリクソンのスー族の研究は、民族の融合や子どもの統合を考えるうえで、貴重なヒントを与えている。本章を終えるにあたり、アメリカ先住民研究から投げかけられた問題をみておく。これは、アイヌと共通の問題を考えるうえで参考になる。

和人との接触が本格化した一時期、アイヌの子どもは、和人と切り離されて教育された。前に有珠第二尋常小学校にふれたが、これはアイヌの学校の設立が認められ、これまでの学校が第一尋常小学校として和人に特化されたからである。この隔離教育は、その後非難の的になっている。

例えば隔離教育が廃止されるまで、全道でアイヌの学校は二〇数校創られたが（渡辺編、693）、広大な北海道でこれだけの数しかないことは、地域によりアイヌの子どもには相当な遠距離通学を強いることになった。一〇キロメートル以上という例もある（小川、237）。学校ができても通学時間に多くが割かれ、学習時間は十分にとれなかった。また、アイヌ学校設立当時の義務教育年数は、和人の子どもが四年間なのに対し、アイヌの子どもは三年間とされ、義務教育期間が六年間になるとアイヌの子どもは四年間とされた（宮島利光、166）。

さらに「旧土人保護法」施行当時は、学校が設立されても和人とは別学であり、和人の先生に習うため、自習が多く、かつまた家庭内言語と学校の教授言語が異なる現在の外国人児童生徒と同じ問題も起きた。親の言語が否定されている状況の下で、子どもの学力に期待すること自体無理である。しばしば、当時のアイヌの子どものアンダーアチーブメントが問題になるけれど、これらは本人の能力以前に制度的・構造的な要因によるところが大きい。

一方スー族は、白人と共同で教育されたが、果たしてそれはスー族の子にとって幸せだったか、エリクソンはそう問いかける。白人の教師は、スー族の子どもの臭いを生理的に嫌った（エリクソン、160）。

スー族は、狩猟民族である。草原のテントに居住するものとして、特有の臭いを発した。また子どもは、白人の教師が植えつけようとする競争意識も嫌った。同胞は仲間であり、ライバルではない（同、193）。そのため気に入らないときは、容易に学校を抜け出し帰宅した。このような場合、親は決して子どもを咎めたりはしない。このような問題は、生活の局部の価値問題ではなく、一つの体系に関わる文化の問題である。生活の前提になっている文化が、白人の西欧的・個人主義的な文化とアメリカ・インディアンの狩猟的集団的な文化とでは大きく異なっており、いかに同化ではなく、一部の切り取られた文化を肯定したところで、何の解決にもならないのである。

アメリカの起源を知るうえで古典的地位を占めるクレヴクールの『アメリカ農夫の手紙』も、こうした延長上で読める。この書は、「手紙三」があまりに有名であるが、先住民との関係では、「一八世紀ペンシルヴェニアおよびニューヨーク旅行記」が興味深い。特に「オノンドーガにおけるインディアン会議」での、定住・農耕生活を進める長老と、インディアンの勇猛果敢な民族性、誇りを維持するためのこれまでの狩猟生活を擁護する意見の対立は、歴史的な岐路に立たされた当時のインディアンの苦悩を伝えて余りある（クレヴクール、312－332）。

子どもの教育と下位文化体系

それは農耕・定住・文明対狩猟・放浪・野蛮の単純な対立でもない。もちろん著者自身は、重農主義者として農耕・定住者になるしかないとして、自ら生活していたが、それでも白人の子どもがインディアンに里子に出されたとき、親が子どもを引き取りに行ってもほとんど戻ってこなかった例があまりに多いことに驚嘆している。文明を単に進歩と捉えることの危うさに気づいている。近代社会、近代家族は文明と引き換えに、人間としてもっとも重要な家族のきずなや社会のコミュナルな関係、誠実・友情等を失っているのだ。アイヌからみた当時の近代日本社会も全く同じではなかったか。

もし当時、アイヌの子どもも和人と最初から共同での教育であったとしたら、同じ状況が日本社会にも出現したのではないか。アイヌの子どもの能力が劣っていたから教科ができなかったのではなく、教科の根底にある価値や制度（下位文化）がアイヌの日常生活とかけ離れていたから教科についていけなかったのである。エリクソンの指摘は極めて重要である。子どもたちの成績が振るわないのは、子どもたちが身を置いている家庭やコミュニティの下位文化が、受け入れ国と異なるとき、能力を発揮できない。親たちの固有の言語、文化を否定しておいて、子どもの学力を高めること自体、矛盾している。

またエリクソンは、他人が関心をもつもの、すべてをくれてしまう特質を指摘している（エリクソン、158）。イザベラ・バード（第七章参照）もまた、アイヌの首長が、「自分のあごひげを何回か撫でたあと、手をひと振りしてみごとな笑みを浮かべながら、この家とそのなかにあるものはすべてわたしのものだということを示しました」（バード、78）と述べている。エリクソンとともに確認するなら、狩猟民族は、獲物を求めて移動するだけに、所有は必要最低限のもので十分という生活からきているのだろう。

エンリッヒ・フロム（Fromm, E. 1900–1980）に『生きるということ』という名著がある。本書でフロムは、現代人はどのような「もの」を所有し消費するかによって人格を示そうとするが、本来の人間のあるべき姿は、「もの」の所有によるのではなく、いかに行為をするかにより「ある」かが決まるという。「もつこと、to have」によらず、「あること、to be」の重視である。「もの」の所有へのこだわりは、私有財産制度とともに発展してきた（フロム、44）が、肝心なことは、出来上がった「もの」を所有することではなく、社会諸関係のなかでいかに対象と能動的にかかわり、いかに「ある」か、を示すことである。「もの」は、容易に失われるが、社会諸関係のなかで作り出された自己自身の「あり」方は、命ある限り失われない。ものの豊富な現代人は、まさに「もの」の所有、消費に振り回され、「もの」の奴隷と化すが、先住民は、私有財産制度に毒されていないだけ、「もの」の所有ではなく、いかに「ある」かに重きを置いているといえる。

理想としての多元国家

かつてアイヌの違星北斗（1901–1929）は、次のように述べた。朝鮮人は朝鮮人で貴い、「アイヌはアイヌで自覚する。シャモはシャモで覚せいする様に民族が各々個性に向かって伸びていくために尊敬するならば、宇宙人類はまさに壮観を呈するであろう。ああ我等の理想はまだ遠きか。シャモに隠れて姑息な安逸をむさぼるより、人類生活の正しい発展に寄与せねばならぬ。民族をあげて奮起すべき秋は来た。今こそ正々堂々『我アイヌ也』と呼べよ」（違星、115）。

ここには、民族が共生するということはどういうことかに関する今なお鋭い指摘が含まれている。

そもそも多文化主義なり民族共生を問う際、ナショナル・マイノリティも含めた多文化共生の在り方が重要である。オーストラリアでもカナダでも、多文化主義が語られるときは、先住民との共生は当面の対象にされていない。日本で多文化共生がいわれるとき、はたしてナショナル・マイノリティは初めから含めて考えられているだろうか。含められていれば、例えばヘイトスピーチ対策法でも、日本に住んでいる外国人のような限定はなされなかったに違いない。

筆者自身、違星北斗の悲しくも切ない本書を読むまでは、文明の進歩には逆らえないものを感じていた。先住民の文化に不可欠なものは、医療と衛生の進歩であり、これだけは先住民文化だけでは不十分と考えたのである。しかし本書を読んでからは、運命としての進歩にも疑問をもち始めている。アイヌはもとより、ネイティブ・アメリカンの場合も、和人や近代人の都市で生活した者が故郷に戻ったとき、再度、現代人の世界に戻った者はいなかった。

コタンの子どもがコタンに帰れば、もう二度と和人の都市には帰らない。このような和人の都市とは何なのか。このような和人の文化とは何なのか。衛生状況の、医療の充実している和人の都市、文化とは何なのか。現代人の世界は、高度な医療技術に恵まれ衛生的な生活環境に囲まれているが、何かが決定的に欠けている。

アイヌの子どもたちが学校文化についていけないのも、いきなり原始時代から文明社会に連れ出された現象のようにとらえているが、より身近にいえば、和人とアイヌの他者に対する観念の差である。アイヌにとり他者は同胞であり、もてなしの対象である。日本人としてアイヌの客人をもてなすその「篤さ」に感動したのは、江戸末期の探検家松浦武四郎である。松浦は、樺太アイヌからではあるが、コタンのいくさきざきで「篤い」もてなしを受けた（花崎、133、242）。

アイヌの子どもにとっても他人は仲間であり、ライバルではなかった。もちろん家庭にあっても、和人が読むような新聞のような文字文化は欠けていたが、人間観においてもアイヌと和人では、下位文化体系がまったく異なった。下位文化の異なるところでいきなり同化が叫ばれても、アイヌは迷うばかりだった。

第四章　東亜論をめぐる矢内原と高田、新明——科学者の良心を守りぬいたもの

1　「満州国」をめぐる社会学者の反応

東亜協同体論とは

植民を何よりも人口の一部の組織的な移動ととらえ、移動先で先住者との闘争と和解の相互行為に基づくコミュニティ形成問題と捉える矢内原植民論は、国内はもとより国外でも独自の見方を提供する。移動先に無主地は少ないとみていた矢内原からすれば、海外植民に関しても独自の問題が出てくるだろう。これを日本近海の東アジア植民との関係でみてみる。それには、これまでさんざん議論された大東亜共栄圏にふれざるを得ない。必要最小限に絞り言及する。

東亜協同体論と大東亜共栄圏は、どのような関係に立つか。もともと東亜協同体論は、膠着状態の日中間の改善を目的に中国側に抗日運動の放棄と日本側のイニシアティブの下に、東アジアが一

体となり欧米に対抗しようとする近衛文麿の一九三八年一一月三日の声明「東亜新秩序」に発しているの（米谷　二〇〇六、127）。それでも中国側の態度は軟化せず、戦線の範囲もアジア・太平洋に拡大するにつれ、三九年から四〇年にかけて大東亜共栄圏論に運動も拡大する。

中国側の態度が軟化しなかったのも、ことの発端が関東軍の作戦参謀石原莞爾らの引き起こした自作自演の満州事変にあったことを思えば、当然のことであろう。

発端となった蠟山正道論文

矢内原はもとより社会学者の高田保馬や新明正道、さらには哲学者三木清、船山信一等社会主義者や良心的な思想家まで巻き込む形で、東亜協同体をめぐる議論は国家への忠誠心を試すことになるが、その先鞭となるのは、蠟山正道の雑誌『改造』（一九三八年一一月号）の「東亜協同体の理論」であった。この論文は、のちに他の論文とまとめて改造社から『東亜と世界』（一九四一年六月）として出版され、その劈頭を飾る論文ともなる。

蠟山正道は一八九五年群馬県に生まれ、東京帝国大学法科大学政治学科を卒業した。東大在学時代、吉野作造の影響を受けた点では、矢内原や新明とまさに同じである。専門は行政学であり、東大に設けられた行政学講座の初代教授でもあった。一時東大経済学部の河合栄治郎と土方成美の学内騒動に連座し、喧嘩両成敗的平賀譲総長の裁断（いわゆる平賀粛学）に抗議し東大を去るも、大政翼賛会から衆議院選挙に出て当選したり、戦後は、第二次世界大戦の戦犯を問われたりもしたが、その後はお茶の水女子大学の学長等を歴任し、文字通り日本の行政学の草分け的存在であった。蠟山の『改造』論文は、その後の東亜理論の先陣をなす論文だが、今日からすれば驚く内容に充ちている。その書き出しからして、現在のわれわれがもつ第二次世界大戦の認識と大きなズレがある。大陸への侵略に対し、独自の見方に立脚し、「今次事変の目的が普通の国際戦争の場合に往々見られるような物質的な動機を有するものではない」という（同、6）。

日本の大陸進出の動機は、「帝国主義ではなく、防衛又は開発のための地域主義」である（同、14）。日本の大陸進出は、西欧流の帝国主義的侵略ではなく、日本、朝鮮半島、中国東北部の民族共同体設立のためであり、白人支配からの防衛を目的とした運命共同体の創出なのである。ここに「東洋覚醒」の「世界史的意義」があるというのだ（同、6）。これは、泥沼化した中国への侵略を打開するための「方便」でもあり、ときの首相近衛サイドに立った思想界の共通認識でもあった。

その蠟山は、本論文の数年前に関東軍統治部主催の会議に招かれた後、満鉄社員俱楽部で講演し、次のようなことを述べていた。「中国東北部地方は植民的性格を脱し切れておらず、民衆の政治意識も低いことからそれに適応した政治組織が案出されなければならない」。具体的には、「日本民族の主導による寡頭的、独裁的統治形態」（山室、177-178）が良い。日本人主導の寡頭的、独裁的統治形態とは、五族協和、王道楽土とは正反対の統治形態である。

王道楽土とは、各民族が対等の関係で自治の認められた地上の楽園にも等しい幸福な国家を形容したものである。蠟山は、「改造」論文で満州国を褒め上げる数年前に、その対極に立つ満州国の統治を理想化していたのである。蠟山の助言は、やがて関東軍の採用するところとなり、満州国の理念に惹かれて海を渡った日本人の夢をも打ち砕くことになる。

しかし植民地とは、本来そのようなものであり、だから矢内原もまた現地満州を視察し次のように述べたのである。移住者もまた国家の支配権力を担うようにふるまうならば、「原住者は心を許して移住者と融和し難いであろう。政治的軍事的勢力関係により表面上共同して居ても、内心の和衷協同は容易に期待し難いに違いない。縷々『文化工作』といふ事が唱へられるけれども、それが政治の手段としての『工作』たる限り如何に組織と財力とを投じたる文化施設であっても和平の真実の基礎を築くに足りない」（矢、五、116）。

しかし高田も新明も、基本的には蠟山の満州の見方を踏襲した。高田はいう。「蠟山教授の着眼点は一方に於て満州国成立に関する見解と支那事変の意義とを結ぼうとするところにある。日本の大陸発展は帝国主義的進出ではなく防衛又は開発のための地域主義である」（高田　一九三九、155）。そして新明も、「近衛声明が聖戦の意義に基づいて日本の到達し得た最高の道義的な立場から東亜新秩序建設の方針を明らかにしたものであることは繰り返して言うまでもない」とし、近衛声明の意義を「日本の求めるところが日支の互助連関の組織を形成するにあること、領土の割譲とか借金の支払いとかは一切要求しないことを断言した点に存している」（新明　一九三九、195）という。

ここでは、蠟山以外を高田と新明に代表させたが、当時は多くの知識人がこうした考えを共有していた。これは、言論抑圧による止むを得ない反応なのか、自らたどり着いた結論なのか。高田においては、自分が東亜民族論の重要性に着眼したのは、新秩序がかまびすしくなる半年前だとすら豪語する（高田 一九三九、6）。新明もまた「東亜新秩序」には、「東亜連盟論、東亜協同体論、東亜民族論、東亜綜合体論、東亜共同体論等の諸体系」があると論じ、このうち「東亜民族論は廣民族の概念に立脚して東亜民族の綜合を主張したもので……これは高田保馬博士によつて提唱されたものとして知られる」（新明 一九四四、456）としている。なぜか。

高田保馬の東亜論

社会学の世界でいち早く東亜論を展開したのは、今みた高田保馬である。高田は、一八八三年佐賀県小城郡三日月村（当時）に生まれた。京都帝大時代は米田庄太郎に学び、生涯故郷を愛し、現役時代健康を害すると、しばしば郷里で静養した。高田は独創的な思想家であり、戦前の社会学の学問化に取り組んだ時期、戦間期の民族論に関心をもった時代、人生後半の経済学に傾倒した時期等がある。

高田は、一九三九年六月出版の『東亜民族論』（岩波書店）で、大アジアというより東亜という東アジアの民族的共通性に注目して、西洋なり白人支配から一致団結して解放される必要性を強調した。なぜ大アジアではなく東亜かといえば、南洋諸島を含む東方亜細亜だけで五億の人口が住んでおり、ようやく近代国家として先進国の仲間入りをしたばかりの日本に、さらに広域のカバーは不可能だからである（高田 一九三九、33）。

高田にとり民族とは、血縁、文字、伝統、風習、思惟様式等近似の関係にある人々である。これでいけば、日本にとり日満支が「血と文化と地域」（同、158）の同一性により大同団結して新しい民族を形成して何がおかしいか、となる。「相類似せる又相共に住める民衆は必ずや結合する」。

もちろん高田とて、支那事変以降の中国民衆の反抗を知らないわけではない。しかしこれは、「特殊なる政治の作用」（同、34-35）の結果であり、近しい民衆の心が溶解するのは、自然の成り行きだった。相似たどうしの対立は熾烈だが、融合するのも真理である。高田は、随所で四〇〇年に及ぶ白人のアジア支配を強調する。外部の敵（白人）は、内部（東亜民族）を結束させる。ジンメル的な結合と離反を思わせる理解である。

しかし高田は、蠟山の三国の運命協同的見方には同調しなかった。三国の運命共同がいえるのは、三国の団結があってであり、はじめから運命共同の関係にあるわけではない。「東亜は如何なる意味に於ても現在まで運命協同体であったことはない」（同、90）。それかあらぬか高田は、東亜協同体より東亜民族の呼び方を好んだ（新明 一九三九、204）。

民族の運命共同の議論は、オーストリア・マルクス主義者オットー・バウアー（Bauer, O. 1881-1938）の見方であり、マルクスの正統派の理論でもないものに依拠する必要もないというのが、高田の立場であった（高田 一九三九、90）。高田は、民族の定義において血の共同や文化の共有は重視しつつも、運命共同性は「最も派生的」（高田 一九四二、72）なものと考えた。しかし東亜の団結を重視する点では、蠟山と変わらなかった。また高田にも東亜協同体の創出に際し、朝鮮半島や大陸への侵略という疑念はなかった。

高田の帝国主義論――レーニンとカウツキー

当時の高田の東亜論で矢内原との比較で押さえておかなければならないのは、レーニン（Ле́нин, В. И. 1870–1924）の『帝国主義論』への批判であろう。高田のレーニン批判の骨子は、レーニンの理論がマルクス理論の対極に立つとの信念である。高田によればマルクス資本論の要諦は、資本家による産業の競争、発展が、国内のみならず世界規模で交換を普遍化させ、人びとの交流を深めるとの見方である。こうした交流を通して資本主義は、同時に人々の個別化・個人化をも促進させる。一方帝国主義とは、民族主義であり、民族主義は集団主義なので、資本主義とは相容れない。したがって帝国主義が、資本主義の延長上で帝国主義に転化することはあり得ないし、まして資本主義の最高の段階としての帝国主義というのは、論理矛盾ですらある。

高田はいう、「今日帝国主義は資本主義の最後の段階であり、したがって資本主義の特殊なる一形態に外ならぬとする見解が広く行はれている。けれどもこれは、事態の真相に徹せざる見方である。帝国主義は資本主義の一形態であるよりも、むしろその対立物であると考えるべきである」（高田 一九四二、96、新仮名づかいに改めた所がある）。資本主義は、個人化を進める。一方民族主義は、集団単位の思考を追求する。帝国主義は、むしろ民族主義と深い関係をもち、資本主義の対極に立つものである。帝国主義と資本主義が結びつくのは、いくつかの条件が重なったときである。

高田がこう考えたのは、多分にカウツキー（Kautsky, K. 1854–1936）とレーニンの論争が絡んでいる。レーニンの『帝国主義論』は、その後一国社会主義を正当化する理論にもなっていくが、カウツキーは、一九一四年九月「ノイエ・ツァイト」において、超帝国主義論の嚆矢となる論文を発表した（矢、四、71）。のちにその骨子は、金融資本の台頭が必ずしも侵略戦争を必然化させるものではなく、むしろ戦争を回避し、グローバルな国際金融資本の連携・強化に向かう傾向もあることを指摘し、新たな労働者階級の国際的な連帯も模索する点で重要なものを含む。地球規模で進むグローバリゼーションの今日、世界的な巨大資本、金融資本による地球規模での資源の収奪、世界の分割・再編に関し再考の余地はあろう。

高田もこうした考えに近いものをもっていた。マルクスが、「万国の労働者団結せよ」といえたのは、資本主義による各国間の交流の深化により、世界の多くの人間が国家の垣根を越えて連帯できる条件ができつつあるからで、資本家どうしにもこれはいえる。たしかにマルクスの直接的な言辞から、世界的規模での資本家の連合を引き出すことは難しいとしても、社会学者のジンメルは、つとにこのことを強調したという（高田 一九三九、201）。

帝国主義を資本主義の必然的帰結とみない高田の帝国主義は、シュンペーター（Schumpeter, J. 1883–1950）の帝国主義の考えに近い。シュンペーターは帝国主義を、「一定の限度に止まることを知らず強圧的に膨張せんとする、一国家の無目的なる傾向」（矢、四、85）、同じく「国家が無際限の自己拡充の傾向にあるとき」（高田 一九三九、214）と捉えたが、これは勢力範囲の拡張それ自体を自己目的とした動きを指摘している。したがってシュンペーターも高田も、帝国主義とは近代に限った現象ではなく、古代にも中世にもみられた現象ということになる。高田にとってレーニンの『帝国主義論』は、資本主義の最後なり最高の発展段階とみることで、社会主義革命を合理化する便法に思えた。レーニンは、『帝国主義論』序文において、たしかに「帝国主義は社会主義革命の前夜である」（レーニン、9）と述べている。

社会主義的帝国主義

理論的なレーニン『帝国主義論』への批判はみた通りだが、高田には経験的にも『帝国主義論』への反発があった。それは、社会主義以降も膨張を続けるソ連の動きである。特に中国東北部へのソ連の野心は、日本への脅威であり、高田が『東亜民族論』を日本の主導で日満支連合という新しい東アジアの民族再生運動として捉えたのも、ソ連の動きに対する反発からである。高田のレーニン『帝国主義論』への批判的論及は、『東亜民族論』に収められたものだが、それは東亜論と同時期、ないしは先だって書かれたものである。高田の東亜論は、レーニン『帝国主義論』批判と絡めて理解すべきだろう。

高田からみるとレーニンは、資本の輸出・従属にはふれても民族の対立・隷従にはふれない。しかし大陸で行われていることは、資本による隷従や階級闘争ではなく、民族間の闘争なのだ。「支那事変は……日支の民族主義の衝突である」（高田 一九三九、223）。マルクス主義者は、階級闘争は論じても民族闘争は軽視しがちである。「マルキシズムの主張は階級のみを高調する」(同、58)。しかし、「満州事変の当初に関係のあった一団の人々は国内に於ける農村運動の人々と人的関連をもった」者たちである。これからみても「日本の満州国の成立は……資本の要求による」(同、222)ものではない。満州国建設の発端は、都市からではなく、農村から出たものであり、まして独占資本によるものでもない。高田はこういいたかった。

しかしこれはかなり乱暴な議論である。マルクスではなく、マルキシズムというのであれば、高田自身注目しているオーストリアの一連のマルクス主義者が含まれる。オットー・バウアー、カール・レンナー(Renner, K. 1870–1950)はもとよりローザ・ルクセンブルク(Róża Luksemburg. 1871–1919)等は、まさに民族問題に注目した人々である。さらにレーニンの一連の革命理論は、「万国の労働者団結せよ」に加えて「被抑圧民族団結せよ」とした点で、民族問題を抜きには語りえない。マルクス自身のアイルランド問題やインド論にしても、民族問題に関連している。高田らしからぬ議論である。

また、満州国の建設が農村運動の延長から始まったということで、山形県庄内出身の石原莞爾らを指しているのなら、これは石原が、将来の戦いを日米の最終決戦とみて、これに勝利するには広大な地下資源の眠る満州国の獲得を不可避とみなしたことを見失った議論である。どだいマルクスの考えが、民族間の闘争という形をとりつつもその背後に資源の所有・生産の問題がひそむとみていたことを思えば、初発のところでマルクス理解を誤っているといえる。

高田は、帝国主義を資本主義とは切り離して考えたかった。「国家の存立するところ、殊に民族国家の存立するところ、それはつねに自己拡充の欲求をもつ、いはば団体的自我が力の欲望をもつ。それの作用が高まつて一定の與へられたる自然的領土を超えて拡張しようするとき、それを帝国主義といひ得よう」（同、213）。「自己拡充の欲求」とか「団体的自我」「力の欲望」等、社会学的というより心理的概念を駆使し、帝国主義を規定しようとすることに、マルクスとは異なるジンメル的帝国主義理解を感じる。

ウェーバーもまた帝国主義を、ほぼシュンペーターのように資本主義とは直接関係しない、ある組織、集団の支配権力の拡張と捉えている。国家にそうした面のあることを否定しないが、レーニンの帝国主義理解としては、高田がいう「レニン（ママ）自身も認めている如く、今の資本主義のみに存するものではない」（同、213）のとは反対に、帝国主義とは、「生産と資本の集積が……高い発展段階に達した」「資本主義の独占段階」（同、115）のことであり、「資本主義の特殊の発展段階」（同、116）とみるのが妥当であろう。すなわちレーニンにとり帝国主義は、資本主義と切っても切れないのである。

高田は、「支那事変」の本質を資本の進出にではなく民族間の問題とみたかった。カウツキーの超帝国主義論に代表されるような（同、209）西欧マルクス主義の理論があることを踏まえ、資本悪玉論ばかりではなく、日本の大陸進出も独占資本の一方的な侵略というより東亜という西欧人とは異なる、新しい複合民族の形成を意図した独自の民族運動と考えたかったのである。そこには、たとえそれが日本の防衛のためであろうとも、やがては支那の防衛になるはずだとの当時の政府の見方との共通点がある。

研究生活の半ばから後半にかけ、しだいに社会学より経済学に傾倒していった読書家の高田には、当時の日本の大陸進出をレーニンの帝国主義論にのみ依拠して一方的に侵略と裁断するのは、我慢ならなかった。ときあたかもヨーロッパでは、イギリス、フランス中心の基軸から、ドイツ中心の新秩序への移行が取り沙汰された時期だけに、アジアも欧米中心から日本中心の新秩序が模索されていると考えたのである。

この高田の帝国主義論の解釈なり、超帝国主義論擁護の立場が、矢内原の大陸論との差なり、当時の日本政府の意図を見抜けなかったことと不可避に結びつくが、これについては、矢内原の帝国主義なり超帝国主義論の所でふれることにし、先に同じ社会学者としての新明正道をみておきたい。

新明正道の反応――『東亜協同体の理想』

当時、西の社会学の雄が高田なら、東の雄は新明正道である。新明は、一八九八年台北に生まれ、一九八四年に亡くなる。矢内原の五年後輩になり、東京帝国大学政治学科出身であり、東大在学中も含め矢内原と同じく吉野作造から多大な影響を受けている。新明もまた、蠟山の東亜論に刺激を受け、『東亜協同体の理想』として応えた。

新明にとり、なぜ日本の東亜協同体構想が理想なのか。支那の民族主義は、漢民族中心である。

しかし日本は、漢民族も満民族も含めて考えている（新明 一九三九、78）。国民国家を超えた共同空間をリードするには、一民族史観では不十分である。漢民族には、この意味がわかっていない。これからは日本が、かれらに代わってこの意味が分かるように指導していかなければならない。新明は、日本が興亜のイニシアティブをとったのだから、東亜協同体の成立に日本が中心になるのは当然という（同、226以降）。しかし、「協同体の実現の為には」、矢内原がいうように「経済及び文化の協同ということのみならず、政治の対等」（矢、五、122）性が不可欠になる。歴史は、当時の日本と近隣諸国との関係が、日本の経済侵略による政治の併合にあったことを物語る。

新明のこうした主張は、人種理論と結びつけて行われた。つまりこれまでは、西欧人が主役との認識があったが、『東亜協同体の理想』では、西洋人にアジア人がとって代わらなければならないとの思いである（新明 一九三九、84）。アジアの解放は、アジア人の手でという訳である。東亜協同体をつくっても、西洋の文化を取り入れるのでは元も子もない。東亜は、文化的にも東亜的なものでなければならない（同、115）。

新明に本書を書かせた動機は、当時の世界の白人至上主義に対する挑戦（同、105–106）からであろう。この意味では、本書執筆の意図は、当時の一般的な時代のムードを代表していた。新明が腐心したのは、東亜が領域的に確定されても、意味ある協同体になるには、当の協同体に共通のものがなければならない。しかも共通のものも言語や宗教、文化のような基礎となるものの方がいい。そこで目をつけたのが、文化や宗教である。儒教を中心とした中国や日本との文化の近似性である。

明らかに西洋のキリスト教や文化より、日中韓には共通性がある（同、122–125）。

新明と高田の東亜論

新明は、国民社会を超えたところに人類社会の建設を模索する。産業の発展は、国民国家を超えるからである。しかしいっぺんに国際社会を構想することは、非現実的である。一つの国家と世界との間に、地域的に近い、かつ人種的にも文化、伝統においても近い広域の組織化が重要である。それが中国満州というわけである（同、26–7、64–5）。新明のみるところでは、ヨーロッパも協同体をつくるべきだがこれに失敗している。日本は、国民国家を超えた領域で、いっぺんに世界協同体を夢想するのではなく、人種や民族、文化の近い者たちで国家と世界の緩衝地域として東亜協同体を建設すべきである（同、64–5）。

中国もフィリピンも、ヨーロッパ列強の草刈り場になっている。日本は明治維新により、民族形成に成功し、近代国民国家の建設という一大事業を成し遂げた。この日本が中心になって、日本を超えた協同体建設に向かい、ロシアの威力をはねのけてアジアをリードしていかなければならない（同、68–9）。当時ロシアは、社会主義革命に成功しており、欧米列強のみならず、社会主義ロシアにも東亜は結束して立ち向かわなければならない。

新明は日満支が、文化・宗教の共通性をもとに新しい民族形成ができるとみる点では、高田も同じとみた（同、67）。たしかに高田の『東亜民族論』は、新明よりわずかに早い。高田の書は、奥付によると一九三九年六月一〇日に発行されており、新明の書も「関西学院大学新聞」や「文芸春秋」等に公表されたものからなり、もっとも早い論文「東亜的国民の啓蒙」は、一九三九年六月二〇日だから、勉強家の新明は高田の論文をすぐに読み、反応したのだろう。

新明の『東亜協同体の理想』は八章からなり、各章末に執筆年次が記してある。それによれば、一九三九年の六月三日から八月一日までの間である。高田の書もまた一二章からなり、別々に書かれた。一番早いのは一九三七年一〇月であり、最後が一九三九年の二月一九日の脱稿である。新明の最初の論文でも高田の最後の論文の方が三カ月以上早く、新明は、『東亜協同体の理想』となる各章執筆に際し、高田の『東亜民族論』となる各章に目を通していたであろう。

それを裏づけるのは、両者の主張がピタリと一致している。双方とも、「日本、支那、朝鮮、満州、蒙古等の民族を一括して、東亜民族」（高田 一九三九、2）と呼び、共通の民族意識の醸成が白人の侵略から、ひいてはそれぞれの国家を守るための不可欠な戦略と捉えている。日本の「満州への侵略との認識」は、ともに抑制的である。

新明は、一九三八年一一月の近衛新体制による東亜新秩序声明を画期的なものとみた。「日本の意図は、日支満を中心とした東亜を打つて一丸とした超国民的な互助連環の組織をつくり、以て赤化的勢力や西洋的侵略を排除した協同社会を実現しようとするのにある。新東亜体制の特長として最も注目すべき点は、日本が支那に対してある保障を要求してはいるが、普通の戦争の場合におけるように領土の割譲や償金の支払いを要求していないことである」（新明 一九三九、21-22）。

ここにはのちに矢内原が述べた、満州族には独自の民族意識などなく、すでに多くの漢民族が入り込み、むしろ中国民族としての国民運動の方が強まりつつあり、日本はこの新たな事実に「驚き」、新しい運動を阻止するために介入したのであって、真相は「満蒙の民族自決主義ではなく、かえってその阻止を目的とするもの」（矢、一八、459）との認識が、新明にまったくないことである。

しかも新明の主張には、事実に反するものも多い。日支満が完全に平等な「超国民」でないことはすでにみたが、領土も満州を植民地化し、反乱を沈静化できないままに、紛争は中国全土へと拡大し、三七年一二月には南京をも制覇、かくも中国の領土を踏みにじりながらときの近衛政権は、戦勝国として賠償金を要求したほどである（半藤、205）。高田、新明ともに政府側の情報にのみ依拠し、大陸の推移を把握していたとしか思えない。

新明は、『東亜協同体の理想』執筆二年後の一九四一年に『政治の理論』を上梓し、ここでも東亜新秩序を熱く語る。本書にはテーマごとに執筆時期が記してあり、それによれば一九三九年一月から四一年七月中であり、内容はほとんど『東亜協同体の理想』を引き継ぐ形で書かれている。それだけに、当時の新明の東亜論をみるには欠かせない。

一九四一年といえば、支那事変から日中戦争へと戦闘が拡大し、英米との開戦時期でもある。これに応じて日本政府の理想も、東亜の理想から大東亜共栄圏へと拡大する。この時期でも新明は、大東亜共栄圏の実現には、日満支の東亜共栄圏が基軸と考えた。「共栄圏の中心が日満支三国にあることはあくまで明らかであつて、その協力的な関係を確立しなくては、大東亜共栄圏を確立することは不可能である」（新明 一九四一、334）。

素人的にも気になるのは新明が、近衛体制側の情報に依拠して今後の見通しを論じていることである。近衛声明のような政治的プロパカンダは、疑ってかかるべき点が多いように思われるが、その辺も含めて当時の新明の時事論文には、首をかしげたくなる点が少なくない。

2　矢内原忠雄の「大陸」認識

矢内原の東亜協同体論――「大陸政策の再検討」

一方矢内原の東亜協同体の評価はどうか。矢内原は、一九三七年『中央公論』九月号の「国家の理想」、同年一〇月の日比谷市政講堂における講演「神の国」で東大を辞職し、新明が『東亜協同体の理想』を公表した一九三九年は、一介の市井の人であった。新明とまったく同じ時期に東亜を論じた論文は見当たらない。ただし、「国家の理想」は、理想の基本を国家の「正義」に求め、国内では強者による弱者の保護を、同じく国際社会では、「弱国の権利を強者が枉（ま――引用者注）ぐる事を為さざるべきこと」（矢、一八、630）としていることからも、日中の全面戦争への転機となった盧溝橋事件を非難していること、明らかである。

これは矢内原が、満州事変といい、盧溝橋事件といい、中国の民族的統一国家形成以前の相手の弱さにつけ込んだ日本の策略、「正義」に悖る行為とみていたことを物語る。矢内原には、新明と比較的近い時期に東亜を論じた論文が数編ある。

一つは、一九三七年一月六日から一二日の間、『報知新聞』に掲載された「大陸政策の再検討」、二つは、一九三七年一月の雑誌『教育』の論文「大陸経営と移植民教育」、三つは、一九四一年一二月号の雑誌『大陸』の論文「大陸と民族」である。第一、第二論文は、新明の『東亜協同体の理想』公表二年前に相当し、第三論文は、新明著作の二年後の論文になる。これらの論文で描かれた満州論が、当時、矢内原がもっていた満州像であろう。

満州と述べたが、矢内原は東亜協同体という言い方をしないわけではないが、推測を交えるならあまり好まなかった。東亜民族が、高田のいうように日本、朝鮮、支那、満州、蒙古等を指すなら、「政治的摩擦軋轢をなくして」（矢、五、121）真に融和するのは理想であっても困難であり、加えて蔣介石は、中国国民を一体として捉えようとしていたので、その動きにも反する。東亜民族は、日本主導が強すぎそれだけに政治的プロパガンダが濃厚だった。満州事変以後、「美しい標語が濫発」されたが、「言葉の政治にはもう飽き」（同、124）たという矢内原には、東亜協同体は警戒すべき標語であった。この点でも高田、新明は、ときの政治権力に無防備ではなかったか。

ところで矢内原の前半の論文で目を引くのは、当時の日本の大陸政策の変化を冷静に分析していることである。当初日本の大陸政策は、「支那」の「近代国家的統一の要求を承認し、むしろこれを援助することによって、協調的に支那殊に満蒙における日本の経済的利益を擁護促進せんとするものであった」（矢、五、95）。いうならば、「平和的方法によりて経済的実益を増進すること」（同、

95）を目指したのである。

これを一変させたのが、満州事変である。以前の「協調外交」（同、98）からの撤退を余儀なくしたのは、「満州現地における関東軍の決定的行動によって巻き起こされた」（同、97-98）。これは「平和的方法による経済的浸透を目的とするところの従来の大陸政策に対する正面よりの否定」（同、98）である。これ以降、日本は国際連盟を脱退し、孤立外交を深めていく。以前の「英米及びソヴィエット・ロシアとの親善を数軸とする」外交から「ナチス・ドイツとの協定締結」により、「英、米、ソ三国に対し不快不満の感じを与へ」（同、99）る外交への転換である。

しかも満州事変後、もっとも重要な変化は、「排日行動廃止を要求する……対支施策が、支那の民族国家的統一進捗への拍車」（同、103）に転換した事実である。抗日運動を阻止しようと企図したことが、かえって支那民族運動に拍車をかけ、新国家の起爆剤ともなる新しい民族・国民の成長・成熟を促している。日本側は、支那は産業が未発展なところから、近代国家を支えるに足る民族意識も国民感情も育っておらず、初歩から育成を支援しなければと思っているが、満州事変による日本の侵略が、中国民族の大同団結を作り出したのである。この変化に日本は気づいていない。矢内原は、そう捉えた。

「外部の敵」は、「内部を結束させる」としたジンメルの社会学的命題を、日本は地で行ったが、肝腎の社会学者が、ことの重大性をみのがしている。

「大陸経営と移植民教育」

第二論文の特徴はどうか。矢内原は、イギリスのインド等の植民地に派遣された官吏と日本の台湾や朝鮮に派遣された官吏の比較を行っている。イギリスの官僚の場合は、植民地に応じた専門教育を受けるが、日本は現地に派遣された官僚に特別の教育は行っていない。すでに矢内原はここに、植民地住民への日本文化への同化を重視する政策をみる。「植民地統治政策」における「内地延長主義」的性格（同、113）である。しかも日本の現地官吏には、植民政策のような講義の受講も課さない。イギリスと比較して、あまりに無策な現地官吏の専門教育を指弾する。

本論文はさらに、満蒙北支への移民をアメリカやブラジル移民と台湾、朝鮮移民との比較でみている。前者の移住者には、相手国の言語や文化に服して同化する以外に受け入れられる道はないが、後者の移住者には祖国の言語なり文化を維持することが許される。むしろ原住者の言語や文化の保持がどこまで持続可能かが、問題ともなる。

これに対し大陸への移民の場合は、これらの中間であり、移住者はこれまでの言語や文化を維持することが可能であり、他方で原住民の言語や文化を尊重することも重要になる。ここで求められるのは、「人為的に一方の文化の他方への文化を強要すること」の阻止であり、「殊に軍事的政治的経済的支配者若しくは指導者の地位にある者が官僚的教育によりて原住者を同化しようとする事」（同、115–116）は、断固避けなければならない。そのうえで矢内原の「大陸経営に於ける教育政策の根本方針は余りに偏狭なる国家的、官僚的、政策的なることを避け、寧ろ人間的国際的なる教養に留意しなければならない」（同、116）という。

満州統治が日本政府の思うようにいかなくなると、特に一九三八年一一月以降、東亜新秩序が唱えられ、東アジアの民族が融合した新しい人間像も模索されるが、矢内原はあまりに偏狭な国家的、官僚的なものではなく、「人間的国際的な教養」を重視する。これまた当時としては、穏便な表現ながら重要な人間像といえる。

すでに新明の満州像との違いもみえている。その大きな差は、満州が日本の侵略による傀儡国家との認識である。当時は軍部が日に日に強まる時期であり、言論界でも真実を語るのがためらわれる日であった。しかし矢内原は、言葉を選びつつ自分がみ、かつ聞いた満州像を日本人にも正確に伝えようとしている。

「大陸と民族」

満州事変が泥沼化し、太平洋戦争へと拡大し始める第三論文はどうか。矢内原は、五族協和とはいうけれど、それぞれが大民族としての歴史をもつため、「東亜協同体内に於ける全体的調和」（同、120）が容易ではないこと、特に政治的摩擦をどう和らげるかは、難問であること、ヨーロッパのように比較的近接しあっている国々でも、こと政治となると協同体建設は困難であることを指摘する。

特に矢内原は、ここでもさりげなく五族のなかでも日本の侵略により「支那の民族意識」（同、119）がかえって強化され、独自の国民国家の基盤となる民族なり国民意識が成立・成熟しつつあることに注目する。日本民族という異質の民族が割り込むことにより、さらに近接的な漢族、満族、蒙族の融合を促進し、新しい民族国家建設の国民的成熟を促している事実である。

矢内原はある日、軍人が来て日本で明治維新後、藩ごとに異なる人間がしだいに融合し、日本人としての民族意識を高め、共通の国民感情を形成し、近代日本の国民国家を創ったように、満州も軌道に乗れば共通の民族意識なり、国民感情も育ってくるのではないかと問われた例を紹介する。

これに対し矢内原は、日本の維新後の例は、日本人という同一民族内での話であり、民族が異なる大陸で「薩摩人と肥後人とが地方的封建的意識を捨てて一つの国家の部分となった」(同、121-122)ようには行かないと述べ、幕末期の日本と同様のことを「東亜協同体に期待することは困難」(同、122)と断じている。可能だとしても実に長期を要し、王道楽土が一朝一夕に可能な訳ではないとしている。

そのうえで興味深いのは、民族が異なる場合、「他の民族の立場なり、その気持ちになって考へることが必要であり」、その限りで超民族的気持ちになることが必要なこと――日本人は日本民族を放棄することができるかといいたい――それができないかぎり、「真の協同体」は不可能という。

真の協同体建設には、政治的に対等の関係でなければならず、スコットランド人は、日本人には理解しがたいくらい独自の民族意識をイングランド人に対しもつが、お互いが政治的に対等であることが、同一「国民」としての感情を形成している。アイルランド人は、そうでなかったゆえに別々の国となった。満州国では、明らかに政治的、経済的に日本人が多くの権力の座を占め、その力関係は文化にも及んでいる。こうした民族間においての力関係の非対称的空間では、共通の民族感情も国民意識も成立するのは困難とみている。

「支那人や満州人をも、支那人、満州人であると共に我らと同じ人間であると認識し、互いに人間として交わり、助け合うことが必要ではありますまいか」(同、124)というなかには、平易な表現で東亜を新秩序構想とみるのであれば、特定のエスニシティを前提にしつつも、人間として交流し合うことも重要ではないかと説いている。本論文が公表された一九四一年一二月は、第二次世界大戦の開戦時に相当し、三九年、四〇年とも異なり、一段と言論統制が強化された時期である。三八年四月の国家総動員法以降、治安維持法、言論・出版等の取り締まりが強化され、報道機関も含め軍部に異論のさしはさむ余地のない時期に相当する。「日本人」が、「日本人」を離れて支那人や満州人と対等に「人」になれるだろうか、恐らくそこまでは覚悟していないだろう、そうである限り五族協和など望むべくもない、矢内原は言論統制の一段と厳しくなった時点で、婉曲的な例を引きこういいたかった。

しかし東亜協同体を創る手段はともかく、現実に創りだされしまった以上、理想ができるか否かではなく、「どうしても出来させねばならない」(同、124)とも考えた。それには「虚偽の基礎の上」にではなく、「真実の融和協同体」でなければならないというなかに、感情を抑制した矢内原の苦悩をみる思いがする。いずれにしろ、高田、新明とは異なる満州論である。

大東亜共栄圏の批判的研究

矢内原は、これらの論文を執筆しながら中国に民族意識が形成されつつあり、近代国家が成熟しつつあること（矢、四、335）。朝鮮半島で行われている施策は、「官治的内地延長主義」（同、307）ともいえる日本への同化主義政策であり、朝鮮人の反発をうみかえって信頼を損ねていること。そもそも言語を日本語化しても、「民族意識の同化」（同、324）にまではならないこと――イギリス、ドイツ等ヨーロッパのユダヤ人は、それぞれ各居住国の言語を話す（矢、一、588）。その限りで言語的同化は済んでいる、しかしユダヤ民族としての魂は、同化を拒んでいる。その意味で民族意識の同化は、不可能であることをみぬいている。

やがて矢内原は、一九三七年一二月に東大を追われると、直ちに「大東亜共栄圏の批判的研究」を立ちあげた（矢内原 一九五八、55）。これは矢内原自身の意志というより卒業生の意を組んだもののようだが、名づけて「大東研究室」と名のった。時代が時代だっただけに、研究室に出入りする者や研究員を引き受けた者の身分を「不慮の災厄」や身分の面からも案じ、万一のことが起きたときは、糊口のしのぎまで考慮しメンバーを募ったという。

立ち上げられた「東亜共栄圏の理論的実証的研究」の研究員への責務は、「真に学問を愛する者であること……、情実などないこと、年二回研究発表すること、自分の興味からある研究をなしそれを雑誌に発表したり本にして出したりすることは自由」（矢、五、月報九、2。のちに本月報は、南原他編に収録、348）であったという。東亜を論じるにしても、科学的研究を優先した研究者の良心をみる思いがする。

矢内原は当時の時代状況から、直観的に何かがあると感じている。実際に満州に行き、張学良の兵隊が満鉄を爆破するのはおかしい、裏があるとみたのだ（矢内原 一九五八、34）。重要なのは矢内原が、「満州民族が……民族国家を作る」のは「科学的に考えてもおかしい」（同、34）と感じたことである。というのは、満州族は民族意識に乏しく、種族や氏族の寄せ集めであり、それがために日本政府の梃入れで民族国家樹立を急いでいたのである。民族に成長できない民衆に民族国家の建設は不可能というのが、矢内原の東北アジアを研究した結論だった。自分の民族理論に照らしても、これはおかしいと直感したのである。

この直感を可能にしたものは、種族や氏族がより大きく成長し、同一の意識が構成されれば独自の民族が成り立ち、国民形成にはこの同一民族の自覚を不可欠にするという矢内原固有の民族社会論である。

3　帝国主義か膨張主義か——レーニンとジンメル

新明の民族論

新明もまた、固有の民族論をもっており、種族、氏族に加えて家族、群族、部族に至るまで詳細な民族理論を準備していた。新明の民族論の展開は、主なものだけをあげても『東亜協同体の理想』（一九三九年）、『人種と社会』（一九四〇年）、『民族社会学の構想』（一九四二年）、『史的民族理論』（一九四七年）などが直ちに浮かぶ。主に戦前、戦中に書かれており、先にあげたもののなかでは『史的民族理論』だけが、戦後の書になる。ちなみに本書は、新明の学位請求論文でもある。となると戦前の書に関する反省も込めて、中国東北部や東亜論への言及もなされるのか、興味もせきたてられる。

新明の民族論は、なかなか難渋である。理由は、専門家として国内外の動向にも通じていたからであろう。民族問題を単純に論じるには、あまりに多くの学説に通暁していた。とはいえ新明民族論の最大の特徴は、民族を「種族的、経済的及び文化的領域にわたる行為的共同性」（新明 一九八〇、304）のなかにみたこと、すなわち新明は、民族決定の要素に行為の共同性を重視したことである。となると、相似た共同行為は国民の誕生にもいえることなので、新明は国民と民族の関係にこだわった。

従来国民は、政治的成員としての意味と、全体社会の成員としての二重の意味で捉えられてきた。前者は部分的、後者は全体的意味に関わる。新明は、後者の意味で国民を理解する。となると民族も国民も全体に関わるだけに、双方の区別が重要になるのだ。現代的にいえば前者は、国籍を取得することによる法的意味での国民に関わり、後者は、法的意味より共通にみられる作法や文化、思考や行動様式に関わるものである。

後者の意味での国民に関心のある新明にとり、こうした国民を生む国家は、民族とともに長期にわたり存続するものである。しかしにもかかわらず新明は、国家が成立するには、基礎的民族集団の成立を不可欠とみた。なぜなら国家の背後には、何がしかの社会的な基礎集団が不可欠だからだ。その意味で、新明にとり国家が民族をつくるのではなく、民族が国家をつくる。

ただ国家と民族の関係は複雑であり、国家が民族をつくる例として次のようにいう。複雑な多民族社会の場合、征服に成功した支配民族には、強固な結合が存在し、被征服民族には、結合が欠けている。「しかし、国家はその組織を通じて血液の混和、社会的行為の共同性を成立させ、やがてそのなかから新しい民族をつくり上げる。この意味において、国家はまた民族を形成するものであって、原始の自然的民族を除いたほとんどすべての民族は事実上国家によって形成されたものといってよい」(同、344–345)。

ここで新明は、戦中自分が満州国にこだわった理由を思い起こしているのだろうか。中国のような民族の複雑な交差地域では、民族間の下克上に任せるのではなく強力な国家をつくり、人為的に周辺民族を束ねて新民族の自覚を迫る、国家が民族形成に先行する具体例である。しかし本書の新明は、日本近隣諸国の具体例には一切ふれない。

むしろ民族形成に国家が先行する事例でも新明が強調したのは、基礎集団としての民族成立の重要性であった。「国家と民族の両者のうち、まず先に成立するものは国家ではなくて民族である。民族は基礎社会として国家の形成の基盤をなすものであって、国家は民族のなかに蓄積された集合的勢力に刺発されて成立し、またその支持によって存続するものである。国家はもちろん単一の民族の上だけに築かれるものではないが、その成立にあたって民族の要素を欠如した国家の存在は考えることができないものである」（同、345）。

基礎社会に沈殿する民族の共同性は、さまざまなレベルで確認されるものではあるが、しかし中国人と日本人には、「民族のなかに蓄積された集合的勢力」が、違い過ぎた。しょせん対等でない民族どうしで同じ「集合的勢力」を望む方が無理であろう。東亜民族の理想に対するそこはかとない反省を読み取るのは、筆者の思い過ごしだろうか。

ジンメルの影響

もう一つこの時期の新明で注目したいのは、現実の中国東北部をみるとき、同門の先輩高田の影響もあり経済的な侵略より、それを糊塗するための近しい血の結合による新しい民族の誕生に向けられていることである。そのため、経済的な帝国主義的侵略性の認識が後退している。「我々は人種平等を以て根本的な原則としている。それは日本の過去の伝統であったし、現在においても日本がすでに満州国の建国以来五族協和の理想において具体化しているものである」（新明　一九三九、110‐1）。

この背景には、当時、高田、新明ともに社会学の科学としての確立に腐心しており、ともに大きな影響を受けたジンメルとの関わりが、多くを語るように思われる。社会学的行為論者としてのジンメルは、相互行為のなかでも闘争に大きな関心を寄せた。しかしその闘争も、社会の最小単位としての個人から始まるので、闘争するために利害の近しいものどうしが結合し、結合を通した対立に注目する、すなわち闘争はまず結合を生み、しかるのちに結合は闘争に転じるという相互行為論である。

これが集団なら、内部の結合には外部に敵を必要とし、外部の敵は内部を結束させる。高田の戦争論は、レーニンよりジンメル的であり、戦争を内部の結束をはかる手段・武器とみる高田の立場は、ジンメルが外部の敵は内部を結束させるとした社会理論の応用と読める。東亜論を論じる際も高田や新明は、ジンメルの闘争論から大きな影響を受けている。高田の次の文は、あたかもジンメルが語っているかのようである。

「戦争はまた民族を生む」、「即ち新しき民族の鋳造が行われる。ことに此の同化乃至融合を急速ならしめるものは、外部との戦争である。戦争はいうまでもなく、内部の結束を強化する。此強化は自ら血液の混和と文化的同化とを刺激するのみならず、運命の共同を深刻に意識せしめる。いはば民族の鋳造は此戦争によって急速に進行する」（高田 一九四二、179–180）。

加えて高田には、「文化的社会的距離の小なるほど融合は早く行われる」（同、216）とのジンメル的な差異に関する社会学理論もあった。アメリカの白人とネイティブ・アメリカン、南アフリカの白人と先住民は、あまりに「距離と差異」が大きすぎる。日朝中は、この意味で生物的、文化的、社会的な距離や差異が小さい。その分、新しい民族の融合・誕生もたやすいとみた。

近衛の東亜新秩序を前提に論じる高田にとり、中国東北部で進行している日満支は、西欧白人を外部の敵とし、結束することにより、新しい民族が形成される世界史的意義を担った試みに他ならない。帝国主義を資本主義の延長上にではなく、民族主義の延長上に捉える高田には（同、96）、資本主義的外部への帝国主義的資本の侵略より、人種や文化の近しいものどうしが、戦争を契機に融合し新しい民族を誕生させる世界史的意義の方に関心があった。

高田を師とした新明もまた、「人種的な類似が諸民族の根底に認識される場合には、これが逆作用的に諸民族を連結する役割を演ずることも可能であり、特にこれは民族以上の汎組織を形成するにあたって有利な要素たり得るものである。この点に着眼して高田博士は東亜民族主義を説かれているが、かくのごとき見解を樹立し得るだけの人種的な共通条件の存していることは否定できない」（新明 一九三九、67）と、中国東北部での日満支融合の新民族誕生に注目したのである。

ここにあるのは、同じマルクスの資本論でも独占段階の金融資本を中心とした海外進出より、成熟した資本がもたらす人間意識の多様化、個別化、個性化の伸長の方である。マルクス資本論のジンメル的な理解が、社会学者高田、新明と矢内原を分けたともいえる。ただしジンメルは、類似したものの結合と同時に、類似したものの闘争をも強調した。「敵意」の感情は、人間のもっとも深い所に位置を占め、それが証拠にまだ一面識もない民族との出会いが、闘争から始まるほどだとしている（ジンメル 一九九四、上、278）。

人間は同質性より異質性にこだわるとは、ジンメルが繰り返し強調した社会学的命題である。高田、新明は、同じジンメルから強い影響を受けながらも東亜論を展開するとき、結合や新しい民族の創生には注目しても、近しいものほど一層熾烈な闘争も導き出すことをみていない。以前、社会学者の副田義也は、新明の『社会学の基礎問題』を論じた際、ジンメルの「結合と分離」のうち、「分離」の欠落を指摘したが（副田 二〇〇二、13）、これに通底する問題であり、ジンメル理解としても問題を残す。

科学者の良心を守ったもの——帝国主義へのたしかな認識

蠟山正道が、一九三八年雑誌『改造』に「東亜協同体論」を公表後、瞬く間のうちに三木清、高田保馬、新明正道、船山信一ら当代一流の思想家にも流行していった東亜協同体は、その後なにゆえに新明らのつまずきの石になったのか、この問いはなぜ矢内原は、かれらと同じ轍を踏まなかったかということでもある。

いくつかの理由が考えられる。一つは、日本が資本主義社会として遅ればせながら帝国主義の仲間入りを果たしつつあることへのたしかな認識があったこと。以前矢内原は、レーニンの『帝国主義論』の当時の訳者が、副題に「資本主義の最近の段階としての帝国主義」（岩波書店）、または「最新の段階」（共生閣版）と訳したことを批判した。これは「重大なる誤訳といはねばならぬ。最近の若しくは最新の段階にあらずして最後の段階と訳するにあらざれば、レーニンのこの書の根本的主張を、この書の根本的意義を、表示するを得ない」（矢、四、90）と。

ここには、大陸への進出を帝国主義的なものと捉えることを俗説と退けた高田との差もある（高田、一九三九、156）。矢内原は、新渡戸とは異なり資本主義の最終局面に関する当時の議論も、レーニンの『帝国主義論』の理論的特徴も正確におさえていた。当然、帝国主義をめぐるレーニンとカウツキーの論争並びにヒルファーディング（Hilferding, R. 1877–1941）の貢献も的確に把握している（矢、四、103。矢、一八、159）。

矢内原は、レーニンとカウツキーの帝国主義の差を、資本主義最後の段階なのか、政策により危機を乗り越え新たな局面への移行と捉えるかの相違とみる。これは見方を変えれば、帝国主義を世界の植民地争奪戦の熾烈な戦いを含む資本主義の崩壊の過程とみるか、あるいは金融資本を梃とした国際的なカルテルやトラストによる資本主義の再編とみるかの差でもある。

矢内原は、帝国主義をレーニンにならい社会主義革命の前夜とはみないが、カウツキーのように純経済理論上国内カルテルが国際カルテルに移行し、侵略・戦争の危機から単純に離脱が可能とも考えなかった。レーニンの解釈は、帝国主義のもたらす矛盾の解決には社会主義革命しかないという言質を引き出すための方便に思えるし、カウツキーの理解は、経済の純理論上ではいえても、現実には無意味と考えた。

特にカウツキーが、超帝国主義の可能性を「純経済的見地においては」と前提して下したことには、「ここに非経済的見地を切り離したることは、彼の立論の現実性を甚しく稀薄なるものとなした」と論難している。レーニンが警告したごとく、経済的なものは、現実には常に、「軍事的政治的国民的理由」と分かち難く結びついているからである（矢、四、94）。

この意味で矢内原は、シュンペーターの帝国主義の規定にも批判的であった。シュンペーターのように帝国主義をどの時代にも通じるような膨張主義一般とみるのでは、現実の資本主義における帝国主義の特徴をみるのには役立たないからである（同、85）。

このようにカウツキーの帝国主義を純経済理論で判断し、超帝国主義を可能とみるか、現実に国際社会とは経済的なものばかりではなく、政治的、軍事的、民族的な絡まりのなかで動いているとみるかに、高田と矢内原の帝国主義をめぐる差もある。矢内原の帝国主義理解は、レーニンの帝国主義＝社会主義の前夜でもなく、カウツキーの純経済理論上での超帝国主義でもないところに特徴があり、資本主義の最高の段階としての帝国主義への警戒を怠らなかったところに真価がある。

高田はレーニンの帝国主義を、社会主義革命を正当化するための方便に過ぎないとみた。高田は、「資本主義が発達して帝国主義となるのではない」（高田　一九三九、213）と考え、その意味で高田の帝国主義は、資本主義と切り離し「国家が無制限の自己拡充の傾向にあるときこれを帝国主義という」（同、214）とするシュンペーターに近い。しかし矢内原にとりこの規定では、現実の資本主義における資本の蓄積、拡大、非資本主義的外部への進出という動きには何の説明にもならない。ここに、東亜をみる両者の差も生じたのではないか。矢内原の植民政策論は、もともと「帝国主義的な植民政策に対する批判」（矢内原　一九五八、62）にあった。

この点で興味深いのは、矢内原が一九三五年『改造』に発表した「伊エ戦争と世界の平和」である。かれは、ムッソリーニ（Mussolini, B. 1883–1945）によるエチオピアへの進行を、単なる侵略より「世界が帝国主義戦争の前夜」（矢、一八、140）にある状態と捉えた。「イタリーは英仏等西欧諸国」に比べると「資本主義の発達並びに民族国家的統一」も遅かったため、「植民地分割への参加」も遅れた。この点では「独逸及日本と共通」である。そうなるとイタリアのエチオピア進行は、「アフリカ分割運動への……その資本主義的発展に伴う帝国主義の表現」（同、147）である。次いで意味深長なことをいう。

「眼ありて見るものは見るべし、耳ありて聞くものは聞くべし。東阿のことは東亞のことだ」（同、158）と結んだ。東阿とは、東アフリカのことである。東アフリカで起きていることは、現在、東亜でも起きている。目のある者、真実に耳を傾けようとする者は、東アフリカで起きていると同じことが、東亜でも起きているのがわかるだろうというのだ。

高田や新明が、東亜に新しい民族が形成されつつあるとみたとき、矢内原は、これは侵略の方便に過ぎず、まさに帝国主義戦争の前夜とみた。

「ドイツ、イタリー、日本の三国こそ、近代に於て経済的にも軍事的にも発展速度の最も著しき新興国であり、かつ植民地的膨張を最も要求する資本国であった」（同、163）と一九三六年時点で、ヨーロッパ並びに東アジアの事態を捉えた矢内原との歴史認識の差は明瞭である。この三国は奇しくも、間もなく日独伊防共協定（一九三七年一一月）並びに日独伊三国連盟（一九四〇年九月）を結成し、同じ運命をたどったことは周知の事実である。

矢内原の帝国主義論は、ホブソン（Hobson, J. 1858–1940、矢内原はホブスンと書く）、レーニン、ローザ・ルクセンブルクの資本の蓄積、拡大再生産、非資本主義的外部の取り込みという帝国主義の理論を引き継いでいる。『帝国主義下の台湾』は、ホブソンが『帝国主義論』で行ったイギリス帝国主義の世界での資本蓄積の動向とその一般理論をヒントに、日本並びにアジア近隣諸国での日本の帝国主義の資本蓄積とその一般理論の研究なのである。

重い台湾調査

『帝国主義下の台湾』で矢内原はいう、「本書の主題は台湾であるけれども、同時に日本帝国主義の、更に進んでは帝国主義的植民政策一般の、研究である。台湾を具体的の例として、帝国主義的植民政策の理論並びに日本の植民政策をばその活動形態において説明したるものである」(矢、二、180―1)。

それだけに矢内原の台湾をめぐる帝国主義的研究は、詳細を極めた。もともと台湾の資本形成は商業資本に発し、日本政府の保護の下で製糖業を中心に産業資本が育成され、さらには台湾銀行を支えに金融資本にまで成長した(同、228)。しかし台湾銀行は、台北に本店はあるものの「頭取は東京に駐在し、株主総会も東京に於て開催」される。「台銀を所有するもの並びに経営するものは不在資本家であ」り、「台湾銀行が『台湾』の銀行にあらざるは悲惨な事」(同、308)だという。

台湾銀行が、文字通り「台湾の金融機関としてより一層力を島内の殖産に用ひ土地の開発庶民の金融を計」るなら、「銀行の経営が安全たるのみならず又台湾の幸福」(同、308)にも寄与するだろう。しかし「帝国主義は独占利潤を追ひて植民地に投資し又之より吸資する」。その結果、本国には不在地主や不在資本家をもたらし、植民地を梃に本国の利子生活者や海外投資家を生み出す。これこそは、「帝国主義下の植民地の地位」（同、308）たる使命である。かくて台湾という植民地は、「我国南方の宝庫」（同、322）となる。

矢内原は明らかに、ホブソンの帝国主義論がイギリスの金融資本を例に、世界の植民地を駆け巡り、どのような強蓄積を繰り広げたかの分析を参考にしつつ、同じことをアジアで日本の帝国主義を例に追究しようとしている。本書が出ると「帝国大学新聞」に「解放か、隷属か、台湾は何処へ往く」と題し書評の筆をとったのは、マルクス主義者の石濱知行であった。いみじくもいう。日本国内での金融資本の研究は、近年とみに盛んになってきているが、海外の信頼に堪える研究はほとんどない。矢内原の本書は、その意味でまさに時宜にかなった「貴重なる研究」である。本書は、「帝国主義国家としての日本が植民地としての台湾を如何に支配し、如何に独占的に所有しつゝあるかの経緯を我々に詳細に知らしてくれる」（昭和五年二月一七日）と。

このような帝国主義についての認識が、現地での移住者と原住民との社会関係をみる場合にも、民族問題と階級関係の両軸でみる視点を準備した。より産業が進展した国が、後発国に進出する際、官吏や職員、専門官に至るまで先進国は、本国からこうした人材を連れて行くのが通例である。理由は途上国の人間は、その高度な技術、技能に長けていないからである。そのため国家の官僚機構においても、生産工場においても、管理職は本国人が占め、中堅から末端を原住民が占める形になる。こうして途上国の階級闘争は、民族的な闘争も含むことになる。

矢内原の『帝国主義下の台湾』は、もともと『国家学会雑誌』第四二号に第一編が、『経済学論集』第七号に第二編が載ったものに補正を施し、一九二九年に岩波書店より出版された。したがって一九三一年の満州事変後、忽然と現れた満州国家に関しては、すでに植民地化された朝鮮半島と台湾問題をきっかけに、帝国主義とはその性格上、さらに満州、中国大陸、南洋諸島へと拡大する一般的傾向を有することを察知していた。帝国主義の一般的傾向に関する認識の有無が、まずは他の当時の思想家との分かれ目となった。同時期の思想家と比べても、高田は、大陸への進出を帝国主義とはみなかったし、新明もこの時点では、帝国主義を資本の動きとの関連で捉える姿勢は弱い。

新明には、まさに戦間中の一九四四年八月に刊行された浩瀚の書『社会学辞典』がある。一部の項目に関し大道安次郎等の支援は得たものの大半を新明自身が執筆するという、日本最初の社会学辞典編纂の快挙である。辞典には、自ずと重要な項目が選択される。項目を通しても、時代の傾向、編者の関心が読み取れる。この辞典では、帝国主義は項目に拾われていない。社会学固有のテーマではないとの判断かもしれないし、思想統制の時代も考慮すべきだろう。

ただし他の項目との関係で帝国主義への言及があり、それから判断するとこの時期の新明には、帝国主義を民族主義の拡大とみるのと独占資本の一形態とみる、二つの考えがある（新明 一九四四、382）。新明自身は前者の立場に近く、民族主義的膨張と捉える限りでは高田とも共通し、帝国主義は別に「国民主義」がより徹底されたものともなる。その限りで、この時期の新明にとり帝国主義を資本に結びつけて問う視点は薄かった。

辞典には、ロシアの社会学をも取り上げており、ミハイロフスキ、プレハーノフ、ブハーリン等は取り上げても、レーニンは取り上げない。社会学という限定を考慮しても、当時の時代状況をみる際、先進国の途上国への侵略を少しでも資本の動きと関連づけて問おうとするなら、当然レーニンの諸理論は参考に付されるべきと思われる。当時の新明には、資本主義の発展による帝国主義的海外侵略という見方は希薄だった。ここに、矢内原との帝国主義に関する認識の差もあったのではないか。

帰国後初の論文「シオン運動」の意義

しかしこれだけならば、他の思想家にも帝国主義への知識は普及していただろう。さらにつけ加えるべきは、矢内原が熱心なキリスト教徒であり、ユダヤ教やエルサレム研究を通して民族と祖国の関係について、世界史的な視野から確固とした事実・知識をもっていたこと、加えてイギリス留学中、アイルランド民衆の宗主国イギリスへの反感憎悪を通して民族の祖国愛、ナショナリズムのすさまじさを、身をもって知り得たことである。これらの研究を通して、満州が日本政府のいうような地上の楽園でもなければ、満州人が、東洋の理想実現のために進んで土地を手放すようなことはないと確信していたことである。

この民衆と土地への信仰にも似た執着心の関係は、矢内原がイギリス留学後最初に書いた論文

「シオン運動（ユダヤ民族郷土建設運動）に就て」にみることができる。この論文は、イギリス帰国後最初に『経済学論集第二巻第二号』（大正一二年一〇月一五日）に掲載されたものである。イギリス滞在中観劇に興じ、多くの同僚に帰国後満足に講義ができるか案じられたが、『経済学論集』に公表された留学最初の成果が、「シオン運動」に関するものだっただけに、同僚が二度びっくりしたことは前述した。

しかしこの論文こそ、矢内原に植民を論じる際、先住者民族、種族との社会関係が重要なこと、人類は移動を繰り返すなかで純粋な種族などいないこと、あるいはその後のマルクスへの態度決定（階級より民族重視）を知るうえでも、さらには東亜協同体論で新明ら多くの知識人と同じ轍を踏まなかったことにおいても、重要な内容を含む。従来、本論文のその後の矢内原思想に占める意義についてはほとんど言及されないが、ここではこだわりたい。

シオン運動とは、ユダヤ人の祖国復帰運動であるが、矢内原もまた同運動の意義を強調する。あらためていうまでもなくユダヤ人は、世界各地に四散しながらも民族固有の宗教・文化を捨てずに守り通した民族である。通常民族は、固有の土地と結びついて強固な絆を築く。しかしヨーロッパのユダヤ人は、祖国の土地どころか移住地の土地すら保有は認められなかった。かれらは、ごく限られた地域と仕事への従事のみが許されたのである。

通常種族は、移動の過程で近しければ近しいほど、混じる、すなわち「同化」する。「絶対に有史以来の純粋性を維持せる種族は一も存在しない。現在世界の各種族は厳密なる意味に於ては悉く雑種である」（矢、一、543）。にもかかわらずユダヤ人が、ヨーロッパ各地である種の原形をとどめたのは、居住地域や交流範囲が都市と特定の仕事に制限されたからである。活動の制約は、ユダヤ人が望んだものではなく、行く先々で外部から課せられたものである。それだけにかれらの土地に対する執念は、神と民族に実態を与える絆の象徴として燃え広がった。シオニズム運動の強さの秘密は、ここにある。

土地なき民族がいかに悲惨な歴史をたどるかは、ユダヤ人自らが歴史をもって証明した。これは矢内原にとり、満州をみる場合にも大きな視座を与えた。大地が神と民族を強固に結びつけるものだとするなら、土地は民族にとり絆の象徴であり、そうである以上、満州族がそうやすやすと土地を手放し、かれらにとってはまだみぬ新しい東亜民族の理想などには走らないとの確信を生む。

カウツキーは、シオン運動に批判的であった。かれは東欧のユダヤ人は、東欧の虐げられた民衆と連帯し、東欧各地にユダヤ人のみならず虐げられた人々と同じ共同体（社会主義）をつくることを提唱した。そのためにもユダヤ人の各国への同化を奨励した。カウツキーにとりユダヤ人の解放は、シオン運動（祖国復帰）によるのではなく階級闘争によるのである。

階級闘争と民族問題は異なる

しかし矢内原は、民族の魂が社会主義によって沈静するとも考えなかった。「たとひ階級闘争が無産階級の勝利に帰したる社会にあっても、無産階級内部における民族的関係は当然に消滅するものではない」(同、561)。ここにはカウツキーら社会主義者は、階級闘争を優先させ、民族問題を軽視しているとの想いがある。

社会主義革命に成功した「ロシアのユダヤ人は革命の結果政治的経済的に解放せられた。ソヴィエート政府はユダヤ人のロシア内における農業植民事業を奨励している。ユダヤ人はもはや法律的には勿論、恐らくは社会的にも迫害を受けないであろう」。しかしシオン運動をした廉で、一人の青年がシベリア流刑に処せられたという。ロシアではユダヤ人は、法律的にも社会的にも迫害を受けずとも、パレスチナへの移民は、ポーランドについでロシアが多い(同、562)。階級闘争に勝利しても、民族問題は残るのだ。

矢内原にとり「たとひロシアにおけるユダヤ人の政治上の解放及経済的発展ありとも、ユダヤ民族がユダヤ民族として残り、パレスチナがパレスチナとして、イスラエルの神が神として残る間は、シオン運動はその生命を有するであらう」。政治的・経済的解放により、ユダヤ民族の問題や文化、宗教運動までが解消するとみるのは、論理の飛躍である(同、593-594)。というのも「一の民、一の神、一の土地はアブラハム以来不可離の宗教的伝統」にほかならない(同、592)。民族の土地への愛着は、ときには神を媒介にしつつ民族が生き続ける限り続く。矢内原のマルクスや社会主義思想への覚めたまなざしは、古代ユダヤ民族研究にまでさかのぼるだろう。

この民族の魂を、民と神と土地の三位一体でみる視点は、初期以降、矢内原の民族や文化をみる重要な視点として生き続ける。当時の日本帝国主義が唱える東亜協同体の理想の中身ともいえる日満支連合の偽善を見破ることができたのも、初期の古代イスラエル研究なり、民族研究にある。その意味で矢内原の帰国後の第一作が、聖書なりユダヤ人の研究に費やされたことは、その後の矢内原の植民研究にとり象徴的意味をもつ。

アイルランド研究に学ぶ

同じく矢内原が、日満支連合なり東洋の理想にくみしなかったのは、イギリス留学時代のアイルランド研究にもよる。矢内原は、複雑なイギリスの地域連合のなかでも、ウェールズやスコットランド以上にアイルランドのイングランドへの反抗のすさまじさがどこにあるかと問い、植民政策にあると断言している（矢、三、653）。アイルランドは、スコットランドのように国内自治が認められているのでもなければ、アメリカのように独立国に認められたわけでもない。アイルランド問題を複雑にしたのは、イギリス側にアイルランドの不在地主が多かったこと、しかもアイルランドに独立を認めることは、イギリスと地理上の近接からイギリス国内の国防上、軍事上不安をもたらすからである（同、654）。

この二つの側面は、そのまま日本と朝鮮の関係にもいえた。日本が、朝鮮半島の領域化に固執するのは、対ロシアなり欧米との関係であり、対外勢力と日本の直接的な接触を断つためである。矢内原は、自分がイギリスとアイルランドに関心をもつのは、日本と「朝鮮（及び満州、台湾）」（同、655）の関係を知るためであると断言する。

矢内原は、アイルランドのイギリスへの反抗を通して民族の独立心と反植民地化への絶ち難い炎の凄まじさを知った。古代イスラエルの研究と同じく、民と神と土地に根差した民族性は、外国人の統治に容易に席を譲るようなものでない。たとえ三木清が、「支那事変」が起きた以上後戻りできないとして、この事変の世界性を語ろうとも、その連帯が足元から揺らぐようでは、東亜協同体など砂上の楼閣に過ぎない。

4　吉野を「引き継いだ」矢内原

多くの知識人を狂わせた東亜評価

三木は、一九四〇年九月満州を旅した。のちにそのときの光景を雑誌「知性」に載せている。ハイラル（現、内モンゴル自治区、海拉爾）からハルピン（哈爾浜）の車中、ドイツを追われたユダ人に対して日本人が酒をふるまい、どんちゃん騒ぎになった様子である。この様子をみて三木は、日本人には人種偏見が薄いといい、このような亡命を強いられているような民族も「安住させてやることが満州国の建国精神でないのだろうか」という一将校のつぶやきを紹介している。これこそ日本が目指そうとしている民族協和の精神だと（三木、141-142）。

しかし満州を盗賊さながらに掠奪しておいて、その後は西洋の餌食になるのを防いでやったのだから日本のいう通りにしろというのは、あたかもイギリスが、アイルランドを掠奪して、その後は栄える英連邦の一員に加えてやったのだから、感謝しろというに等しい。アイルランドの反抗は、二〇世紀の半ばまで持続し、北アイルランドのアイルランド系は、今なお南北合流を目指している。一足早く独立した南アイルランドは、その後自由国から完全に独立を果たし、英連邦からすら脱退している。民族の独立心とは、かくのごとし。研究者としてのスタートをイギリスのアイルランド問題から始めた矢内原にとり、同じ満州を旅しても、三木や新明と異なる印象をもっても不思議ではない。

協和をめぐる三木と矢内原

矢内原が満州で経験したのは、土地を追われ匪賊と化した農民であり、日本の支配を転機として急速に高まりつつあった「民族」としての誇りと中国「国民」への高揚感であった。おそらく矢内原にとり、満州をみる場合も、古代イスラエル研究で培った民と神と土地の三位一体は、別れがたく結びついていたであろう。

もちろん三木も、民族協和とはいうけれど、簡単ではないことを自覚していた。ハイラルから新京に着くや、同市内公園でのありのままの日常生活を冷静に分析している。公園の芝生には、日本人、満州人、朝鮮人がおり、三木をして民族融和を祝福せずにはおれない心境にしている。しかしよくみれば、なるほど多くの民族がおり、多文化社会ではあるが、各民族の相互交流に欠けるのである。今日いう多文化・多民族社会ではあるが、相互交流に欠けた「並行社会（Parallel Society）」

そのものであった。当時は各民族が、階層的にも分断されていたので、出現していたのは民族的・階層的並行社会であったろう。

三木は、これは共通の言語がないからだといい、アジアの盟主日本が日本語を普及させることにより、中世ヨーロッパでラテン語が果たした役割を日本語が果たさなければならないという（同、144）。三木もまた民族が土と切り離し得ないものであることを見抜いていたが、三木にとり、民、神、土地でいう神は、アジアをみるときは、天皇、すなわち八紘一宇に変わっている。「八紘一宇の精神は日本民族の永遠の理想である」（同、202）。

三木清の東亜協同体の理想に関わる論文を集め編集した内田弘は、当時の三木の論文に接する者は、いいたいこともいえない言論が抑圧されていた時代であることを片ときも忘れるべきではないという。三木の「東亜協同体」論を論じた宮川もまた、大陸への侵略を公然と擁護する「皇道哲学」が跳梁跋扈する時代、東亜という形で日本、中国双方の国家ナショナリズムそのものを、言葉を選びながら乗り越えようとしたなかに、この時代にかろうじて残された良心的知識人の抵抗をくみ取るべきとしている（宮川、114-115）。

「戦争社会学」へ

たしかに三木の主張から「戦時レトリック」をくみ取らなければなるまい。しかしそうではあろうけれど、三木や高田、新明と同じ時代、国家にいうべきことをいい、職を追われた者もいたのである。新明を義父とした家永三郎は、言論弾圧の暗い時代「すでに満州侵略に始まる中国侵略をトータルに否定した人物が現実にいた……。矢内原忠雄氏の個人雑誌は、そうした数少ない貴重な良心的活動のなかでも、もっとも卓越した一つである」。自分は「何一つ抵抗らしい抵抗もできず、空しく祖国の破滅を傍観する……外はなかった」が、当時ですら「このような勇気にみちた抵抗を最後まで継続した人物」がいたのを知ったときは、「驚きと勇気と、そして日本人の良心のつなぎとめられた……喜びの念」を「禁ずることができなかった」(南原他編、264)と述べている。家永は、戦時中の義父(新明)をどのようにみたのだろうか。

それでも三木ら昭和研究会は、東亜民族を論じる過程で日本も中国も一国ナショナリズムを乗り越え、より広域の民族意識の醸成と世界史的な意義を論じた。それはときに、日本の侵略を糊塗する手段に利用されても、単なる日本的ナショナリズムでは立ちいかないことを示唆していた。しかし満州事変は、やがて日本社会に総力戦を強いるようになり、科学や社会学にもその影響が及ぶ。新明の『東亜協同体の理想』は、日本青年外交協会編であるが、この団体は戦争協力団体だった。また清水幾太郎や加田哲二、永田清等の論文と一緒に掲載された新明の「民族社会の成立における戦争の役割」が収録されている『民族と戦争』も、当出版社であった。こうして社会学にも、戦争社会学の領域が形成される。

一九四三年一月号の『中央公論』では、高坂正顕、鈴木成高、高山岩男、西谷啓治等いわゆる京都学派第二世代(大澤、72)の座談会が特集され、「総力戦の哲学」が論じられた(秋元、293)。これを思うと、矢内原の一連の戦争批判が、いかに勇気のある言動だったかがわかる。戦争の激化とともに、社会学は戦争社会学、戦争社会科学、日本主義社会科学に変質していく（同、298）。

矢内原を敬遠した新明

矢内原は一九三七年『中央公論』二月号に「支那問題の所在」（東大辞職に結びつく「国家の理想」は、『中央公論』九月号に掲載）を、三八年一月には『国家学会雑誌』に「朝鮮統治上の二、三の問題」を公表した。これらの論文を読むと、一九三七年、三八年の時点で、中国にしても朝鮮半島にしても実によく調べて書いている。

新明の東亜関連の書は、矢内原より一〜四年遅い一九三九年〜四二年に書かれている。『中央公論』なり『国家学雑誌』は当然目にできたはずである。矢内原と同列にみられることを避けるために、矢内原への言及を避けたのだろうか。あまりにもときの政府の位置に近かったことが、かえって当時の大陸を巡る政治的大局を見失なわせたともいえようか。

新明の民族や国民・国家の理論、あるいは満州、東亜への実践的関心からみて、なぜ矢内原に言及しないのか、あらためて不思議である。『改造』や『中央公論』等著名な雑誌への寄稿者同士が、お互いにふれないのはなぜか。管見の限り新明が矢内原にふれたのは、ただ一度、一九二七年雑誌『経済往来』四月号の人物批評「新渡戸稲造論」においてである。ＸＹＺの筆名で新渡戸稲造にふれ、かれの第一高等学校校長時代に官界、学界の秀俊が育ったとし、河合栄治郎や田中耕太郎らと並んで矢内原が出てくる。しかし、学問上での話ではない。東亜協同体を論じながら矢内原論文は、新明にとり一顧だに値しないものだったのか。

新明は、一九三六年夏に満鉄社員会主催の夏季大会に呼ばれ、満州各地で「種族と社会」の講演を行っている（新明 一九八〇、ii、4。山本鎮雄 二〇〇〇、60）。それがもとで『人種と社会』が上梓された。高田論文に目を通し、さらに三木清や船山信一等、専門領域以外の当代の思想家にもくまなく目を通していた新明が、こと矢内原に言及しないとなると、これはむしろ意図的ととるのが自然であろう。なぜ言及を避けたのか。

新明も金沢の高校時代キリスト教に接近し、洗礼を受けている（山本・田野崎編、170）。上京する前であるからプロテスタントであっても内村らの無教会ではないが、同じキリスト教徒からしても、矢内原の言動は、無関心では済まされなかったろう。矢内原への言及を躊躇させたのは、専門分野でのある種の共通性も関係していたのではないか。

以下は推測だが、新明と矢内原は、社会科学の方法において意外に共通するものがある。最大のものは、ともに社会を人々の相互行為連関からなると考えたことである。そのうえで二人は、複雑な行為連関からなる現象をひも解くために、実態調査、当時でいえば現地視察を重視した。社会学者の新明は、専門に関わるだけにこのような立場を綜合社会学として定式化した。新明の綜合社会学の狙いは、「基体」に即した「社会論」とその外部の「社会現象論」（新明 一九七九、369）の二部門からなり、理論と実証の統一を含む。矢内原の『南洋群島の研究』という名の「調査」は、今日の社会学調査の先駆をなす（矢、二三、742）。

しかし双方の実際にたどり着いた結果は、また別である。矢内原は、前述したが台湾、朝鮮、満州、南洋諸島にしても、企業や農民組織を訪ね、学校を訪問し、民家に出向いた。原住民の動向にも、統計類を駆使し分析した。例えば、のちに『植民政策の新基調』に収録された「朝鮮産米増殖計画に就いて」などでは、現地訪問を機に朝鮮人の「窮民仲間」（矢、一、712、ただし「窮民仲間」は矢内原の造語ではない）の生活を、朝鮮米の内地（日本）への輸出、それを補うための満州米の輸入等、米の生産と消費を全国レベルの統計を駆使し、朝鮮半島での米の生産拡大が、朝鮮人の消費に回されていないこと、その限りで必ずしも生活向上に寄与していないことを数字でもって説得的に証明している。

しかし新明には、あまり現地調査の形跡が読み取れない。新明の本領は、ドイツ、アメリカを中心とする海外の理論動向の研究にあり、現場を這いずり回って、現実から理論を構想する研究者ではなかった。新明の理論重視、あるいは偏重は、弟子たちによっても指摘されている（東北社会学研究会、385）。もっともいい例は、東亜を論じる場合も新明が関心をもつのは、東亜がもつ理論的にして世界史的な民族の使命なり意義であり、現実の中国東北部の農民や日本人移民が作り出したコミュニティなり、街づくりではない。新明の著作から朝鮮、満州を訪問しても農民や学校の生徒の息づかいが聞こえてこない。

「帝国大学新聞」の扱い

同じ満州を論じても双方の差を如実に示すのは、その分析手法である。矢内原は、一九三二年に満州を視察し、同年冬と一年後の夏季に講義で取り上げ、のちに『満州問題』として一書にまとめた。これをみると、満州を論じるにもすぐれて実証性に富む。当時は軍部の全盛時代であったが、軍成員の出身階層の研究から論を進める。主たる出身階層は、「中産農民及び中小商工業者」（矢、二、494）との結論である。この層こそは、産業の趨勢にもっとも敏感な層である。

その後は、満州の特殊権益の性質・内容へと歩を進め、日本の当時の立ち位置も国際社会の影響によるとして「列強の競争」を論じ、さらに「支那の抵抗」「満州国の成立」、さらにその組織、移民、貿易、投資・統制経済と続く。随所で統計データを駆使し、満州国の成立は世界に例をみない特異なものと断じ、この「建国」に比肩しうるのは、同一民族同士でのイギリスからのアメリカの独立とするなど、すぐれて具体的かつ実証的である（同、614）。

本書もまた上梓されるや「帝国大学新聞」の書評を飾ることになる。評者はいう、満州事変後は、毎日のように「満州論」がでているが、「真に時務に資し、又、後代にのこるべき著述は何冊ある」かと。ところが「満州国の形式が最高の帝政に進まんとする日を前にして、同国の内容を冷静に解剖し、『満州問題の性質及び傾向の学問的認識並びに批判』を遂げんとする格好の科学的著書が世に出た。矢内原教授の『満州問題』がそれである」と、高く評価したのである。

そればかりか時節ながら、科学的に勇気ある本書の出版を評し、「往々にして空疎なる迎合的議論の行はるゝ今日……本書は正に許される範囲一ぱいに書かれた名著というのを憚らない」と、視察調査に基づく「解析のメス」（昭和九年二月二六日）を高く評価した。みている者は、みていたのである。

この時期矢内原の書は、「帝国大学新聞」の書評によく取り上げられた。前の二書以外にも、『南洋群島の研究』『新渡戸博士文集』『帝国主義下の印度』などである。自らも台湾訪問時などには、かの国の日本による政治的支配を糾弾する一文を本紙に寄せている（昭和二年、五月二三日）。『南洋群島の研究』の評者は、政治学の蠟山正道であった。かれは評するに際し、自らは専門外の領域だがと断りつつ、「著者の年余に亘る労作によつて、我が南洋群島に関する標準書を得たる喜びを広く江湖に頒たんが為」（「帝国大学新聞」、昭和一〇年一二月二日）と、筆をとった理由を述べる。当時の矢内原の現地視察を含む実態分析は、「植民政策及び植民地行政学的関心」（同紙）に基づく理論編と実証編を巧みに組み合わせた具体性に富むもので、多くの注目を集めていた。

いうならば新明の東亜論を含む一連の書には、この具体性が欠けていた。高田も直に満州を訪問しているが（高田 一九三九、27など）、農村や農家を訪問したという話は出てこない。当然といえば当然かもしれないが、この時代のかれらの主要な関心は、西欧の社会理論の紹介にあり、自分が生き、かつ交流している日本や近隣諸国の生身の社会なり人間には興味を示さない。

この点で矢内原と新明には、専門領域では経済学なり植民学と社会学の違いはあるが、その方法論においても、現地での立ち位置に関しても矢内原の方が社会学的にして実証的であった。そうした矢内原にふれるのは、新明にとり臍を噛む思いがしたのではないか。特に前述した『政治の理論』等を読むと、当時の新明はあたかも東亜新秩序構想をうち出した近衛政府のイデオローグ、ブレーンのような動きをしており、新明の政治好きを示している。

新明は、公職追放後大学に戻る頃、参議院議員に推されたことがあったという。弟子たちの反対もあり思い留まったようであるが、その後の仙台市長選への支援も尋常ではなかった（東北社会学研究会、387）。東京帝国大学政治学科卒の新明には、当時の中国もまた目の離せない状況だったと思われる。

それだけに同じく東京帝国大学政治学科の先達矢内原の大陸論は、気になりながらも距離をもたざるを得なかったのだろう。かつて矢内原も関東軍に招聘されながら断り、やがては日本の満州国建設への批判的言動故に東大を去った。「支那事変」や満州国建設に関し、終始胡散臭いとみていた矢内原に言及することは、自分の立ち位置にも跳ね返ると思えたのではないか。矢内原は当初から、満州への進出は侵略であり、帝国主義的な植民地支配と捉えていた。「満州事件は日本帝国主義と支那国民主義との衝突である」。これは、新明もよく寄稿した『改造』の「満州新国家論」（一九三二年四月号）に寄せた巻頭の一文である（矢、二、603）。

矢内原植民論の先駆性

限られた現地視察でもこれはおかしい、何かがあると直感できたのは、矢内原の植民論を貫く行為論的社会関係理論である。矢内原の台湾、朝鮮、中国東北部、南洋群島の実証研究や種族、民族、国民研究が、当時としてどれほど社会学的であり、今日においても貴重な成果かは、これまでみた同時代の社会学者高田や新明と比べてもわかる。

矢内原は、植民研究を総論（一般理論研究）と特殊（特定の地域研究）の統合としてみていく方法を好んだ。この方法は、吉野作造の政治学から学んだものである（矢内原 一九五八、31）。矢内原が吉野の講義の熱心な聴講者の一人であったことは本人も認めているが、こんにち吉野の講義ノートの貴重な再現が、『吉野作造政治史講義――矢内原忠雄・赤松克麿・岡義武ノート』（吉野作造講義録研究会）として行われており、本企画の巻頭を飾っているのが、矢内原のノートであることからもわかる。ノートと呼ばれてはいるが、ほとんど本にも相当する綿密なノートである。ときは一九一三年九月、留学帰りの吉野と東京帝国大学法科大学政治学科に入学したばかりの矢内原という、共に気力の充実した者どうしの対峙であった。

かれらのノートによると、政治学は生きた科学との認識から講義の組み立ては年度によっても異なるが、おおよそ抽象的な理論なり一般理論、概念規定の部分と各国別の個別研究の組み合わせからなっている。若林の表現を借りれば、吉野は東大の講義を政治学一般の理論研究と、メキシコ革命のような地域限定の特殊研究の二本柱で一般理論の適用範囲を見極めるような形で講義を行った（若林、346）。矢内原も『植民及植民政策』公表後は、この一般理論の有効性を確認するかのように、『帝国主義下の台湾』『満州問題』『南洋群島の研究』等、特殊な地域限定の植民地問題に取り組んである。社会学でいうならば、これらの関係は抽象的な一般理論と地域限定の具体的実地調査の関係に相当する。

実際矢内原は、交通機関が今ほど発展していない当時でも、植民地をよく訪問した。若林によれば矢内原は、一九二四年一〇月に朝鮮・満州を、一九二七年三月から五月には台湾へ、一九二八年八月に樺太・北海道に、一九三二年九月に満州へ、三三年七月に第一回南洋群島に、三四年六月に二回目の南洋群島調査に出かけている（同、348）。恐らく自分の植民政策理論でどこまで切れるか、特殊な地域での適用範囲をたしかめたい気持ちが働いていたのではないか。

自らの研究を振り返って矢内原はいう、自分は植民地研究を帝国主義理論と実証研究の両輪で果たそうとした。となると現地調査は必須になる。しかし現地は、企業でも地域でも無用なもの入るべからずとある。そこで公のルートを使えば、みせる所は誰にも同じ所になる。自分は、個人的な関係を頼りになまの現実をみることを心掛けたと（矢内原　一九五八、30）。

植民の本質を新移民者と原住民とのコミュニティ形成に伴う、摩擦、紛争、協調、和解と捉えた矢内原は、それぞれの植民地において、政治、経済、なかんずく文化、教育等においていかなる社会関係が生じているか、それぞれの地域特性に絡めて知りたかった。そこに、理論と現地調査の統合を重んじた矢内原の真価もあった。

新明以上に「社会学的」

新明もまた、海外の、特にドイツ系の社会学から大きな影響を受けつつも、単なる理論紹介ではなく、生きた現実分析を重んじる立場から綜合社会学の構想に思い至った。綜合社会学の構想はたしかに重要なものを含む。新明は、コント（Comte, A. 1798–1857）やスペンサーのような社会を丸ごと認識する立場を「総体社会学」と呼び、自らの「綜合社会学」と区別した（新明 一九六八、7）。綜合社会学とは、ジンメルの形式社会学のような特殊社会学の反省のうえに成立したものである。

形式社会学は、社会を内容と形式に分け、その形式の精確な分析により、「厳密な学」としての社会学の成立を意図したものである。この方法に基づいて社会学は、対象ごとに家族、教育、企業、政治等の特殊研究が可能になった。しかし現実の社会では、家族、教育、企業、政治等は全体社会の一部であり、全体社会としてみると個々の領域の部分の単純な総和とは異なる。そこで社会の部分の特殊研究では見逃される全体の社会の分析を重視するため、新明は綜合社会学を構想し、その方法として行為関連の立場を打ち出した。

比喩的にいうなら一〇人からなる組織は、一人ひとりの特徴や行動様式を研究すればある程度全体の性格や特徴は予測可能だが、現実には全体として合成されると、単なる一〇人の総和ではなくなる。相互に作用することにより、一五にも二〇にもなる。新明の綜合社会学は、領域ごとの特殊研究プラス、各領域が合成された社会そのものの複合的な内容・特徴をも把握するため、綜合社会学の立場を重視したのである。しばしば有力な主張、有限な人間の能力をもってすれば、分析は特定の領域に限定すべきとしても、当の特定分野は絶えず全体社会から影響されており（新明 一九四四、14。『社会学評論』第四号、92）、その全体の分析無くして部分の真理も語りえない、という訳である。

そのうえで一九六八年に一書にまとめられた『綜合社会学の構想』をみると、特殊科学としての厳密な科学である形式社会学の功罪に始まり、文化社会学、総社会学、歴史社会学、国家社会学等に言及している。しかし、例えば国家社会学をみると、現実の国家が分析されているのではない。理論指向が強い新明は、国家社会学を論じる場合でも、国家社会学諸理論の歴史社会学なり、類型論一般の考察を重視し、現実の国家を綜合社会学の方法論ともいえる行為理論に基づいて分析しているわけではない。

意外なことではあるが、新明自身、ジンメルなりウェーバーの理論を用いて、かれが生きていた現実の社会を直接分析したものは少ない。新明正道著作集第一〇巻『地域社会学』に収録されている釜石調査は、「はしがき」部分を除き本人の分析ではなく、新明指導の下での門下生たちの分析結果である。それだけに新明自身、自らの著作集に他人の論文が収録されることに当初は、難色を示したという。温厚をもって知られる新明は、弟子たちの要望を受け入れたが、新明自身は明らかに理論重視の研究者、欧米の社会理論の紹介者・学説史研究者としての性格の方が強い。

もちろん筆者自身新明が、町村合併等を契機に日本社会の地域研究、都市研究に精通していたことを忘れているわけではない。シカゴ学派やパーク（Park, R. 1864–1944）の都市研究にも優れたものがあることも承知している。こうした諸点を踏まえても、新明の真価は、シカゴ学派の理論研究であり、パークやワース（Wirth, L. 1897–1952）等のアメリカ都市研究の理論にあった。複雑な人種が交叉するアメリカ都市の市民意識でもなければ、町村合併に揺れる日本の住民意識でもなかった。あえていえば新明以上に矢内原の方が、社会学的実態調査を重視したのである。

新明は、東亜論をまとめた同じ時期に『社会学の基礎問題』も上梓している。本書には、新明の社会観と東亜論を知るうえで重要な歴史観が出ている。前者に関しては、「社会は事物的な実在でも抽象的な関係でもなく、行為連関のなかにその実質を与えられている」とする社会観であり、社会の実質は、行為の関連（新明 一九七六、186–187）に他ならないとする見方である。

後者は、カント（Kant, I. 1724–1804）やヘルダー（Herder, J.G. 1744–1803）の歴史哲学から学んだもので、「人類は世界的な共同社会として厳存している」ものであり、「国家や国民の存在はこれに対照した場合、第二義的なものにすぎ」ず、「人類の課題はこの制限を突破し世界的な人類の秩序や文化を建設することに存している」（同、205）との世界史観である。この世界史観に立てば、当時の新明にとり東亜民族の理想などまだ控え目であり、本来は全世界民族の融和こそ目標なのだ。

たしかにこれは、人類の究極の課題ではあろう。しかし惜しむらくは、社会を行為的諸関連の総体と捉えながらも、現実の満州という移民社会にその理論を適用し、行為論的に矢内原のいう「人類社会は種族民族国民等の社会群若くは社会的集団の交錯及び並列より成る」（矢、一、14）とし、その対立と和解、闘争と結合を、異民族間に即して分析しなかったことである。その結果が、東亜民族の融合が、間近に可能な錯覚を与え、ややもすると政府の喧伝に乗せられることになったのではないか。

新明は、東亜新秩序を『社会学辞典』でも取り上げ、ヨーロッパにおける独伊の果たした役割を日本がアジアで果たすと説き、「その根本が八紘一宇万邦をしてその所を得せしめるにあることは、すでに確認されている」とする。しかし、東亜のみならず大東亜の目標すら「達成されつつある」（新明　一九四四、456）というのは、いかに戦時中の政府への配慮とはいえ、理論先行の最たるものではないか。

東アジア共同体なり、東アジア市民権の問題は、アジア市民の理想ではあろうけれど、いまだに実現のめどすら立っていないことを思えば、矢内原がいう如く、相当の年数を要する課題であり、矢内原にこれがいえたのも、満州を取り巻く諸民族問題の複雑さを見据えてのことであろう。矢内原にとり一連の植民地の分析結果は、かれなりに現地住民の相互行為を通してみえてきた諸民族間の生《せい》の軋みに他ならない。

吉野作造と矢内原忠雄

過日筆者は、宮城県北部の吉野作造の出身地大崎市（旧古川市）の吉野作造記念館を訪れた。吉野の生家に始まり、二高時代（東北大学）、東大進学、洋行、東大在職時代の様子や最初の著書『ヘーゲルの法律哲学の基礎』等々、貴重な資料が展示してある。そのなかでも筆者に興味深かったのは、吉野が朝鮮や中国に行き、すでにこの時代にそれぞれの国の自立を支援していたことである。そうしたなかにあって、壁掛けの吉野作造の交友・相間図が目をひいた。そこには、吉野の多面的な思想家、知識人との関連がグループごとに位置づけられてある。東京帝国大学・国家学会雑誌関係（小野塚喜平次や牧野栄一、穂積陳重、美濃部達吉等）、黎明会関係（与謝野晶子、阿部次郎等）がグループ化され、その多彩な交友関係が示されているなかに、新人会関係も設けられており、赤松克麿、宮崎龍介と並んで新明正道の名があった。

当然であろう。新明は吉野の影響のもとに新人会で活躍し、吉野の演説会では一時前座を務めるほどの師弟関係にあった（山本・田野崎、188。佐久間 二〇一九）。一方、この数十にわたる吉野の交友関係グループのなかに、矢内原の名はない。これまた当然である。矢内原は、吉野の講義を聞いただけで、直に薫陶を受けたのでもなければ、吉野の思想を継承・発展させた者でもない。しかし、日本のアジア近隣諸国の植民地化に厳しいまなざしを向け、朝鮮や中国の自立を説き、ときには体まで張って軍部に対決した吉野の民本主義を中心とする政治思想の真髄は、新明以上に矢内原の植民思想の方が受け継いだのではないか。

一九二二年二月吉野は、しだいに軍部が力を増すなかで、「東京朝日新聞」に「参謀総長や軍令部総長」が閣議にかけることもなく直接に天皇に上奏できる「帷幄上奏（いあくじょうそう――引用者注）」（矢、一九、169。吉野、四、343）を、民本主義の立場から批判した。当時は、刻一刻と軍靴の響きが強まる時代である。また朝鮮併合以降は、朝鮮半島から多くの留学生が来ていた。この留学生も、吉野は支援していた。吉野の東京大学辞職（一九二四年一月）の一因は、関東大震災までは「横浜の某富豪を説いて、支那人、朝鮮人の学費を出してもらってゐたが」（飯田、124）、震災後はそれが困難となったこと、加えて保証人になった外国人の持ち逃げによる負債金捻出のため朝日新聞社に替えたともいわれる（吉野、一四、410。九、399）。

朝日新聞編集顧問並びに論説委員としての吉野は、東京帝国大学法科教授政治史担当よりはるかに自由な活動基盤を得た筈であった。というのも吉野は、「教授と政党員との両立」は不可能（同、一五、443）が、持論であった。しかし入社間もなく、神戸の演説と大阪朝日新聞に寄稿した「枢府と内閣」（一九二四年三月二八日〜四月三日、同、別巻、98-99）により、四か月あまりで退職を余儀なくされた。その後は、留学生の支援どころか自分と家族の生活すら「赤貧洗うがごとし」となるが、自らの信念のために、ものいえぬ時代に抗するクリスチャンとしての生きざまは、はからずも矢内原に受け継がれたともいえる。

筆者がこの思いを強くしたのは、吉野がすでにこの時代において朝鮮人の日本式「同化」に慎重であったことである。吉野は、一九一六年三月から四月にかけて三週間ほど満州と朝鮮を視察し、同年六月『中央公論』に「満韓を視察して」と題し、一文を寄せている（同、9）。そこで吉野は、これまでの殖民（ママ）政策では同化が理想とされてきたが、異なる民族の間での同化は恐ろしく困難なこと、よしんば可能としても長期にわたる事業であること、日本の同化政策は、朝鮮人に日本人になることを勧めておりながら、官吏に採用されても日本人より給与は低いこと、日本人になりきることを勧めておきながら日本人との結婚（吉野は「雑婚」と呼んでいる）は、禁止していること、朝鮮人と分かると明らかに差別すること等々をあげ、そのちぐはぐな施策を批判している（同、28–9）。

朝鮮人に同化を勧めておきながら、人間として朝鮮人を日本人とは絶対に同等にみようとしない、当時広範にみられた日本人に対する批判は、矢内原にもあった。このような民族を超えた個的人格の対等、平等に対する想いは、キリスト教徒としての信念によるものでもあろう。そういえば、吉野と矢内原の新渡戸像も似ている。吉野は自分の学生時代、新渡戸の講演を聞いた程度であったが、多忙のため健康を害していると聞き、一高校長の新渡戸を訪問した経験を紹介している（同、一二、173–4）。ただし学生時代というのは、吉野の勘違いで、吉野が清国から一時帰国した院生時代だろうという（同、353）。

当時新渡戸は、「実業之日本」のコラムを担当しており、多忙を極めていたが、吉野のコラムは止めて体を優先すべしとの忠告に、自分のコラムを楽しみにしている読者を思うと、簡単には降りられないという新渡戸にかえって人間としての親しみを感じ、共感を吐露している。その後有名になった吉野もまた他のコラムを担当することになるが、往時の新渡戸の気持ちがよくわかったというのである。このような新渡戸像は、新明の新渡戸像、「筆者（新明）は彼（新渡戸――いずれも引用者注）を以て凡庸の人と看る。彼は決して温厚円満な生来の人ではあるまい。野心もあり虚栄心もあり淫欲もあれば支配欲も強いのであろう」（新明　一九二七、9）との人物批評とは異なる。

吉野には、名もなき一学生に過ぎない自分にまで、しかも他校の学生（院生）にもかかわらず一高の校長室で面談に応じてくれた新渡戸に対するそこはかとない敬意が偲ばれる。その後二人は東京大学の教員として同僚となるが、吉野はあえてこの件にはふれなかったという。二人は奇しくも一九三三年、日本とカナダで日本のいく末を案じつつ息を引き取るが、吉野にとりあまりにも早すぎた死は、その後矢内原によって、日本の宿痾との闘いとして受け継がれたともいえる。

新渡戸・吉野・矢内原そして新明

こう主張するからには、もう少し補足が必要だろう。吉野の中国革命に関する研究は有名だが、朝鮮論に関しても時事論的な論文を中心に重要なものが多い（吉野、六）。吉野は、すでに一九一〇年代に日本が朝鮮半島に固執するのは、対馬海峡を隔てて本土日本を守るためであり、さらには日本の産業発展の基盤確保のためと見抜いていた。その認識は、一九三〇年代の満州への進出を予測させるものである。

吉野は、日本への留学生を通して中国、朝鮮に多くの友人をもっていた。雑誌論文では、これらの国の様子を留学生の帰国後の印象という形で紹介している。そのなかには、日本の統治が始まってから、今でいうインフラは近代化されたが、庶民の生活はむしろ貧富の差が拡大し、いっそう困窮している者も多いこと、他方日本人の企業の重役は、一年の四分の三は日本に住んでおり、家族も日本に置きながら、莫大な給料と出張手当を得ていることなどを紹介している（同、207）。

吉野の指摘は、現地友人の語るところとして、植民地朝鮮での日本人と現地人の生活の描写だが、同じことを日本の金融資本と絡めて富の収奪構造を台湾を例に経済学的に明らかにしたのが、矢内原の『帝国主義下の台湾』であった。政治学者吉野の東アジアにおける政治的従属の直感は、経済学者矢内原により、本国資本の帝国的蓄積の必然的な過程として論証されていったといえる。

一方、明瞭な経済理論もなければ、体系的な資本主義に関する見方もなかった新渡戸には、資本主義国と非資本主義地域との繋がりに関する認識そのものがなかった。矢内原は、吉野の入学後の最初の講義だけではなく、その後の一連の雑誌論文も絶えず注目していたと思われる。そういわれてみれば吉野は、検閲の厳しいこの時期、日本近隣諸国の民衆の自立に関し、重要な発言を繰り返している。

朝鮮は、日本と異なる歴史、文化を有し、そうした民族を完全に同化することなど不可能との認識はもとより、それでも同化を迫るとすれば、それは日本人の望む人間になれ、というに等しいと断じる（吉野、九、159）。農村の凶作にもふれ、かの国の民衆は、いつも日本の凶作以上に苦しい状況に置かれ、本来の凶作のときには大量の人が生死をさまようと。しかし日本政府が、朝鮮で得た収益を少しでも還元していれば、こんにちのような状況には陥らなかったと断罪する。

朝鮮人の民衆の一部は懐柔が可能でも、外国人宣教師らは、まさに日本の仕打ちを客観的にみており、かれらの記憶を消し去ることはできないだろう、このような積み重ねのなかで、国の評価は決まるのであり、日本政府の統治の仕方は、海外から厳しい眼でみられている。吉野によってここまで鍛えられた植民地、朝鮮、中国をみるまなざしは、矢内原によってさらに鍛えられていった。吉野の専門は、経済学ではなかったから、朝鮮や満州のような非資本主義的外部の存在を日本の資本主義形成と結びつけて構造的に問うことはなかったが、矢内原は経済学の専門家としてこのような東アジア認識に加えて、北海道もまた国内植民地として捉え、先住民族アイヌにもアジア近隣諸国の民族と同様の運命下にあるとして、吉野の問題は引き継がれていった。

吉野の植民とは

この引き継ぎは、植民論にも窺える。吉野はいう。「内地植民」とは、日本で農業、農民の訓練を施し、海外に移植し、移植した周辺に「日本人の勢力を固着せしめ」、日本化することである。このような方法は海外にもみられ、前述したプロイセンの属領ポーランドへの「内地植民」政策がそれである（同、158）。しかし、これがうまくいった国はないという。私見では、これを地でいったのが北海道である。

北海道は、江戸後期まで蝦夷が島と呼ばれ、本州地方の和人とは異なる人種が住んでいた。ロシアが日本領土として対外的に承認されていないことを理由に南下政策をとり、領有を試みた。そこで明治政府が、本州の士族や農民を北海道に移住させ、事実上、日本への領域化を図ったのはみてきた通りである。明治初期の北海道は、あの広大な大地に先住民の人口は数万単位であったため、この試みはある程度成功した。これと同じ試みを今度は、朝鮮半島や満州で果たそうとしたのが、朝鮮や満州への移植事業である。そのために政府は、東洋拓殖会社を作った（同、158）。この会社の仕事は、毎年、一定数の農民を朝鮮に移植することであった。

しかし、朝鮮も満州も北海道と大きく異なる点があった。それは両地域には、同じく農業で身を立てている人々が、北海道とは比べ物にならないくらいいたのである。こうした条件のもとでは、吉野も矢内原も、日本化は困難とみた。どだい文化を背負った人間とは、そうやすやすと他文化に同化するものではない。一方新渡戸は、植民とは別に文明の伝播（詳しくは第八章参照）でもあるので、より高度な文明は未開文明にとって代わることが可能なばかりか、取って代わるべきであり、新明にとって外部の敵は、内部を結束させるので、ヨーロッパ人にアジア人が蹂躙されないためには、日本民族を中心に朝鮮族、満州族は、結束すべきものであった。こうした点からみても、吉野と矢内原には、アジア近隣諸国の民族に対し共通のパースペクティブがみられる。

新明の『東亜共同体の理想』は、この点においても恩師吉野や先輩矢内原とは異なり、かなり異質である。繰り返しになるがこれは、この時期の新明が、あまりにレアル・ポリティークにコミットメントし過ぎたためといえようか。

第五章　無教会伝道者としての矢内原忠雄――預言者としての使命

1　無教会とウェーバーのセクト論

当座の糊口

いずれにしろ、アジア近隣諸国への日本政府の植民政策批判ゆえに、矢内原は東大を去った。糊口を失いさぞ落胆かといえば、これは凡人の考えることで、本人にはホッとした面もあったようだ。というのは、当時の伝道師たちは、伝道を専門にしていた。無教会の藤井武も東京帝国大学卒業後は官僚になったが、やがては職を辞し内村の助手となり、その後独立し伝道者の道を選んでいる。矢内原も東大教授と伝道の二足の草鞋には、プロの伝道者として躊躇するところがあった。それが証拠に、矢内原が戦後東大に復帰するのは、一九四五年の一二月であるが、同僚の三顧の礼ならぬそれ以上の熱心な勧誘による。

当時の経済学部長は、舞出長五郎であり矢内原の長年の友人だった。戦後の経済学部の再建に矢内原の力を必要とした舞出は、本人にたびたび復帰を促した。しかし矢内原の返事は、いつも「東大には戻らない」だった。交渉四〜五度目くらいに、どうしてもだめかと舞出が思わず「涙を落した」様子をみて矢内原は、それほどまでに必要としてくれるのなら、として承諾した（矢内原　一九五八、63）。

すでにキリスト教の布教を兼ねて、「嘉信」を定期的に発行していた矢内原にとり、再度、東大に戻り二足の草鞋を履くことへは不安があった。日々の生活の糧なら、執筆活動でも生活ができた。東大を追われるとすぐに救いの手を差し伸べたのは、岩波書店の岩波茂雄であった。かれは一般読者が簡単に読める新書形式を発案し、矢内原に『余の尊敬する人物』として、内村鑑三や新渡戸稲造等を紹介するシリーズを企画した。ちなみに、岩波新書の発行は、こうして始まったものである。

しかし再び戻った東大ではあったが、戦後は何もかも変わってしまった。自分が身を置いた植民学講座も戦後、植民地を失うことになり、その必要はなくなっていた。矢内原自身は、植民学を通して文明化なりよりグローバルなつながりとしての世界なり、国際社会の到来を予期していたので、植民政策論を国際経済論として再興するが（同、64）、無教会としてのキリスト教の布教活動も間断なく続けられた。

矢内原とキリスト教

矢内原にとりキリスト教とは何か。この問題は、難問である。おそらく「愛」と答えることもできるが、「罪」と答えることも出来よう。筆者にとりこの種の問題は、素人に属するが、恐らく後者の方が矢内原にとりもっとも重要なものではなかったか。原罪としての人間である。

矢内原の信仰に大きな影響を与えた内村鑑三は、キリスト教の「真理」をめぐり三点あげたが、その第一が「罪」であった（内村 二〇一四、22）。すなわち「人はすべて罪人」という「事実」である。第二、第三の真理は「キリストの降臨」及び「贖罪」であり、これはすべて第一の原罪から導出される。内村にとり、原罪としての人間が重要だった。

人間は、すべて私欲に駆られた「不浄不潔」なものであり、だから神はその罪を担うべくキリストを地上に遣わし、悩める者、罪に苦しむ者の贖罪を果たすというわけである。矢内原にとってもキリスト教は、あるいは無教会主義は、原罪が基本である。「罪の問題」において内村の晩年を回顧しつつ、内村がいかに全信仰を「罪の許し」という一点に向けて没頭したかを語る。

矢内原による一九五七年三月の東京講演「内村鑑三とシュワイツァー」でも、矢内原は内村のキリスト教の特質を「罪」にみた。矢内原は、内村とシュワイツァーの共通性を双方ともに生物学や医学、哲学に関心を深めつつキリスト教に行きついた経路を強調する。しかし、双方には違いもあるとして挙げたのが、シュワイツァーの「愛」に対し、内村の「罪」であった。世界の科学なり物質文明がかくも成長、発展したのになぜ世のなかは乱れ戦い続けるのか、平和なり平穏はなぜ訪れないのか。

この問いに対し、シュワイツァーは「愛」を見失っているからだと答えるだろう、しかし内村は、人殺しのために兵器の開発もいとわない、人間の深淵に巣喰う「罪」のためだというだろう（矢内原一九六九、420）。こう問う矢内原の舌鋒には、自分のキリスト教観とも重ねて鬼気迫るものがある。ちなみに矢内原によると内村は、シュワイツァーの偉業を日本に初めて紹介した人物という（同、403）。

内村が罪を重視し、矢内原もそれに準じたのは、殺人が決して当の殺人者だけの問題ではなく、人間が広く一般にもつ残虐的な行為を、殺害者が代表しただけだからである。人間は、広く「遺伝の法則」により、暴虐な罪を受け継いでいる（矢、二四、581）。無教会は、この原罪を重視した。この無教会の成立に関しては、ウェーバーのセクト論が示唆するところ多い。

教会とセクト

いかなるものも組織化され、制度化されると、硬直化する。ウェーバーは、キリスト教の世界にもこの硬直化をみて、既成の宗教の教会化とそれを絶えず突き破ろうとするセクトの動きに注目した。ローマにおける国教後のカトリック教会対プロテスタント諸宗派の関係である。ウェーバーにこの貴重な視座を与えたのは、有名なアメリカ体験にある（『プロテスタンティズムの教派と資本主義の精神』以下、『教派』と略）。

重要なのは、メソディストであれ、クエーカーであれ、セクトの一因に認められるには、個々人の自由が尊重され、良心の自由の下に人権が保障されているのでなければならない。このような自由な状況のなかで、個々人は自分の信念に従って初めて全身全霊を捧げる神を選択できる。同時に相互監視に自己をさらし（折原 一九九八、277）、審査される覚悟もできる。ウェーバーが、北アメリカのビジネスと信仰の世界で目撃したものは、まさしく一人ひとりが自由な意志に基づいて自ら神を選び取るという成熟した市民社会の姿であった。

キリスト教が、こうした良心の自由と人権を獲得できたのは、歴史的な蓄積にもよる。私見も入るが、この精神の自由と人権の平等をキリスト教はギリシャ思想から獲得した。歴史的には、キリスト教そのものというより当時、もっとも個的人権の思想が進んでいたポリス国家ギリシャを経る過程で、キリスト教が学んだものと思われる。しかもギリシャでは、すでに一夫一婦制が定められていた。自由な市民によるポリスの政治学は、倫理学の基盤でもあった。

キリスト教自身は、アブラハム以来の部族社会に芽生えた宗教なので、結婚に関し当初から一夫一婦制を理想としていたわけではない。キリスト教の一派モルモン教などは、二〇世紀後半まで一夫多妻を認めていた。キリスト教の一夫一婦制は、初期の伝道過程でギリシャを経由することにより身につけたものである。

反対にイスラームは、すでに西（ギリシャ、ローマ）がキリスト教に征服されていたので、東や地中海の北アフリカに向かった。これらの地域は、いずれも家父長制が強い。その結果、イスラームと部族的要素がまじりあい、イスラームには、今なお部族的要素が濃厚に漂う。矢内原もいう、維新後日本も民族国家の仲間入りをしたが、もともと日本は、「古き東洋的文化と長い民族的歴史」はもつが、「ギリシャ哲学と基督教信仰の伝統を有たない国民」だった。それだけに「民主主義の思想と制度」を欧米から輸入し、「イロハから学び取らなければならなかった」(矢、一八、360)。

いずれにしてもキリスト教は、アテネのポリス国家の自由と人権を手に入れた。矢内原は、キリスト教がもつこの精神の自由と人権を重視する。何人といえども精神までは強制できず、強制できない限りで人は自由であり、すべての人間がこの自由を保持し得る限りで平等である。この自由で平等な人間の行動する原点が、原罪である。人は、自由で対等だからといって、すべて許される訳ではなく、生命として宿った瞬間から罪を背負う。人間は常に、罪を背負って生きざるを得ないという自覚、これを矢内原は、キリスト教の原点と考えた。

セクトとしての無教会

このような人間観とキリスト教は、矢内原がセクトとしての無教会を選び取った行為とも結びつく。キリスト教が制度化されると、人間は教会のなかに生み落とされ、「教会の外に救いなし」とされる。初期のキリスト教徒にとっては、すべての行為が神との深甚な対決のなかで選び取られたが、制度化されると、決断する必要はない。いつしか教会は、「天職を忘れて交際上の一種、あるいは慈善倶楽部の一種」(内村 二〇一四、14)と化す。

原罪を重くみた内村が札幌でみた教会は、「罪より救われんと欲する者」として「ただ切に神の『細き優しき声』を聞かんと」「霊魂の救済を全うする」人々の集まりではなく、「内外人の交際を計り、慈善事業を奨励するの場所」と化していた。かくして内村は、制度化された「キリスト教会なるものと全く絶縁」（同、14-15）する道を選ぶ。

内村が無教会にたどり着いた背景には、たしかにいろいろな理由が考えられる。ある内村の研究者は、内村が武士の子でありながら、日本の宗教ではなく異国の、しかも長らく禁止されていたキリスト教に魂を売ったことへのうしろめたさが常にあったという（鈴木、40）。そのことが、欧米系のキリスト教会にいっそう厳格になり、やがては教会公認の「洗礼、聖餐式、葬儀をはじめとする典礼」（副田 二〇〇三、141）のことごとくを否定する形で、無教会に向かわせた面もあったかもしれない。

矢内原は、内村のこうした日本へのこだわりに日本人に真に根づくキリスト教をみた。どの国にもその国独自の道徳や歴史、伝統がある。日本にも「日本民族の歴史と文学と道徳思想」があり、「この民族的基盤にキリストの福音を接木」するのでなければ、キリスト教は、真の「日本国民の信仰」（矢、一五、394-395）にはなりえない。アメリカやイギリスの「外国化されたキリスト教」（同、395）を日本に広めようとしても無理なのだ。その意味でも聖書に返って、神の真理に耳を傾けなければならない。

しかし、内村が無教会にたどり着くうえでやはり大きいのは、当時の海外はもとより札幌なり日本のキリスト教会の状況なり、それに起因する原体験であろう。札幌のような小さな空間でも、内村がみたものは、キリスト教の正当性をめぐって宗派が信者集めに血眼になっていることだった。このような俗世間の喧騒から内村が選び取ったのは、組織や制度に依存することなく、直接神に人間が対峙する方法だった。原点回帰である。矢内原もいう、内村が目指したものは、教会の認めた資格や制度ではなく、「直接神に結びつき」、「神の宣べ伝へる責任と義務」（同、396）に目覚めることであった。

内村は、自分が無教会となった理由を問答形式で明かす。聖書にも教会という言葉はあり、信者は教会に属していたのではないか。これに対し内村は、応える。新約聖書の教会は、いろいろな意味で使用されているが、文字そのものはEKKLESIA（エクレージャ）といい、もともとは「呼び出されし者」の意味で、「会合」を指している。しかしパウロは、単なる会合に意味を認めず、教会のなかで万語を費やすより人に真実を語る方を優先した。内村は、これは「駄弁を弄することの無益なるを示した言葉」という。むしろ内村が重視したのは、「活ける神の家は聖霊の宿る信徒の心」（内村、一二、103–105）の方であった。

内村の無教会は、まさに教会の内部から教会の硬直化を突破しようとする点で、ウェーバーの教会とセクトの関係と軌を一にする。それだけに無教会の教会化は、もっとも警戒すべきものとなる。これを防ぐには、批判の炎の永続化であり、聖書内在主義の徹底である。内村亡き後、内村に代わって無教会主義存続の双肩を担った矢内原もまた、同じ心境であったろう。矢内原の弟子ともいえる藤田若雄は、このような限られた集まりをウェーバーと同じことだが「誓約集団」と呼び、事実、矢内原の聖書集会も入会者には厳しいテストを課した時期があった（藤田、三、38）。内村の罪を自覚するには、教会から疑えというこの姿勢は、アメリカ留学時代からのものである。矢内原は内村が、「神の言葉を汚すことが平気でなされている」空間として、留学時代の神学校をあげた。ここでは、「聖書のことばを引用し、神の名をあげて勝手な論議を」する罪が行われている（矢、二四、588）。教会や神学校すら神の名において、平然と神に反することが行われているということは、自らの真理は自らの力でつかめということ、同じことだが、神の力や真理の化身とされる神父に代表される「職業宗教家」（矢、一五、26）や制度化された権威の否定である。

ウェーバーに教会とセクトに関し覚醒的な体験を付与したのは、前述のアメリカ旅行であった。旅先のニューイングランドを訪問しながら、アメリカ社会での起業と倫理、その証としてのセクトへの所属が、いかに重要であり、かつそのための倫理的な決断のもつ意味を認識させられた。内村が、最初の結婚が破局に終わりアメリカに向かった先も、ニューイングランドであった。この地域は、教科書的になるけれどイギリスのピューリタン、ピルグリム・ファーザーズ着陸の地を含むだけに、伝統的にも熱心なプロテスタントが多かったのである。

ここでは、確定的なことをいう資格が筆者にないので指摘だけに留めるが、内村の訪問がウェーバーに先立つこと二〇年前（一八八四年）であることを思うと、プロテスタント教派の活動には、さらに活発なものがあったのではないか。事実、ウェーバーも『教派』論文で、「その以前、宗教心はこの数十年前よりももっともっと強力」（ウェーバー 一九六八、85）であったと述べている。内村は、単なる教会成員である以上に、良心の自由と責任において、自らの神を選び取る重要性を体験した。少なくともそこまで、日本の市民社会も成熟させなければならない。無教会の立ち上げが、社会成熟の先導的な役割を果たし得るのなら、望外の成果とも思えたのではないか。

そう思えば矢内原が、キリスト教の欠落をもって民主主義の欠如と考えた意味もはっきりしてくる。

人格神と責任意識

矢内原は、キリスト教が「絶対最高唯一」神であることを強調する。「宗教の最高発展形態」としての一神教は、絶対的なものである（矢、一九、25）。この比類なき神の永遠性、無限性、絶対性の前では、個々人の差など無に等しい。ジンメルのいう通り、「神の前で人は平等」とは、人間一般の平等を説いたものではなく、神の無限絶対性の宣言である（ジンメル 一九九四、上、187－8）。比類なき神の絶対性に比すれば、有限な人間のもつ個々の差など無に等しい。

矢内原がさらにこだわったのは、人格神としての神である。唯一絶対者としての人格神との一対一の対峙により、精神もすり磨かれ高度な理性とともに責任の観念も生まれる。本居宣長は神を認めたが、その神は唯一神でもなければ、人格神でもなかった。ゆえに、神との対決は曖昧であり、かつ責任感も育たなかった。神にはいろいろあり、良い神もあれば悪い神もあり、絶対者としての神との真摯な対決がなされない限りで、宣長の神観念は日本人を代表するが、その結果は、戦争に対する責任を誰も負わないという無責任な帰結に行きつく。

こう主張する矢内原の第二次世界大戦の原因論は、今日読んでも重要なものを含む。矢内原は日本が、無謀ともいえる第二次世界大戦に突き進んだ理由を述べる。満州事変がおさまりつかず、ずるずる引きずっているうちに支那事変へと拡大し、この終息もままならないため、当時の首相近衛文麿の「蔣介石相手にせず」（矢、一九、46）となり、結局は太平洋戦争に突入した。その間、誰も責任を取ろうとはしなかった。

その後は、大東亜共栄圏、八紘為宇などが叫ばれる。この言葉自体には意味があっても、事態は正反対のことが進行していたので、むしろこのような美名が繰り返されたのである。それが証拠に、こういいつつも朝鮮や台湾にしたことは、「神社参拝を強要したり、創氏改姓（ママ――引用者注）を断行し、子どもまで使って「姓を変へてこない子供は学校に入れてやらない」「明日から学校に来なくてもよい」として、「日本化を強制」した（同、46-47)。矢内原にとり太平洋戦争は、日本側の「私心」から出た戦争であり、だから「聖戦」と喧伝する必要があった。

本講演は、一九四五年一〇月のもので、第二次世界大戦にいたるきっかけといい、途上でなされた施策の分析といい、今日の歴史学の観点からみても正鵠を得ている。しかるに誰もこれらのことに関し、責任を取ろうとする者はいなかった。その結果、日本的精神、日本的魂などというと、戦後は信用失墜し、たとえ意味あるものでも警戒心を抱かせることになっている。責任観念の欠如、これは日本人に広範に広がる病である。これは歴史的に、宣長にもみられた。日本人には神はあっても、人知の及ばぬ絶対的な神でもなければ、自ら対峙し人格をすり磨き、責任意識を高揚させる人格神でもないからである。

2　「精神」と「物質」の妥協なき闘い

武士道に代わりえるもの

戦争が終わって、国土を踏みにじられた蔣介石は、「我々は日本を憎まない。日本国民を憎んではならない。基督教の愛の精神によって和らがなければならない」(同、52)と語ったという。この中国の政治的指導者の精神と比較し、矢内原は日本人の精神的堕落を嘆いた。

そもそも第二次世界大戦の発端となった軍国主義へ対抗できなかったのも、矢内原にいわせればキリスト教の欠如にある(矢、一八、362)。明治政府は、精力的に西欧の技術と文化の導入・吸収に努めたが、その基礎となるキリスト教には警戒的であり、禁教の解除は、岩倉たちの欧米使節団帰国後の一八七三年のことだった(同、361)。理由も、各国歴訪中、キリスト教を禁止するような国は野蛮であり、条約締結に値しないとみられたことが大きい。日本人が、内面的にキリスト教の真理に目覚めた結果ではなく、外在的理由による。

しかし日本政府は、キリスト教の布教禁止令を解除はしたものの、以前の仏教を取り入れたときのように、皇室が率先してキリスト教信仰を取り入れたわけでもなければ、政府高官が信者になるわけでもなく、きわめて冷淡だった。矢内原は、こうした顚末を紹介しつつ、これからは民衆の精神的な支えとしての天皇と並んで、自由や民主主義の社会的支柱ともいえるキリスト教の普及を説く。

新渡戸稲造の『武士道』を紹介し、先生は武士道だけでは不十分であり、これからの時代は、『武士道に接木せられた基督教』を以て新日本の指導精神とした」（同、363）という。しかし実際に日本政府や日本人が依拠したのは、「天皇崇拝を中心とする『日本精神』であった。……これは実に悲しむべき時代錯誤であり、日本と世界とに今日の非運を招いたところの根本的誤謬であった」（同、364）という。

矢内原は、「武士道」も時代には合わないとみた（矢、一九、49）。もはや日本人の空洞を真に満たすのは、キリスト教以外にない。矢内原は、戦後の日本人の心の中心にキリスト教を求めたが、どのようなキリスト教かについては、別に語らない。しかし推測は可能である。ヒントは、一九四一年『嘉信』が語る「支那伝道要綱」にある。

矢内原は、支那を再生させるのは儒教でも仏教でもなく、キリスト教という（矢、二三、326）。その際矢内原が注意したのは、支那の民族性を生かしたキリスト教である。そのうえで慈善や社会事業が伝道のすべてではないので、聖書を与えないカトリックは支那を救えないという。一方プロテスタントもまた、愛国心をいたずらに刺激するだけで災いをもたらす。内村の愛国心が二つのＪ

（イエスと日本）に仕えたように、中国にも二つのCが必要である（同、327）。「支那自ら支那の罪を知り、支那自ら神の義」に目覚め、Christ と China に努めよというなかに、中国的無教会の設立を指している。

内村を通して、神と独自にギリギリの対決において無教会を選び取った矢内原にとり、キリスト教は、「南洋群島の伝道」でもいう「カトリックではない。是非ともプロテスタント（新教）でなければならない」（同、322）が、それも正確には無教会であった。敗戦という絶望のなかで、一人ひとりがこれまで真剣に考えたことのないキリスト教的神と向き合うことで、各人がそれぞれの理念なり責任を自覚することを望んだ。

「日本国民の間に基督教の信仰が植ゑ付けられるのでなければ、真に根柢ある民主主義国となるを得ない」（矢、一八、388、傍点引用者）とは、キリスト教そのものより、セクトとしてある宗派を選び取った者は、良心の自由において決断したのであり、他者の自由も認める相互承認の関係にある。その意味で自ら選び取った行動には、責任が伴う。ある種、実存的な自由と責任が、このような社会関係では最低限求められる。この責任が、日本人には欠けている。それは個々人の良心の自由なり、他者の自由を認めることに欠けているからである。この責任を矢内原は、政治家を含めて天皇にも求めた。

無教会主義の天皇論

矢内原は天皇に対し、玉音放送は評価しつつも一切の謝罪がなかったことに関し、不満だった。二つの原爆が投下されてもなお軍部のなかに、沖縄で時間を稼いで本土決戦に持ち込もうとする動きがあるなかで、玉音放送を断行した天皇を評価しつつも、その後一切謝罪のないことには、批判的であった。

「私は柔和なる今上陛下を衷心敬愛し、且つ御同情申し上げて居る。併し未だ陛下の唇より悔改の御言の公に出でたことを聞かない」（矢、一九、249）。矢内原と同じ無教会の信者、南原繁も戦後、公然と昭和天皇の謝罪と退位を求めた。これは南原、矢内原の個人の意見もさることながら、無教会キリスト教徒としての原罪重視による責任意識も関係していたのではないか。

南原もまた「軍部なお本土決戦と一億玉砕を呼号して譲らなかったとき」、天皇が「ポツダム宣言の受諾を宣せられたこと」（南原、七、56）を評価した。しかし、天皇に「政治的・法律的の御責任のないことは、現行憲法の解釈からも明白」としつつも、皇室典範に天皇退位の規定がないことを三点にわたり批判する（南原、九、99-103）。

一つは、新憲法になり現人神から自然の人間になり、そうである以上、生身の人間として病に侵されることもあるのに、そうした非常時における退位の規定を欠いていること。二つは、天皇が人間宣言をした以上、天皇が通常の「義務と責任に堪え」難いとき、退位を望む最低限度の人としての基本的人権への配慮がないこと、第三に、退位の意志が天皇自身の「ほかならぬ道徳的自由意思」から出ても、それに応えられない制度になっていること、である。ここにはいみじくも、現在の天皇退位に通じるものがすべて指摘されている。

そう問う南原には、先の世界大戦が日本史上まれにみる戦禍をもたらし、多くの国民が呻吟刻苦しているだけに、天皇自身に直接的な責任はないものの、それだけに道義的責任をとり退位される方が、国民には象徴的な結束をもたらすという狙いがある。生身の自然人宣言をしながらも、こうした退位論が欠けているのは、何か、自然人とは異なる神権思想を復活させる意図からではないかとみている。

こうみる南原には、天皇と国民との関係に無教会主義の特徴をみることができる。それは人と神とが教会を介して間接的に結びつくのではなく、人と神とが直接に対峙し、結びつく関係である。南原は、新憲法の人間天皇にも、これと同じものをみる。すなわち戦前は、天皇が現人神とされたため国民と天皇との直接的対峙は不可能だったが、戦後は天皇の神権が否定されたことで、国民との直接的な結びつきが可能になった。そのことにより天皇も「国民に対して、もっとも強く精神的＝道徳的責任を感じさせられる」（同、105）存在となる。矢内原、南原の天皇責任論には、明らかに無教会主義の宗教的理念が関わっている。

矢内原は、自分は自己正当化を好まぬ人間ではあるがわかりやすい例を出す、として回顧する。「昭和十二年日華事変の起つた時、開戦に反対して平和論を唱へたため、且つファッショ的日本を葬れと言ったため、且つ天皇は人間であると言つたため、等々の理由をもつて東京帝国大学教授の職を退くことを余儀なくせられた」（矢、一八、369）。

しかるに戦後、ポツダム宣言の受容により、「天皇を人間であると言ひ、天皇より高き神あり」（同、372）といっても罪にならなくなった。戦前は、「天皇と神社とは国民のタブーとせられ、これにふれることは常に或る程度の法律的もしくは社会的迫害を意味した」（同、374）が、民主主義確立後この壁はようやく撤去された。矢内原は、天皇に聖書を読み、聖書の理解を求めた。日本の敗戦の原因はどこにあるか、矢内原はいう。「それは従来日本の政府と国民とが基督教に対して取った無理解と傲慢無礼な態度」（矢、一九、184）にこそある。

制度としての天皇・象徴としての天皇

矢内原の天皇論には、一つの特徴がある。それは制度としての天皇と国民の自然な感情による象徴としての天皇を区別して論じていることである。矢内原は、制度としての天皇には批判的であった。矢内原は、「天皇は制度ではない。日本人の国民的感情の中心である」（同、83）という。特に戦前は、軍部の独走と絡んで天皇の神格化がなされ、天皇は神ともなり、専制君主ともなった。

天皇の専制君主化を許したのは、いわゆる統帥権問題である。「軍の編成及び常備兵額を定むることは天皇の大権事項と為されており、又作戦用兵に関しては国務大臣を経ずして参謀総長及び軍令部総長が直接天皇に帷幄上奏をなし得るものと為されて」（同、169）いたことを、軍は天皇の絶対化と軍自体の肥大化に利用したのである。このような形で作られた天皇の神格化に、矢内原は戦前から批判し、天皇は人間であり神ではないといい、「日本の理想を生かす為に、一先づこの国を葬って下さい」(同、185)と述べ大学を追われた。

しかし天皇が、日本の民衆の心に深く根ざし、歴史的に民衆の心に生き続ける限りでは、天皇を受け入れた。天皇が民衆の魂となっているか否かは、神話が良き素材を提供する。矢内原は、神話を単なる偽書、「架空の作り話」とはみなかった。神話は歴史的な事実ではないが、「未だ文字のない時代」からの「国民生活上の事実を基礎とした……理想の実現」(同、170)とみている。いわば神話のなかに、国民の願望が投影されている。その点で天皇は、天孫降臨といい、万世一系といい、日本人の祖先が神に通じ、子孫も永遠に存続すると信じたい理想・希望の表明なのである。

制度としての天皇は、ときに権力により専制化・横暴化する危険を含み警戒を要するが、民衆の象徴としての天皇には、人びとの素朴な願望が凝結しており、国民の心の平穏、ひいては平和、国家安寧のためにも、日本人には必要なもの、あるいは欠くことのできないものと考えていた。一方で唯一神としてのキリスト教を国民に求め、他方で国民統合の象徴を天皇にみることは、矢内原評価の分かれるところである。

矢内原が天皇を国民統合のシンボルとみた背後には、戦前の満州、「支那」研究がある。中国は、国土が広く諸民族の坩堝であり、下克上の歴史を繰り返してきた。日本の天皇に相当するものがなく、王が代わればその王に仕えていたすべての序列が変わる変動常なき社会であった。日本は一九世紀後半、列強に遭遇したとき、天皇を中心に尊王攘夷という形であれ、一丸となって外国諸勢力に立ち向かい近代国家の形成に成功したが、中国にはこの中心が欠けていた。矢内原の天皇論は、上から民衆を支配する権力より、下から民衆が服従する権威に着目したともいえる。進んで支配に服する民衆の協力への着眼である。

晩年に矢内原は、預言者然としてくる。かれは、山中湖畔での経験をつづる。富士山麓は、日本軍の実弾射撃の訓練場として赤茶けていた。矢内原が歩いていると神は、「矢内原よ何を見るか」と聞く。矢内原は「富士の素肌を見ます」と応える。矢内原が再び焼けこけた肌を歩いていると神はまた「矢内原よ何を見るか」と聞く。そこで矢内原は「この富士の肌を焼いたものは日本の軍部である」との啓示を得る。富士は、B29の日本攻撃の目標になったけれど、軍部の演習で「霊峰富士の肌を焼いた事は、日本全土が焼土となることの預言」であり、米軍以前に富士は、日本の軍国主義が汚していたのである（同、183）。

矢内原の天皇観には、その核心部分でキリスト教徒でないと理解できない部分がある。日本の敗戦の理由をキリスト教の研究不足に求められたりすると、非キリスト教徒の筆者には、ではドイツの敗戦は何ゆえか、否、矢内原が長年研究対象にしたアイルランドのイギリスによるかくも長期の支配は何ゆえか、と尋ねたくもなる。これらの敗戦や従属には、それぞれ固有の理由があり、それを個別具体的に問うことこそ科学の使命と思われるが、矢内原の天皇論は、神も天皇も制度より民衆の心の問題として考察されている。

マルクス主義とキリスト教

こうした矢内原の天皇制論に接するとき、そこにもう一つ共通する社会科学上の問題をみることも許されよう。それは、矢内原のマルクス主義に対する態度である。矢内原存命中、日に日に若者たちに大きな影響を与えていたのは、マルクスの理論であった。資本主義の世界化という大きなうねりのなかで、キリスト教のしかも内村が打ち出した無教会による社会改革を説く矢内原にとっては、失業、貧困、階級、平和という身近な問題からもマルクス主義との対決は避けて通ることができなかった。

この問題を真正面から扱ったのが、『マルクス主義とキリスト教』である（矢、一六）。本書は、キリスト教の立場からマルクス主義を批判的に吟味したものであり、出版は一九三二年である。この時期矢内原はすでに、『植民及植民政策』『植民政策の新基調』『人口問題』『帝国主義下の台湾』等を上梓しており、自分の研究に自信を深めていた。その後も研究成果は、『満州問題』『南洋群島の研究』『帝国主義下の印度』と続き、キリスト教に立脚しながらも社会科学研究を深められることとに確信をもった矢内原が、当時マルクス主義かキリスト教かに揺れる人々に、マルクス主義とキリスト教の違いを含め、キリスト教の真髄を伝えようとしたのが本書である。

本書を読んで何よりも感じるのは、自信の現われであろうか、マルクス主義と真っ向から向き合い、正確な理解の下で対決しようとしていることである。マルクスの理解としても、当時としては一級のものを感じる。議論の特徴は、マルクス主義とキリスト教、双方の論理を詰めていけば、根源において厳しい緊張関係に立たざるを得ないということである。その一端を記せば、マルクス主義の本質は、物質にあり、歴史の原動力は物質的な生産諸力にある。一方キリスト教の本質は、罪の自覚にあり、罪の許しは神によるしかない（同、122）。罪の問題は、別にいえば魂の問題であり、魂を救済するものは、神しかない。

このような主張に接するとき、一人の先駆者を思い出す。それはウェーバーである。矢内原自身、ウェーバーにはふれていないが、マルクス主義のエピゴーネンに対する批判においても、ウェーバーと共通する。矢内原は、原始キリスト教がカウツキーのいうように、単なる物質的な利害関係の反映とする立場に（同、119）、素朴な階級的利害反映説をみて批判する。カウツキーは、イエスはなんら人格者にあらず、当時のガリラヤ地方は共産主義的な貧民救済運動が盛んで、イエス本人より組織の運動が、ローマ帝国の拡張に乗り世界に広まっただけでイエスの資質にはよらないとした。

これに対し矢内原は、イエスの人格性そのものを強調する。人格者が常に大衆に受け入れられるとは限らず、非難されることは歴史の常識である。確実なのは、「われわれはイエスに救われて……いる」こと、「彼が類ひなき人格であり、キリスト教の根本は彼の人格にあること」、そのうえで「イエスとの、またイエスを通じて神との、人格的交渉なきところにキリスト者はない」（同、123）という。

矢内原が、カウツキーやエンゲルスらの宗教階級起源説に批判的なことは了解し得るが、イエスの人格のくだりなど一部、キリスト教徒でもないと理解困難な所があるのも事実である。こうしたところから例えば、矢内原が次のようにいうとき、信仰と社会科学の溝も深まる。

矢内原は、世のなかの根本的な矛盾として、キリスト教徒は罪をあげるという。「罪こそ人の内面的な本質的な矛盾である」と。これを断ち切るものは、「キリストの十字架」であり、これにより「一切の矛盾の根は断たれる」と。これに比べるなら、「マルクス主義が世の根本的なる矛盾として挙ぐる貧富のごときは外面的皮相的と言はねばならない」(同、130)。果たしてそうかは、賛否の分かれるところである。そういえるのは、矢内原のように、人間の内面的な本質を罪とみるときである。罪の許しは、神によるだろう。マルクス主義とキリスト教は、人間の本質をどうみるかにより、鋭い緊張関係に置かれる。

世俗内的・外的批判

ただウェーバーと矢内原のマルクス主義批判の差は、ウェーバーにとり宗教社会学それ自体が、宗教を物質的な利害の函数とする説への東西文化比較に通じる行為論的にして具体的かつ全面的な返答であり、社会主義論に関しても高度な産業社会に関する組織論や官僚制論、さらには収斂理論等からなる、すぐれて社会学的にして具体的・内在的な批判であった。その一端は、社会主義になっても高度な産業社会を前提にする限り専門家行政からのがれることはできない、その限りで「人間による人間の支配を根絶することは不可能」とした管理社会論や官僚制論からの批判にうかがえる。

これに対し矢内原のマルクス主義批判は、人間である限り社会主義になっても罪の問題は解決せず、「霊の歓喜」（同、130）は生まれないという、社会科学の次元より心的、霊的世界からの批判である。これでいくと現代でいえば、「子どもの貧困」も経済的貧困から逃れることが直ちに子どもの幸せを結果しないことになる。精神的貧困までは、対象外だからである。この批判は、明らかに経験科学とは次元を異にしており、筆者には満たされないものが残るが、ここでは天皇制論と共通する論理に注目しておく。

天皇論においても強調されたのは、民衆のゲバルトによる支配より、民衆の心に胚胎する権威の方であった。権威は、民衆の心を前提にする。矢内原がマルクス主義批判で注目するのも、権力ではなく、民衆の心の問題の方である。制度的に権力の代置は可能になっても、心の充足、魂の叫びは、別次元の問題として残るという訳である。三木清のいう「制度」より「こころ」の問題である（「帝国大学新聞」昭和七年四月二五日）。社会体制より、霊魂の救いの在り方である。

ほかにもマルクスの歴史観を階級闘争史観と捉え、それを「一の社会科学的仮説」とし「その真偽は社会科学者の研究すべきところ」（矢、一六、85）としているにもかかわらず、神の問題となると説明抜きで語られるのも気になる。例えば、「人間が神を作りたるにあらず、神が人間を作ったのである」とか、「人間が神を愛したるにあらず、神が人間を愛したのである」（同、54）などである。

ここに三木の批判も生んだのである。前述したが、罪の自覚こそ人間本質に関わる問題であり、貧富の差など外面的、皮相的問題に過ぎないとのくだりである。三木は、こうした矢内原の立場に「個人主義的傾向」並びに「神秘主義的傾向」（『帝国大学新聞』、昭和七年四月二五日）をみてとり、この議論が現実逃避に通じることを危惧したのだった。これに対する矢内原の立場は、「霊の問題」が神秘的というのであれば、自分の立場はまさにその通りとし、「神秘（霊）のなき所に宗教そのものの固有の存在はあり得ない」（矢、一六、134）とした。まさに現世・物質と来世・霊魂の妥協なき対立である。

しかし矢内原にとり、重要な局面で信仰が出てくるのは、今に始まったことではない。新渡戸の後継者として東大植民政策講座に不動の地位を占めることになった矢内原の出世作『植民及植民政策』も、最後は次の一文でしめくくられていた。「虐げらる々ものの解放、しずめるものの向上、而して自主独立なるものの平和的結合、人類は昔望み今望み将来も之を望むであろう。希望！而して信仰！私は信ずる、平和の保障は『強き神の子不朽の愛』に存することを」（矢、一、483）。

本文が登場するのは、最終の一八章、小項目「植民政策の現実と理想」においてである。世界の植民政策を概観し、矢内原が従属主義や同化主義でもない自主主義に注目していたことは前にみたが、歴史的にも自主主義が世界の趨勢となることを確信していた。しかし自主的結合は人格の尊重を重んじ、「人格尊重は愛であり、愛は犠牲である」（同、483）となると、それは大いなる真実ではあろうが、社会科学の領域で証明し難いのも事実である。

矢内原植民論の強みは、熱心なキリスト教徒として植民や移住をそれこそバビロン捕囚やユダヤ人の移住にまでさかのぼり、古今東西の歴史、現実に目配りして論じるところにあるが、具体的な社会科学的説明を要するところで信仰上の問題になると、何か次元の異なる語りが登場するのも事実である。

知性の犠牲

しかし偉大な思想は、常にどこかで「知性の犠牲」（ウェーバー）を伴うものである。マルクスではないけれど、「すべての起源は物質による」としても、万物の説明がこれで尽きるわけではない。フロイト（Freud. S. 1856–1939）のように、すべての行為を性に結びつけるのも、それに反する行為を探し出すことはいくらでも可能である。

同じくニーチェ（Nietzsche, F. 1844–1900）のように「神は死んだ」と叫んでも、今日においても依然として神は生きている。ニーチェの「神は死んだ」は、古い時代の価値が滅んだ象徴であり、否定のニヒリズムは、新しい時代には新しい価値が必要なこと、すなわち能動的なニヒリズムに代わらなければならないことの宣言であったが、偉人とは、どこかで合理的な理性を犠牲にしつつ、他面の真理を極端な形で浮かび上がらせるものである。

矢内原のこれまでみてきたような当時としては最高の植民理論にもつきまとう非合理性、ときに信者でないと理解できない知性の犠牲としかいいようのない説明も、この非合理性故に、あの嵐のような戦中も一人敢然と政府に、社会に対抗し得たのではないか。あえて弁護するなら、この知性の犠牲がなかったならば、時代に抗して生き抜くこともできず、その後の人々が同じような状況に置かれたとき、奮起を促す警鐘にもならなかったかもしれない。

「真のキリスト教は一切の社会的不義を黙視することはできない。それは聖書に示されたる神の絶対に義なる性格より見るも明らかである。社会的不義に対する良心の鈍感は神の義に対する不信仰より来る」（矢、一六、129）と述べた矢内原は、のちに満州論でその真価が問われ、それに応えたのであった。

第六章　キリスト教と北海道開発論――神は「未開」を喜ばない

1　農業に優るものなし

矢内原と北海道大学

先住民との関係を重くみる矢内原植民学は、北海道の植民においても新渡戸とは異なり貴重な視点を準備していた。新渡戸は、植民を論じながら先住民との摩擦をさほど重視しているとは思えない。新渡戸にとり、植民が高度な文化圏からそれより低い文化圏への移動である以上、先住民の文化が淘汰されるのはある種、やむを得なかった。

文化の「低い」民族の淘汰をはっきり断言したのは、新渡戸の弟子、高岡熊雄である（高岡、551）。高岡はいう、もし先住民に対し国家が何ら保護を講じず放任するままにしたならば、「土人は到底生存競争」に敗北し、「優勝劣敗」の理の通り、先住民は地球上からことごとく姿を消すだろう、と。高岡は、いかにも新渡戸の弟子らしく、「在来土人の文化の程度はなお未だ幼稚にして単に漁労のみを業として水草を追うて転々移動するもの」(同、550、新仮名づかいに改めた所がある)であった。

一方、文化の高低はそう簡単にいえないとした矢内原は、植民の最重要課題を植民先での先住民との軋轢の克服にあると捉えた。矢内原植民論は、国内植民との関連でもっと論じられる必要がある。

一九五二年五月二四日の東京大学五月祭において、矢内原は挨拶に立ち、「大学と社会」と題する講演を行った。そこで矢内原は、明治初期、日本には官学大学に二つの中心があり、それは東京大学と札幌農学校であると述べた。前者は国家主義、国体論、皇室中心主義の日本の教育思想の指導理念を導き、後者は、人間を作るリベラルな教育を主流にしたという(矢内原 一九五二、93)。新渡戸稲造、内村鑑三は後者を代表する流れに属し、自分の前の東大総長南原繁も若かりし時代、双方から多大な影響を受けており、「東京大学の総長は戦後二代続いて札幌農学校の精神の感化を受けて」(同、95)いると述べた。

それがため、「矢内原は新渡戸、内村を通じて札幌農学校や北海道大学には特別の思い入れがあった」(鴨下他編、46)。矢内原自身、「余の尊敬する人物」の「新渡戸博士」でいう。「内村鑑三と新渡戸稲造とは私の二人の恩師で、内村先生よりは神を、新渡戸先生よりは人を学びました。両先生は明治初年札幌農学校で同級の親友でありましたから、その意味では私も札幌の子であります」

（矢、二四、134）といい、ほかの所では、矢内原が入学した神戸中学の校長、鶴崎久米一こと村岡久米一も内村らと同期だったといい、「まことに私も亦札幌の子」と述べている（同、643）。もし前に述べたような佐藤昌介につながる先住民族と、札幌農学校の関係がつまびらかであったならばともかく、矢内原にはたしかに北海道大学に関し、思うところがあったようである。

一九六一年七月、矢内原は死の五ヶ月前に病軀をおして札幌に行き、北大生に向かって最後の講演「内村鑑三とシュワイツアー」（同、61。矢内原　一九七八、256）を行った。これほど北大に、北海道に関心を寄せていた矢内原が、この大地の固有の民族、アイヌに関心を寄せないはずはない。かれが、世界のさまざまな先住民に言及するとき、アイヌ民族問題も意識していたことは間違いない。

アイヌ民族への関心

矢内原は、民族に言及する所でよくアイヌを引き合いに出す。「日本民族の中には天孫人種もあるし、アイヌ人種の血も入って居る」（矢、一八、279）。ほかにも、混血が民族をより強化するとした所では、日本民族も「他の民族的要素をも取り入れて高度の集団組織に発展していくだろう。過去に於てアイヌ人だとか何とかいうものを取り入れて来た様に、今後他の民族を取り入れて更に程度の高い発達をするという事が予想せられる」（同、295）と。これらの言説は、混合婚に関しても何ら抵抗感のなかったことを示す。

また見逃せないのは矢内原が、この時点でアイヌにネイティブ・アメリカンと共通の運命をみていたことである。例えば「合衆国に於ける Indians（ママ）人口、一八三七年三〇二、四九八、一九二二年三四〇、九一七」（矢、一、151）と克明に数字を追いかける。これは矢内原の植民学が、アイヌ民族問題を国策による和人の突然の出現という世界的な植民地争奪で起きた事態とも重なること、その意味では国内・国外植民ともに先住民と新移民の社会的行為・関係の問題とみていたことを物語る。この意味でも矢内原植民学は、植民学という名の社会学であり、アイヌと和人の接触・闘争・協調・和解という社会関係に置き換えて読める。

このようなアイヌへの言及は、同じく沖縄に関心をもちつつも、琉球人について特段ふれていないことと合わせ、アイヌ民族には多大な関心をもっていた。たしかに矢内原は、沖縄に出かけ沖縄について語っている。その内容の重要性は、現在においても失われてはいない。矢内原は沖縄を「悲劇の島」、「矛盾のかたまり」（矢、二三、365）とみた。沖縄は、軍事戦略に占める地帯的特徴からしてアメリカは決して手放さないだろうともいう。

それだけに沖縄は、平和を語るに欠かせない島であると同時に、日本だけではなく世界の沖縄でもあると考えていた。同時に、「日本の海外移民問題は、沖縄の問題を知らなくては理解もできない」（同、367）ともみた。いずれも今日において重要性を失っていない。このように沖縄にはたびたび言及しているが、固有の民族としての琉球人には特段ふれていない。

しかしアイヌは異なる。矢内原は、沖縄と異なり北海道への関心以上にアイヌの今後に思いをよせた。体系的に論じることはなかったが、関心は強かった。その一端は、『全集』四巻に収録されている「未開土人の人口衰退傾向について」をみればわかる。この論文は、アイヌについてのみ言及しているのではなく、世界的な視野から先住民の人口衰退を扱っている。ヨーロッパ人に植民地化された後のアフリカ諸国の先住民はもとより、矢内原が関心をもっていた日本統治下の南洋群島の先住民や樺太そして北海道にまたがるアイヌ系住民の人口動態である。

アイヌの人口減に関し、これまでの食事は肉食が主だったが、明治以降、鹿や鮭の漁業が著しく制限され、野菜に切り替えることを余儀なくされながら、これらの食物が十分に手に入らないことを指摘している。かなり綿密にして包括的な人口減少の原因追及である。鹿や鮭は、アイヌにとり商品用ではなく生活用だけに、その捕獲禁止は、生存に直結する。これまで、アイヌの人口減に関する矢内原の食生活の変化の指摘も注目されていない。

矢内原にとって北海道は、どういう特質をもつか。かれはいう、「農業は同一面積において狩猟牧畜よりも多くの人口を支持し得る」（矢、一、57）。アイヌが、ほとんど人口が増えないままに明治を迎えたのは、その就業形態によるところも大きい。矢内原は、アイヌのみならず先住民族の人口停滞をかれらの生産基盤、就業構造、食生活からみる視点を用意している。

無住者の土地はない

明治になり北海道は、対外的にも日本固有の領土とするために、内地から和人の入植が喫緊の課題となった。そこで新政府にはむかった諸藩のみならず、そのほかの藩にも入植を奨励した。となると移住先での土地問題が、重要になる。「先占」は、「国際法上適法なる……無主地に対して行はれるのであるが、国際法に所謂無主地必ずしも無住地にあらず、その住民が未だ国家的組織を為さざる未開地を意味するが故に、斯の如き地域に対する実力的占有は先住社会群に対する暴力又は詐欺に基づくこと特に甚しかりは想像に難くない」（同、102）。

これは矢内原が、当時の世界の植民地獲得に伴う先進国住民と先住民の関係を指摘したものだが、北海道を国内植民地とみるならば、これらの指摘は、北海道のアイヌとの関係にもそのままいえる。すでに一九世紀の時代、文字通り「無住地」など、世界中のどこにもなかった。となると人の移動に関する植民問題とは、土地問題に帰着する。

新渡戸には、無住地があるかの言説がある。「無人の地に人を植ゑつけてオイクメーネー（本書218ページ参照—引用者注）を拡大し、全地球を humanize すること、即ち人の居住地とすることは、植民の最大にして最重要の効果である」という。「要するに全地球の人間化は植民の大結果である」（新、四、48）。前にも述べた新渡戸の孫弟子といえる高倉は、北海道に当てはめていう。

「アイヌは元来漁獲民族で、土地の権利関係に対しては明瞭なる観念を持たず、従つて北海道の土地は悉く無主地とみなして処分しえた」（高倉　一九四七、155）と。一般にアイヌは、狩猟漁猟民族とされ、熊にまつわる儀式も豊富だから漁獲民族と特化することは無理を伴うし、よしんば漁猟民族だとしても川や海岸を中心にコタンはあった。無主地とみなしたのは、アイヌと異なる土地の所有観念をもつ、ときの政府であり、アイヌには独自の土地共有の観念があった。

一方、矢内原にとって無住地（先占）などすでにないとなると、資本主義経済は、生産者の生産手段からの分離に基づくので、「現住者社会が土地共有制度を有する時はその所有権移転を可能ならしむる前提として、私有財産制の突然なる輸入適用を敢てする。或は現住者の満足する対価を与ふる場合に於ても、彼等の無智又は窮迫に乗ずることによりて、その生計の基礎を奪ひ以て彼等を無産階級化するの結果を生じやすい」（矢、一、187）。

これは先進国が、途上国に進出した際の世界の一般動向を指摘したものだが、見事なまでにアイヌの運命にも当てはまる。例えば明治政府が、アイヌの共有地を地租改正を盾に国有地にし、「北海道土地払下規則」により民間人に払い下げたり、あるいは新たな入植者が、私的所有の観念の薄いアイヌに酒をふるまうなどして、所有権移転にサインさせ土地を奪うことなどを思えば十分である。天皇の御料地にし、広大な原野から根こそぎ台地を奪い、アイヌに移転を迫ることも起きた（宮島利光、151）。今世紀にまで裁判が及んだアイヌ民族の共有財産問題なども、もとは近代的な資産管理に不慣れなアイヌにつけ込んだことに起因する。

土地払下の不透明性には、新渡戸も批判的だった。アメリカの入植の拡大に言及したところでいう。植民地には通常、富者も最下層も出て行かない。富める者は、「住み慣れた場所を去ることを好まず、不在地主」となるし、貧者は、「海外に」行くにも「多少の旅費を要」し、それすら捻出できないからである。その結果、中間層が出ていくことになり、入植地には「階級観念」の少ない社会が形成される。これは北海道も同じだったが、惜しむらくは、「土地払下の方法が宜しきを得なかった為、華族の跋扈」（新渡戸、四、71-72）を許してしまったと。

一見、旧土人保護法のような保護と名のつく法にも、落とし穴はある。「北海道旧土人保護法」第一条は、「北海道旧土人ニシテ農業ニ従事スル者又ハ従事セムト欲スル者ニハ一戸ニ付土地一万五千坪以内ヲ限リ無償下付スルコトヲ得」（山川、112）とある。これは逆にいえば、どんなに農業をする気があってもアイヌには、五町以上は下付しないということである。すでに和人には、大農経営者が生まれているのみならず、この時点では、伊達藩等士族の入植・定住が済んでいることからもわかるように、平地に一等地は残されていないにも関わらず、である。矢内原は先住民には、国内のみならず世界的にこうした不利な法がついてまわることを指摘する。

先述の通り近代資本主義の成立には、生産者の生産手段からの分離を不可欠とするが、国内植民地としての北海道を矢内原は、先住民アイヌのたどった道とも重ね合わせて考えていた。それを思わせるのは、ダーウィンの生存闘争にふれた個所で文明国の植民者と先住民が接触することにより、先住民が淘汰される様子に言及した注書きで突如、アイヌの数の漸減傾向に注目している。

「北海道に於けるアイヌ人口、大正八年一七、〇九九、大正九年一六、七二〇、昭和元年一五、二四七」とあり、続けて「我樺太に於ける旧土人人口、明治四十二年二、一〇八、大正三年二、〇七八、大正八年一、九六五、昭和元年一、八一四」（矢、一、151）と記す。当時、世界的に進行していた先進国住民と先住民の競合による先住民の運命に、明治以降、ひんぱんに和人と接触せざるを得なくなったアイヌの動向を重ね合わせ、心を寄せていたのである。

見逃せないのは矢内原が、北海道を新大陸同様植民地としての性格を有するとみていたこと、『植民及植民政策』と名のる本書で、文化接触の多様な姿を論じながら先住民族アイヌの運命に言及すること自体、ヨーロッパの植民地アメリカ並びにネイティブ・アメリカンと同じ運命を北海道の先住民、アイヌにみていたことである。

アイヌ民族めぐる新渡戸と矢内原

新渡戸との差は明瞭である。新渡戸は、矢内原とは違って札幌農学校出身であるから、アイヌと遭遇する機会があったし、かつ関心もあったはずである。しかし結論的にいえば、新渡戸のアイヌへの言及は、かなり限定されたものである。そこには、大きく二つの理由が考えられる。

一つは、新渡戸固有の歴史観、進歩史観に由来する。新渡戸が札幌時代から関心をもっていたのは、いかに北の大地に農業を定着させ開発していくかであった。初期の論文が、農業関係に集中しているのはこのためである。その際新渡戸は、人類が農業開発に到達するまでの時期を人類学者モルガンにしたがって、野蛮時代、未開時代、開明時代と捉えている（新、二、555）。開明時代になって人類はようやく農業を知るが、アイヌは、その前の野蛮なり、未開時代の「原人」と捉えられた。ある意味で、人類の真の時代は開明時代から始まり、それ以前の「原人」に連なるアイヌの生活には、体系的な関心を示さなかった。

二つは、新渡戸の植民論が、集団間の問題を緊張、闘争、和解の観点から問う方法論を欠いていたことである。北海道に限定しても、「移民」を先住民との相互関係のなかで、民族間の緊張・対立としてとらえる視点はなかった。これは同じ植民論を講じても新渡戸と矢内原との大きな違いである。かれの関心は、あくまでも和人入植後、いかに北の大地に農を定着させ、開墾するかにあった。アイヌに関心をもっても、いかにアイヌを農に適応させ、耕の魂をしみ込ませるかにある。佐藤昌介と並んで、北大植民学（先住民族なき開発論）の先駆とみられてもやむをえまい。

先住民に「同情」の新渡戸

矢内原に「内村鑑三と新渡戸稲造」という小論がある。そのなかに新渡戸稲造の先住民に関する貴重な思いが紹介されている。日本が台湾でかなり大規模な高砂族の討伐を行った際、新渡戸は激しく机をたたいて日本の蛮行を非難した。「糖業で台湾の財政が豊かになつて、剰余金が出来たからといつて、それを用ひて、日本人に何の害をも加へず、高い山の上で静かに生活していをる者の夢を驚かし、大規模に之を討伐するとは何事であるか」。

続けて新渡戸は、「アメリカでも開拓に際してはインディアンの生活を圧迫し、之を山の中に押しこめた事もある。さういうことはどこの国にもあつたことである」と述べ、さらに続けた。「ロッキー山の巓に一つの記念碑が立つてをる。それは一人のアメリカ婦人が立てたのであつて、その表面には“A Century of Disgrace”『恥辱の一世紀』という文字が刻まれてをる。之はアメリカの開拓に当り、米人がインディアンの土地を奪ひ生活を圧迫した事を、恥である、恥づかしいことであるとして、それを一人のアメリカ人として悔ゆる心で、この碑を立てたのである。アメリカにこの碑があり、日本にこの高砂討伐がある。それだけの違ひがあるのである」（矢、二四、391）。

台湾の高砂族を出すまでもなく、かれ自身青春時代を過ごした北海道に、ネイティブ・アメリカンと同じ運命をたどったアイヌ民族がいたのである。和人がアイヌにどのように接したのか、あるいは自分が始祖ともなる北大植民学が、その後アイヌにどのような運命を課すことになったか、海外の例を持ち出すくらいならもう少し国内の先住民に目を向けてもよかったのではないか。

ただし新渡戸自身「同化」には、一貫して慎重だった。「原住民の風俗習慣にはみだりに干渉すべきでない」（新、二、165）とは、新渡戸の言である。新渡戸が同化に慎重であったこと、かつこの姿勢は矢内原にも少なからず影響したと筆者はみているが、何によるのだろう。推測が許されるなら、新渡戸自身のアメリカ研究もさることながら、台湾体験が重要ではなかったか。台湾時代の上司、後藤の本業は医師であり、生物学に詳しく自らの信念として、種固有の生命、自然の成長を重んじる立場から同化に慎重だった。そこから転じて、「植民政策は、その植民地の民度、風俗、習慣に従わねばならぬ」（鶴見、三、41）ないが口癖だった。

後藤は、このような思想を自分の本来の専門である生物学から導き出しており、側近たちに「植民政策はビオロギー（生物学、バイオロジー――引用者注）である」（同、41）と繰り返していた。かれの好んだいい方によれば、「ひらめの目をにわかに鯛のように」（同、39、傍点原著者）はできない、ということである。北岡によると台湾統治の基本方針は、「フランスのアルジェリアにおける同化政策」（北岡 一九八八、38）が目指されていたというが、後藤は違ったのである。

かねがね日本政治の弊害を、法学部と軍部出身者が牛耳っていることにも後藤は批判的であり、かれは植民地台湾で、医者としての専門から極端な同化政策を排し、科学に裏づけられた植民政策を企図しようとした。植民地行政とは異なる、農の専門家として新渡戸が招かれたのも、こうした後藤の信念によるものだろう。それだけに、後藤と新渡戸には、医学と農学という固有の生命に対する自然科学者としての共通性もあり、新渡戸の琴線にも大いにふれるところがあったのではないか。

新渡戸の台湾滞在は、一九〇一年二月に始まり一九〇三年一〇月には京大法科大学教授との兼任になり、翌〇四年六月には京大の専任になったから、実質三年ほどの短期間である。この間、新渡戸は後藤の海外視察にも同行し、英語のスピーチや通訳で海外の人々を大いに感動させたし、台湾時代ではないが、後藤の妻和子夫人を新渡戸の妻（アメリカ人）がアメリカに同伴するなど（鶴見、717）、その後も交流は家族ぐるみにして密なるものであった。新渡戸の京大やその後の国連事務次長への就任は、後藤の働き掛けによるものでもある。一高校長への牧野伸顕（ときの文部大臣）による就任要請も、後藤に相談している。台湾統治をめぐっても、二人の間で意見交換はしばしば交わされたことだろう。新渡戸の同化批判には、後藤との交流を含む台湾時代の経験も大きかったのではないか。

農は人をつくる――辺境を越えて

同化に対する慎重さは矢内原にも伝わったが、ここで注目しておきたいのは、新渡戸の農にかけた執念の方である。少年期、明治天皇の行幸に浴し生涯の仕事を農に定めただけはある。「今日の植民地は剣を以て得るところであるが、この力のみにて統治する場合には永久の同化教化は望み得ない。モムゼンの言つた如く、剣を以て得たるものは再び剣を以て奪はれる。ただ永久に残るものは鋤を以て得たものである」（新、四、163）。これは、植民地の開発でも農業の重要性を指摘したものである。

新渡戸には、農が人をつくり、性格の几帳面さや計画性等を養うのも農との、農本主義ともいえる信念がある。辺境生活を評価したところでいう。「農業植民地は新開地であるから、自分で若干の土地を耕して独立の生活を営み、誰にも頭を下げることがない。即ち気風がちがふ。I owe no man.（「我は何人にも負はず」）という気性がある。従って個人の発展が盛んであって、各人の優勝劣敗が甚しい。その辺境生活は多く健全であって、男らしき気風を帯びて居る」（同、72）。

おそらくこうした農のもつ自立性への評価は、新渡戸の時代、まだ開拓魂が残るアメリカをみながら想到したものだろう。たとえ文化の中心地から離れていようとも、自分で自由に処分できる土地があれば、家族の労働を計画的に配分し、他人に依存しない道が開かれる。かつそうした文明となまの自然の接点地は、出身の異なる人々の集合する所にして、進取の気性あふれる者の集まる所でもあるから、過去の伝統やしがらみも少ない。このような所は、次代の文化の中心となる潜勢力を秘める。

かつて北海道の移住論、開拓論に一石を投じた永井は、辺境にもフロンティアの側面と後進性の両面があり、どちらに力点を置くかにより論者に差も生じると述べたが（永井編、15）、ここでの新渡戸は前者から辺境をみている。それも新渡戸の辺境論は、アメリカをみつめている。「辺境生活は我人の殆ど忘れ失らん（ママ―引用者注）とする人間本来の性質を生き返らせるものであつて、人類の生活に辺境がなくなれば、人は慣習と社会の伝統とに圧迫されて、つまらない人間となつて仕舞ふのではあるまいか」（新、四、72）。アメリカの開拓は、西漸運動を想うまでもなく、遅れて来た者は従来の文明の果てる所から、新たな歴史を始めていった。やがてその辺境地は、次の開拓の中心となり、こうして地の果てる西海岸に到達したのである。

辺境とは、中心と異なり有力な文化の果てる所なり、有力な文化どうしの狭間の地域である。有力文化の及ばぬ地域なり、狭間の空間は、それだけ自由でもあり、新たな可能性を秘める息吹にも富む。歴史をみれば、辺境と中心はその位置を取り換えながら動いてきた。現在の辺境こそは、次なる中心を作り出す。北海道をみる場合も新渡戸には、アメリカ開拓史から学んだ独自の辺境論があった。開拓地には、貴族は行かないからそれだけこれまでの伝統から自由であり、平等でもあると（同、71）。

したがって新渡戸のアイヌへの言及は、狩猟民族たるアイヌが、熊や鹿をとらえて食を得るのにいかに移動しなければならないか（新、二、562）、狩猟民族に必要なのは広大な原野であり、それを私有する必要はないこと、このような狩猟民族が農を取り入れるのは、いかに困難か、必要に迫られ農を取り入れ得ても、午前十時にならなければ職につかず午後二〜三時には仕事を止める（同、575）等、近代的意味での勤勉や合理性についていけない民族の姿である。新渡戸は、アイヌにネイティブ・アメリカンと共通する運命をみていた。

一方、矢内原植民論の主題の一つが、植民に関する世界的視野からの比較類型論的研究にあったことはたしかだが、国内にあっては、常に北海道のアイヌ民族が頭にあった。これは、いろいろな所で確認できる。例えば初期にして主著ともなる『植民及植民政策』、第一四章「土地政策」で、かれは「土地の獲得は植民地活動の根本的活動の一である」（矢、一、357）という。地球上において人間は、土地以外に生息する場をもたない。

したがって植民後、無住地でもない限り土地を巡り新規入植者と先住民との間で激しい抗争の生じる可能性はいつもつきまとう。しかし政府側には、抗争回避のため国有化や保留地制等があり、払下制度もその一つである。この土地払下制度に関し矢内原は、わざわざ北海道の例をあげている（同、375–376）。植民やその結果起きる先住民との摩擦において、世界をみながら矢内原の頭のなかには絶えず、台湾、朝鮮、そして日本の北海道があった。

権力と土地の収奪については、矢内原に過去の記憶が関係していたのではないか。矢内原が大学卒業後最初に就職したのは、郷里新居浜の別子銅山であった。この銅山は、もともと民間の住友系のものであったが、鳥羽伏見の戦いで松山藩が朝敵とされると、土佐藩に占領された時期がある（宮地、192）。土地を蹂躙することなど、権力者にはいともたやすいのだ。矢内原は、現地で仕事をしながら自分の社史にも明るかったろう。支配権力を確立した明治政府にとり、先住民の土地の没収もたやすかったに違いない。先住民の土地の収奪に関し、矢内原には独自の思い入れと同時に憤りもあったように思われる。

2　自然の支配とキリスト教

新渡戸と北海道の開発

北海道の開拓には、大きな特徴がある。農民一般もさることながら入植初期には、士族が移住したこと、キリスト教が重要な役割を演じたことである。士族入植の理由や経緯については、すでに言及しているので多言を要しまい。キリスト教徒が目につくのはなぜか。人間の行動パターンを三つに類型化したリースマン（Riesman, D. 1909–2002）によると、社会の急激な転換期には伝統的な価値はあてにならず、個人の内面でつかみ取られた価値のみがすべてだと述べたが、内村にとりこれが従来禁止されていたキリスト教であった。

キリスト教は、単に外部の変化が激しいので不動の内面的価値が必要というのみならず、外部の環境に合わせて社会を作り変えていくためにもキリスト教は重要な役割を演じた。キリスト教は、原生的なままのままの自然を好まない。イギリスの植民地としてオーストリアやカナダに応用された開発イデオロギーは、明治初期の宣教師や札幌農学校の熱心な日本人キリスト教徒を通して浸透していった。

新約聖書、マタイオス福音の一説に「『タラントン』のたとえ話」がある。主人が旅に出るとき、三人の召し使いに五、二、一タラントンのお金を預けていくのだが、前二者は主人のお金を元手に商売し、預り金を倍にした。しかし後の一人は、損失を恐れそのまま土中に埋めて保管した。主人が帰って三人に報告を求めたとき、預り金を元手に財産を倍にした者は褒めたたえられたが、土中に置いて管理した者は、怠け者としてののしられる（新約聖書、84）。

より良く産をなす行為を讃えた話ともされるが、恐らくは金額（才覚）の多寡にかかわりなく、精いっぱい努力する意義を説いたものだろう。いずれにしても神は、与えられたままの状態は好まず、むしろ無限の可能性を引き出すことを好む。これが自然なら、未開地よりも肥沃な土地に改造することに応用される。

新渡戸が次のようにいうのは、キリスト教を抜きには考えられない。「広漠なる原野を有しながら之を利用せずして徒に雑草の生茂るに委するは独り天の意に背くのみならず又人類一般に対する罪科なりとの議論の行わるる日必ず来るべし」（新、四、371）。これを北海道に応用すれば、広大な大地を開墾せず、与えられたまま、自然に生息する動植物の狩猟・採取にのみ利用するのは、天の意に背くことにほかならない。キリスト教は原生的な自然に価値を置かない。土地は、開墾されて初めて意味をもつ。このことは当時、北の大地にこそもっともいえた。

明治新政府が、先住民アイヌから土地を取り上げかれらのこれまでの伝統的な生業を顧みることなく農業の採用へと駆り立てたのも、新渡戸らの思想に照らし合わせると合点も行く。しかし品種改良が進み、温暖化といわれる今日ならいざ知らず、当時の北方の自然も顧みることのない、一方的な農の強制は、先住民族・文化衰退の導火線となった。ネイティブ・アメリカンから共同の所有地を取り上げ、個別所有を進め、ときには立ち退きも含め、のちのちまでアメリカ先住民を苦しめることになる当時の上院議員ヘンリー・ドーズ（Henry L. Dawes）の名を取りドーズ法と呼ばれた土地法の北海道への紹介者の一人は、新渡戸稲造といわれる。新渡戸において開発とキリスト教は、密接に結びついており、開発の目標は、オイクメーネーの拡大にあるが、オイクメーネーとは、ギリシャ語で「人間の住み得る土地との意味」（同、46）である。

自然を開発し人間化するのは、社会学者のコントが、人類教として人間の王国を構想した考えとも合致する。「即ち凡ての生物の同盟を作り、人間を将校とし、他の動物を兵卒と為して無生物の世界を征服し、之をば生物の用に立たしめるという奇論が、或る程度に於いて実現せられるものである」（同、48）。ここには、万物の霊長としての人間が、他の生物を人間に服属させ、自然を征服し人間化することで文明社会も達成可能とみる人間中心史観がある。

どうみても自然をそのままにして、自然がもたらす狩猟・漁労に生きるアイヌの生活は、キリスト教の神の道に背く生きざまと思われた。植民は、自然を人間化する手段である。「要するに全地球の人間化は植民の大結果である」（同、48）。北海道のみならず、地球規模で繰り広げられた、文化の高い国から低い国への人間の移動は、自然の人間化の偉大な試みなのだ。「植民とはだいたいに於いては優等なる人種が劣等なる人種の土地を取ることである」（同、139）。

ここから新渡戸は、鎖国政策にも反対する。国家はどの国であれ「世界の一部にありながら他の部分と交を絶つは天も人も容さざる所なり」（同、371）という。自然に与えられたままの状態は、新渡戸の認めるところではなかった。北岡は、「新渡戸が先住民に対し、深い愛情をもっていたことはたしかである」（北岡　一九九三、190）というが、愛情はもてても文明をかたくなに拒否する民族には、世界史を文明化の過程とみる新渡戸についていけなかったのではないか。

内村の自然の改造とキリスト教

北海道とキリスト教の関係をもっと大胆に語るのは、内村鑑三である。内村は、高崎藩の武士の子として江戸に生まれた（一八六一年）。かれの少年時代は、幕末から明治に移行する時代であり、内面的な価値が大きく揺さぶられる時代であった。武士の子の誇りと、武士である以上庶民のリーダーでなければならないという自負心、使命感が、開国を迫った欧米諸国の内面的価値を代表するキリスト教へと惹きつけたのも無理はない。キリスト教との出会いは、「武士の家に生まれた者の運命」（内村　一九三八、229）であった。

内村は、当時のみならず現在に至るまで日本を代表するキリスト教徒である。かれのキリスト教信仰は、北海道で寮生活中、かれの言葉によれば、「強制されたもの」(同、22)であった。しかし、もともと信仰心の厚かったかれは、キリスト教徒になることによってホッとした面もあった。それは信心深い内村にとり、多神教の日本には、やたらに首を垂れなければならない神々が多かったからである。日本では、伝統的に「八百万」の神々を崇拝しなければならないが、キリスト教の前では偶像のことごとくが破壊され、「宇宙には一つの神」(同、25)が存在するに過ぎないからである。

武士の子とキリスト教の出会いは、決して偶然ではなかった。矢内原もいう。「隣の藩」をみれば「敵国」と思い、「家を出づれば敵ありと」習い、「人を見れば泥棒と思」い、「決して他人に心を許さず、己に閉ぢこもつて鹿爪らしい顔をしてゐることが武士のたしなみであるかのやうに教へられた」人間にとって、開国後は「キリスト教の思想と西洋の教養」(矢、一四、139)が、新しい時代を生き抜く指針になったのである。

加えて無限の可能性を秘めていた当時の北海道は、佐藤昌介(南部藩士生まれ)、内村鑑三(高崎藩士生まれ)、新渡戸稲造(南部藩士の生まれ)らのキリスト教信者にとって原生的な自然改造の気風ともマッチしたのである。この三人に共通しているのは、明治維新や戊辰戦争時に最年長の佐藤は一二歳、内村、新渡戸は六～七歳という信念形成の重要な時期であったこと、庶民の範とならなければならない武士の子としての責任感の強さである。

武士道に接木されたキリスト教

幕末期、「正直、誠実、勇気、責任、礼儀、節度、勤勉、節倹等武士の徳を重んじる」教育を受けた内村にとり、新しい時代を生き抜くキリスト教に出会いながらもそれは、「武士道に接木せられた基督教」にならざるを得なかった。この点、「新島襄、海老名弾正、小崎弘道、植村正久その他、明治初年の基督教先導者と同じであった」（同、499）。

ただし武士道ということで、封建社会の身分制や旧慣墨守を連想してはならない。これは矢内原が、大塚久雄との対談で指摘している（同、621-3）。武士道もまた、理念的に把握されており、およそ武士の道とされる限りは、謹厳実直、礼節を知る行為でなければならず、特に内村が重視したのは、義であった。人としての義は、キリスト教徒の愛に通じると内村はみた。だから宣教師たちが、教会に所属しない内村を、キリスト教徒ではないというならば、自分は喜んで義を重んじる武士の子を選ぶと述べたのである（同、569）。

幕藩体制末期から明治初期にかけては、政治的方向も定まらなかったが、人々の生きる指針も確固たるものを欠いていた。明治維新期から数十年の間の道徳的な空白について新渡戸はいう。「明治十年前後僕が学校盛りの時分には日本の国は、教訓については（道徳とは言はぬ）砂漠の時代であった」（新、一七、607）。この時代、青年期にあった若者にとり精神的空白を何で埋めるかは、いかに生きるかをめぐる根本に関わる問題だった。

キリスト教は、従来の日本の伝統的宗教としての儒教のように、滅私奉公、年功序列、男尊女卑と異なり、年齢差や血統、女性の地位においても、すべての人々を対等・平等とみて人間に差を設けない点で、内村にとって革命的であった。しかもキリスト教は、この時代、社会を文明開化に導き、人間を啓蒙するうえでも進歩の源であった。

「異教は我々の幼年期には役立つであろう、しかし基督教のみが成年期には役立つ。世界は生長しつつある、われわれは世界とともに生長しつつある。基督教は我々のすべてにとってなくてならぬものとなりつつあるのである」（傍点、原文のママ）。儒教等の非キリスト教が国家の未だ進展しない間は、有用なことがあっても、国家が成熟するなら、国民の道徳心も普遍的精神を求めるキリスト教にならざるを得ない。

キリスト教は、社会を発展させる、歴史を進化させる宗教なのだ。『我が国を欧米のように強大にすること』が余の生涯の最高目的であった、そして余はそれをこの計画を実行するための大きなエンジンと考えたから基督教を歓迎したのである」（内村　一九三八、140）。「余は基督教国の進歩性をその基督教に帰する。信仰と希望と愛」（同、219）。内村や新渡戸らは、欧米発展の源泉をキリスト教にみたのである。

北海道開発に欠かせぬキリスト教

加えて内村にとりキリスト教は、北海道の開発にとっても精神の礎となるものだった。先述の通りキリスト教は、なまの自然を好まない。このおびただしい原生林に囲まれた巨木をなぎ倒し、開発するには、これまでとは異なる精神を必要とする。キリスト教は北海道開発にも応えたのだ。内村は、北海道の大自然を「原始林の死の沈黙」（同、87）と呼び、「政府が巨大な松の森林を板と材木にしようと……アメリカ製タービン製材機を導入し」（同、86）道を開き開発に乗り出すさまを、未来が約束されているかに生き生きと活写する。ありのままの自然は、そこに生きる人々が何もしない死せる象徴であり、意味なき空間である。

第二章でみた北大初代総長の佐藤昌介もまた、北海道の眠れる自然の開発イデオロギーをキリスト教に求めた一人である。佐藤は、クラークから直接教えを受けキリスト教に改宗し、札幌農学校の二期生、内村や新渡戸らに夜討ち朝駆けし、キリスト教への改宗を迫った一期生の一人である。加えて佐藤は、札幌農学校卒業後、開拓使へ勤務したのちペンシルベニア州のジョンズ・ホプキンズ大学に留学し、プロテスタンティズムの強いアメリカ開拓の出発地ニューイングランドを直接見聞してきた。

佐藤昌介の子息はいう、父の留学時代、「米国はニューイングランド地方の工業勃興の時代であり、夫（その―引用者注）は又清教徒精神の勝利でもあった……。之を北海道に移す事は、清教徒の精神を体得した父としては当然に考えなければならない事であった」（佐藤昌彦、86）。佐藤は、クラークの教えを通し「北海道の原始的自然は開拓をせまって居た」（同、61）とみたのである。当時の佐藤にとりキリスト教は、個人レベルでの「贖罪と救済に関わるもの」（蝦名、159）より、国家や社会の発展・進化に関わる啓示としての意味の方が強かった。

この時期、内村や新渡戸のみならず多くのキリスト教徒やキリスト教団体が北海道に渡った事実を忘れてはならない。有名なものだけでも浦川の赤心社、檜山支庁（当時）今金のインマヌエル教会、空知支庁浦臼のキリスト教会などが有名である（白井、182）。入植後の成否は必ずしも順風満帆、成功とはいえないものも多いが、本州のような人口の手が伸びた地域と異なり、未だ人の手の入らない広大な自然には、短期の利得よりただひたすら神の召命を目的に帰依するエートスが必要とされたのである。

ウェーバーの『プロテスタンティズムの倫理と資本主義の「精神」』に描かれたような、圧倒的な自然を前にしたとき、人はただ労働それ自体を是とし、身も心もそれ自体の成就に没頭しなければならない。その目的にどんな価値があるか、結果はどうかなど問いただすことは、敗北を意味する。まさに没意味的な実践こそ（折原　一九六九、408‐412）、開発のエートスとなる。

内地でのこれまでの人間関係をいったん断ち切り、北海道という大自然のなかに入植した者には、神とのひたむきな交信こそあらゆる日常労働の原点にふさわしい。広大な自然を前にその開発には、なみなみならぬ強靭な精神を必要とした。ある意味で開発のイデオロギーともなったキリスト教は、古来から森林に眠る神々を偶像崇拝として否定し、これまで森や道に眠る木や石は、精霊信仰、アニミズムの類として退けられた。

なまの自然とともに、神々の眠る大地で狩猟、漁労の生活を続けるアイヌ民族の生き様は、頑迷固陋な生き方として、退けられる。まさに「自然」な「原始人」となる。札幌で青春時代を過ごした新渡戸ものちにいう。「聖書には『天父は農夫なり』と言へり。されば多人少地の地より多地少人の地に人種子を植うるは、将来全人類の最高政策ならん。ルーカス（Lucas）氏の近著 Greater Rome and Greater Britain に科学の使命を説いて曰く、『科学の至重至大の事業は人類の住居に適する地をして更に一層多数の人類を容るるを得せしめ、又人類の住居に適せざる地を適するが如く為すにあり』と。至言なりと云ふべし」（新、四、358）と喝破した。明治期、原生林の眠る北海道を念頭に新渡戸のこの文を読めば、意味するものも明瞭である。

狩猟民族の崩壊は、当時の進歩思想を宗教の面で代表したキリスト教からも暗黙裡に肯定されていった。

開発のイデオロギー

内村にもみられるキリスト教こそは文明化をもたらすとの見方は、内村だけに固有なものではない。世界的にみられたものである。トクヴィルの名著『アメリカの民主政治』は、ピューリタンを嚆矢にヨーロッパのキリスト教徒が「野蛮な」アメリカ・インディアンを駆逐し、いかに宗教的な理念に基づく独自の民主政治を、すなわち文明化を新大陸にもたらしたかの描写である。広大な大自然を前に、人は開発に神の啓示を必要とする。「われわれは、神の栄光のため、キリスト教信仰の発展とわれわれの祖国の栄誉とのため、この遠くへだたった岸辺に最初の植民地を建設することを企てたのである」（トクヴィル、上、76）。その契約に際し、「人々は宗教上の意見のためには、友をも家族をも祖国をも犠牲にした」（同、上、86）。

イエスが述べた「親兄弟を敵にしえない者は、自分の弟子ではない」を支えに、ピューリタンは新大陸に信仰共同体を創ろうと入植した。ヨーロッパ人の入植以後、アメリカ先住民の没落は不可避となる。というのもインディアンは、新大陸に住んではいたが、この地を所有はしていなかった。「土地を人間がわがものとするのは農業によってである」(同、58)。先住民と移民の関係をこう捉えたトクヴィルは、内村や新渡戸の先駆をなす。かれらは等しく原始的自然の開発に占める信仰団体の役割を強調し、農による開発と所有を文明の第一歩とみたのである。トクヴィルによるアメリカの「野蛮な」大陸の開発は、内村、新渡戸により北海道に移し換えて応用されていく。

こうした開発論は、同じキリスト教でも矢内原のとはかなり異なる。矢内原は、同じ未開の自然をみるにもキリスト教と暗黒の世界という見方はしない。かれにとり自然が問題になるのは、あくまでも資本なり、その原始的な蓄積との関係においてである。社会科学上自然が問題になるのは、人間の手が加えられていない虫や原生林が生い茂る自然ではなく、近代的な資本—賃労働関係のいまだ成立していない空間なり領域との関係においてである。なぜなら先住民の住む開発の及ばぬ自然は、資本の原始的蓄積にとり、格別に重要な位置を占めるからである。

3　資本主義発展の梃としての「外部」

不可欠な「非資本主義的外部」

この点で矢内原植民論は、先住民の悲惨な状況を資本の本源的蓄積過程を介して理解した原理的な書とも読める。矢内原植民論を北海道に応用し、国内植民論として読めば、先住民アイヌ民族・文化衰退の必然性に関する書となる。その際、資本の原始的蓄積で注目したのがローザ・ルクセンブルクであったことも、かれの理論の周到性をうかがわせる。矢内原は、ルクセンブルクの次の一文を引用する。「帝国主義とは、世界の未だ占領せられざる非資本的地域の残部に関する競争戦に於ける、資本蓄積の過程の政治的表現である」（矢、一、82。矢、四、85）。

たしかにルクセンブルクは、『資本蓄積論』第二八章「自然経済にたいする闘争」で、資本主義成立には外部に非資本主義的地域を不可欠とすることを指摘する。「資本主義は、その存在および進展のために、その環境としての非資本制的生産諸形態を必要とする。……資本主義は、その剰余価値の販売市場としての、その生産手段の注文先としての、またその賃銀制度のための労働力の貯水池としての、非資本制的な社会層を必要とする」（ルクセンブルク、下、434）。

続けてこうもいう。「共産制的な農民共同体は、封建的な賦役農場および類似のものと同じように、その経済的組織において、法律および慣習による、もっとも重要な生産手段―土地―ならびに労働力の拘束に基づいている。こうして自然経済は、資本の欲求にたいし、あらゆる点で頑固な制限をもちだす。だから資本主義は、何よりもまず、つねに且つ至るところで、それが衝突する自然経済の各歴史的形態にたいして、すなわち奴隷経済にたいし、封建制度にたいし、原始的共産主義にたいし、家父長制的農民経済にたいして、破壊戦を行う」（同、435）。

アイヌの生活地北海道は、近代日本の資本主義形成期においてその狩猟・採取の大地のことごとくが、格好の本源的蓄積の場となった。矢内原実質植民論、行為理論が国内植民地で強調したかったのは、新たな入植者による先住民の生活共有地の破壊との関係においてである。これまで何度か指摘してきた入植者と先住者の対立、闘争、協調、和解もこうした本源的蓄積という現実のなかで理解されなければならない。

諸個人の社会関係レベルでみれば、たしかに資本制生産に先立つ諸社会は、土地、人、道具の堅固な結合からなる。岩のように固いこの組織は、人びとの個をも意識させない形で全体に奉仕させる。それだけに新規入植者が入り込むのは困難だが、入植者の珍しい商品が、原住民の「新なる欲望を刺激し」（矢、一、362）、これまでの物々交換とは異なる貨幣による取引へと誘う。北海道といわず朝鮮といわず、すべて自然経済に置かれていた社会は、新規入植者による新しい商品と引き換えに、貨幣による取引へと転換を迫られる。

本源的蓄積の礎としての北海道

矢内原は、「資本蓄積と植民地」（矢、四、50）で雪ダルマに例えていう。資本が回転するには、子どもが雪ダルマを坂のうえから転がすように、原資をある程度まで膨らまさなければならない。『資本論』にいう本源的蓄積である。膨らまされたダルマは、転がるたびにドンドン大きくなる。その際なぜ資本主義国は、非資本主義国、非資本主義地域に多大な関心をもつのだろうか。

非資本主義国は、同じ原料でも労賃が廉価なため、安い。そのため商品交換において多大な利益をもたらす。また企業が現地に進出した場合は、現地の生活レベルが前提になるので、現地労働者の生活再生産費が安く、支払うべき賃金も廉価、完成品を本国に持ち込んで売れば、その値段は本国の生活水準に従うので利益は絶大である（同、57）。資本主義国が、資本主義にあらざる国に多大な関心を寄せるのは、これゆえである。資本主義国どうし、非資本主義地域の植民地化にしのぎを削るのもこの理由ゆえである。この非資本主義地域が、同一国内である場合には国内植民地となる。北海道の鉱物資源や林工業、アイヌ民族と関わりの深い大地は、「内地」の本源的蓄積において不可避な役を演じることになる。

萱野茂の『アイヌの碑』は、まさにこの問題を語っている。萱野の先祖は、現在の十勝地方である。日高地方の静内や波恵《はえ》に住むようになるのは、数世代前からである。その後は、広く知られているように二風谷に落ち着くのだが、江戸後期になると、盛んに和人がコタンに来ては人買いを行った。当時北海道では、米ができないため石高ではなく、家臣に直接土地や場所を与えた。家臣はこの管理を知行主に任せ、知行主はこれを商人に貸し、商人はこの土地や場所でアイヌを働かせ、海産物や魚を取っていた（同、35）。こうした経営が大々的に行われていたのは厚岸で、二風谷から最短でも三五〇キロメートルも離れていた（同、42）。

人手が必要になると和人が来ては、脅し半分に成人を駆り集め、厚岸まで一〇日以上費やし連れて行ったという。当地には住み家もないため、自分たちで小屋を建て、それこそ低賃金で夜明けから日暮れまで牛馬の如く使役された。こうして、江戸後期から明治初期にかけ北海道は、国内植民地として内地の商人の本源的蓄積の格好の場となった。資本主義が自生的に転回するには、本源的蓄積を果たさなければならず、各国はその手段を求めて植民地獲得にしのぎを削ったが、明治初期の日本は、その場を北海道に求めたのである。かくして北海道は、国内植民地としての性格を強めた。

日本には、古代はともかくそれ以降は、奴隷制はないと考えられている。しかし萱野の本を読むとアイヌの親は子どもが成長すると悲しんだという。それは肉体的に労働に耐えられるようになると、和人がやってきて、それこそ寝込みを襲うようにして連れていったからである。なぜ二風谷から厚岸までかといえば、厚岸周辺のアイヌは、強制労働で多くが死亡したため沙流川や勇払のアイヌで補充する必要があったからである（同、36-37）。シャモによるアイヌ狩りである。こうした強制連行は、カリブの奴隷貿易さながらであり、北海道が国内植民地化されるに応じて民族の異なるアイヌが標的にされた。

先住民の土地からの分離

たしかに北海道に入植した藩は、没落士族といわれようが、先住民アイヌと比べるなら、かれらの大地を新政府の政治権力の下に「下付」され、生産がままならず生活に困窮すると、成功組とされる伊達藩ですら初期の頃は、「札幌の開拓使に嘆願して米一〇〇石を拝借」している。開墾のため人夫に賃金が払えないときは、「またも開拓使に嘆願……判官の好意でとりあえず五〇〇両」（榎本一九九三、65）借り受けすることもあった。植民者側には、たとえ逆賊であっても先住民アイヌとは異なり国家権力がついていたのである。

その意味では、矢内原植民論を、国家権力を抜きにした実質植民論としてのみみるならば、先述した通り留保が必要であろう。しかし、植民問題を国家の支配、従属関係に収斂させるのではなく、国家権力を背にした入植者と原住者との実質植民論、すなわち土地や資源をめぐる対立、闘争、協調、和解とみるなら重要な側面がみえて来る。

資本の原蓄過程とは、マルクスではないけれど人民の生産手段からの分離である。明治になり、多くの士族が禄を失い、土地や生産物から引き離された。かれらは、新天地に移動せざるを得なかったが、元から住んでいた先住民も、新しい政府の方針によりかれらの生産手段たる土地から引き離された。同じ生産手段の喪失でも、先住民の方がその引き離され方は、はるかに凄惨だったのである。

それだけに矢内原は、先住民の悲惨さを単なる資本主義的生産活動にいきなり巻き込まれた経済問題のみならず、国家なき民ゆえに政治権力からも遠ざけられた民族の悲惨な状況とも重ねて理解する。「……原住者の無産者化貧民化は一層深刻なるものがある。それは彼等が経済的弱者たるのみならず、政治的被征服者たるの事情に基づく。それ故に資本家的植民による植民地経済の発達は縷々原住者の経済的地位の向上を意味せず、却ってその貧民化を踏台とするのである」（矢、一、

190、傍点引用者)。

この指摘は、国外のみならず国内の先住民、アイヌの運命をも思わずには読むことができない。繰り返しになるが、明治政府に冷遇された伊達藩ですら非常時には米や金の支援を得たが、先住民アイヌは、窮乏こそ為政者の思うつぼだった。矢内原国内植民論は、植民によるアイヌ民族衰退論から再構成することが可能であり、必要であろう。

日本版エンクロージャー・ムーブメント

矢内原の国内植民地論は、北海道がいかに本源的蓄積の格好の場所とされ、アイヌがどのように駆り出され、なぜ資本主義の発展につれかれらが周辺化・底辺化されざるを得なかったかについて、体系的に捉える視点をもつ。有珠地方もそうだが、日高地方も北海道にしては温暖で生活がしやすく、鮭も豊富、鹿もいっぱい生息していた。しかし明治になると、日高地方は天皇の御料牧場として取り上げられる(萱野、49)。代わりに付与された沙流川上流は、海辺からはかなり奥地に入った生活のしにくいところであり、二重・三重の手口で先住民は、底辺化されていった。

アイヌ民族に即して資本の原始的蓄積、あるいは本源的蓄積をみるなら、もともと、アイヌ民族の利用していた海辺や鮭ののぼる川が、和人に占領されてしまい、川や海を失ったアイヌ民族が生活するには、賃労働者として生きる道しかなくなったことである。江戸後期からの場所請負制度により、徹底的な賃労働者化が進んだ。

この場所請負制度は、イギリスの資本主義黎明期に行われたエンクロジャー・ムーブメントの北海道版である（矢、五、41）。矢内原のイギリス論は、北海道に応用して読める。イギリスでは、これまで自由に出入りできた農業用地が、よりお金になる羊の農地とされるなかで、農民が追い出され、生産手段を失った農民は、都市部で労働力を商品化して生きざるを得なくなった。アイヌ民族も同じである。従来、河川部で自由に生活資源を入手していたアイヌは、やがて和人が導入した場所請負制により川や海岸を失うことになり、労働力を提供する使役人として、和人の隷従者となった。

先住民の移住の強制

矢内原はさらに本書にて、イギリスでは産業革命が成立することにより機械化が進行し、機械化の進行は労働者を余分にし、かくして海外移転を必然化するメカニズムについても指摘する。生産手段を奪われた農民は、都市部に流れ着き、やがて工場の機械化は、その労働者をも余分たらしめ、移住を迫る。移住しない者は、周辺化、底辺化する（同、41）。

矢内原は、日本の「移植民問題」を問うとき、沖縄を論じることなく議論することはできないという。生産手段としての土地を失うことは、たとえ軍事上の目的による国家存亡の問題であろうと、個々の農民にとり生活手段の喪失に変わりはない。それゆえ「沖縄そのものを改善するのでなければ日本の移植民問題を改善することはできない」（矢、一三、369）。国家の犠牲になり土地を奪われた沖縄人の移民に、産業革命により共有地を奪われたイギリス農民の祖国を後にした姿を重ねて理解していたのである。

土地であれ、原野であれ、海であれ、生産手段を失う点では、これらはすべてアイヌにもいえた。「植民は文化系統若くは文化段階を異にする二社会群の接触なるが故に、経済生活に於ても亦同様の接触を見るは当然である。而して近世にありてはそは概ね資本主義経済と自然経済若くは前資本主義経済との接触である。資本主義はその触る々処を悉く資本主義化せざるは止まない。之が為に土人社会の幼稚なる経済は徐々たる自然的進化を待たずして、いはゞ外部的強制により人工的に資本主義化することが要求せらる」（矢、一、186）。

この文はもちろん、文化を異にする集団の接触や資本主義国と非資本主義国の接触に伴う一般論として提起されており、和人とアイヌの関係のみを叙述したものではない。しかし、日本における国内植民地を思えば、アイヌの運命に重ねずには読めない。国の内外を問わず、植民とはしばしばより発展した地域から遅れた地域への移動であることが多く、それだけに先住民は移住者のより高度な産業・文化による侵略とときには政治的抑圧により、一掃される危機に置かれている。

和人の北海道への本格的な入植後、先住民アイヌを和人の法に服させることは、同化の最たるものだろう。一八七二年の「北海道土地売貸規則」によるアイヌへの山林川沢利用の規制等（田中他編、44）は、「内地」の近代資本主義発展の梃となるが、アイヌにとっては生業の否定と文化の崩壊を意味し、生存に関わる問題であった。資本主義国と非資本主義国の接触に伴うマイナーな文化の有力文化への屈伏は、海外に範をとるまでもなく、国内植民としての北海道と内地に、先住民アイヌと和人にその好例をみる。

「植民者は発達せる旧社会の資本技術及び営利心を有する経済的権力者として、かつ政治的征服者或は社会的支配者として、経済発達の幼稚にして住民の未開なる非資本主義的社会に入り来れる者であるから、原住者社会の生産手段及び労力に対する資本主義的略奪は、経済的及び政治的二重の支配関係の下に急激且つ露骨に行はれるのである」（矢、一、186−187）。

こうして当時の植民理論において群を抜いていた本書は、原住者のなかに海外の植民地化された先住民だけではなく、国内植民地のアイヌ民族や琉球民族の「衰退」の必然性をも読み取る形で理解すべきものであった。矢内原植民論は、国内植民論としていかに資本の原蓄の過程で北方・南方の先住民が困窮・衰退せざるを得なくされたのか、その内的必然の構造に関する理論でもあった。この点が、必ずしもこれまで明確にされなかったところに、北海道や沖縄を中心とした先住民研究の不幸もあった。

萱野の先輩貝澤正は、近代日本政府が北海道の先住民に対しとった政策は、「世界の植民史上類例のない悪虐非道ではなかったか」（貝澤、7）と問い、日本は「明治末期から昭和にかけて……北海道を植民地として掠奪をほしいままにした」（同、193）と述べた。貝澤は直感的に、北海道は近代日本の植民地に等しく、「海産物、地下資源、木材資源」のおかげで資本は巨利を得、多くのアイヌが賃労働者として駆り出された現実を描くが、矢内原の書は、日本資本主義形成にとっての北海道の役割とその結果に関し、体系的な視点を準備していたのである。

たしかに北海道や沖縄を国内植民地と看做すには、北海道も沖縄も植民地化される以前には、独立国（地域）であったことが前提になる。沖縄はともかくここでは北海道に絞るが、北海道は江戸中期以降、日本の近隣地域として日本中枢の独立にも関わる存在として意識されるまでは、為政者には和人と異なる民族が生活する独立のテリトリーと認識されていた。日本中枢の権力が確立されるにつれ、周辺の包摂が中枢の存亡にも深く関わる問題と意識されるようになり、近代以降は積極的に周辺の国内化が進められる。

その際周辺には、中枢からの人口移動が進められ、同時に周辺の富の中枢による収奪も盛んに行われた。イギリスのアイルランドの、ドイツのポーランドの、フランスのブルターニュ半島やコルシカ島の国内・周辺植民地化には、すべてこうした共通の動きがみられる。注目すべきは、イギリスを中心とする先進国も日本も、近代の国民国家構築の背後には、資本の源蓄を補完するための広大な国内・周辺植民地を必要としたこと、日本で真っ先にその標的とされたのが、北海道であり、その後の台湾、朝鮮半島、そして満州へと連なる一連の動きの先駆けになったことである。

北海道が当時、日本の中枢からどの程度独立していたかは、歴史学上は重要なテーマであるが、当面、本書の文脈との関連でいえば、日本に限らず近代国民国家創出には、中枢部による周辺部の植民地化による本源的蓄積を前提にすることを確認することで満足しなければならない。

第七章　バチラー及びイザベラ・バードと偶像崇拝——ビクトリア時代の進化思想

1　バチラーのみたアイヌ

進化思想全盛期のバチラー

矢内原の植民論に影響を与え、かつ翻訳に取り組んだホブソンの『帝国主義論』には、一つの特徴がある。それは経済学的な書にもかかわらず、キリスト教を重視していることである。「文明の使命」、文明教化と啓蒙の手段としてのキリスト教宣教師の役割重視である。

イギリスのこうした時代精神を背景に明治期、北海道にも宣教師がやって来た。その代表にイギリス聖公会の牧師ジョン・バチラーがいる。かれは、明治九年（一八七六年）から昭和一五年（一九四〇年）まで函館や札幌、二風谷そして有珠地方で主にアイヌへキリスト教の伝道活動をしていた。その滞日は、一時帰国の時期はあっても実に半世紀をゆうに超える。

自伝によれば、バチラーが来日したのは正確には一八七六年三月一五日である（バチラー二〇〇八、75）。当時は、スエズ運河開通後の間もない時期で、本書にはアラブ商人やシンガポールの様子も描写されているが、前者の商人たちの強引な商法といい、シンガポールの無数の孤児集団の存在といい（同、57）、のちにイザベラ・バードが、日本ほど安全な場所はないといった理由もわかる。バチラーが香港についたのは、一八七五年一一月一一日（同、66）であり、湿気の多い気候が合わず、間もなくマラリアにも感染し、医者のもっと寒い所の方がよいという勧めに従い日本に来た。

バチラー自身は、アイヌの文化・伝統に関心をもち、アイヌ語を話しかれらの母語の重要性を認識・実践していたが、真の狙いが英国国教会の牧師として、北海道の先住民であるアイヌへのキリスト教の啓蒙・教化にあったのは間違いない。例えばバチラーは、北海道で交流のあった学生たちが、アイヌは人間と犬とのあいの子で、食べ物も生で食べるような「野蛮人」だから危険というのを聞いて憤慨しつつも、「もし本当にそういう人種であったらなおさら文明開化させる必要がある」（同、120）と、いかにも当時のイギリス人としての「文明の使命」を吐露している。

また、函館で知り合ったロシアの宣教師と函館山に登った際、山にあるさまざまな石像をみて、宣教師が海に捨てようともちかけた。理由は、「日本の人びとはこんなものを大事にして、毎日拝んだり花や水を上げ」ているが、これはキリスト教を知らないからで「偶像を拝んで地獄に落ちるのは気の毒だ」（同、98）というのであった。バチラーは、石像のたぐいは、あちこちにあるから、そんなことをすればかえって日本人の反感を呼ぶだけで何の解決にもならないと諫めたというが、ロシア人宣教師の気持ちは十分に理解できたはずである。

アイヌ語による布教

バチラーがアイヌ語の習熟に努めたのは、日本のなかでも特に文明化から取り残されたアイヌの啓蒙に、アイヌの母語で説教しようとしたからではないか。バチラーは、伝道師としては当然のことかもしれないが、アイヌへの布教のことを一日たりとも忘れたことはなかった。アイヌにとっても母語でイエスの話が聞けるので、人気があった。

現在、かれの当時の北海道での生活を自ら語った書は、二書ある。『我が記憶をたどりて』と『わが人生の軌跡』である。前者は後者の年表によると、一九二八年に出版されており、この時期は牧師の身でありながらアイヌ語やアイヌ文化の保護に関心もち、アイヌ学園等の設立者として著名になったときと重なる。日本の読者を念頭に、当然活動の舞台も日本である。アイヌの偶像崇拝の習慣を絶つべく、布教活動に専念する描写は意外に少ない。

後者の書は、前著から一〇年後の戦時色濃厚になる一九三八年頃から離日を余儀なくされた一九四〇年にかけて書かれており、明らかに読者にはイギリス人が想定され、自ら日本でどのような生活を送ってきたかを語っている。当然、自分の仕事である伝道者としての布教活動にいかに真摯に向き合ってきたかを述べており、よりかれの滞在目的が出ている。これによればかれは、かたときもキリスト教の布教を忘れない伝道者として生きていた。

ただバチラーは、キリスト教の話ばかりではなく、アイヌへ「牛を飼うことをすすめたり、農業の新知識を教えたり、彼等の生活に密着して親切な相談対手（ママ）たるべく努めたから、コタンの人々のバチラーに対する信頼の念はあつかった」（掛川、177）。

かれは、有珠にもよくやってきた。前に比較的大きなコタンのあった有珠には、一九〇一年にアイヌの学齢期の児童のために虻田第二小学校が設立されたと述べた。このアイヌの隔離学校は、和人との統合教育のために廃止されたが、その陰にバチラーの貢献があったとされる。母語による先住民族への説話といい、隔離教育への批判といい、一歩先行する当時のイギリスの植民政策のしたたかさが読み取れる。

かれはいう、「ホロベツへは前からたびたびきて説教をしたことがあるので、幸い日本の方もアイヌの方も数人キリスト教を信じる心ができてきてたいへん嬉しいと思いました」（バチラー 二〇〇八、173）。繰り返すがかれは、布教のことを忘れることは一度もなかった。妻が油絵にアイヌを描きたいと申し出た際、「アイヌ人はある他の国の人のように人の形を写真や絵にすると、本人の命を短くすると思う迷信を持って」いるから拒否するだろうと思いつつ、友人のアイヌであるペンリ氏が、許可したことを「聞いて私は、だんだんペンリさんの心が進歩して迷信が取れてきたことを喜」（同、196）んだと述べる。

アイヌの「文明化」

おそらくバチラーからすると、アイヌは、迷信に渦巻くアジア人、その日本の和人のなかでもさらに一段と世界の文明化から取り残された民族に思えたのではないか。この最後の「辺境の民」アイヌの文明化こそ、かれの生涯の課題であった。前述した山田の書は、バチラーの意外な面も伝える。それはバチラーが、一九二三年四月以降、「北海道庁社会課の嘱託として年一五〇〇円」で、「北海道土人教育事務の一端を担うことを期待される立場にあった」(山田、434)事実である。道庁も、バチラーと折り合うものを見逃さなかったのであろう。

明治になっていきなり弱肉強食の近代資本主義社会に投げ込まれたアイヌ救済の道は、かれによれば宗教と教育であった(バチラー 二〇〇八、332)。すなわち道徳的善行と知識である。アイヌは、これまでの生計の手段を急に失ったこともあり、酒におぼれる者が多かった。事実、一九三一年全道規模でもたれた画期ともいえる「全道アイヌ青年大会」で、「滅び行く」原因としてアイヌ自らにより問われたのも飲酒の習慣であった(山田、440)。異なる民族と共存して生き抜くためにも、単に知識だけではなく、宗教による強靭な精神の獲得も課題だった。「神様からいただく土地をそのままにおくことは罪です。あなた方はもっと勉強してお酒を飲むのをやめて借金をしないようにして土地をおこし、畑を作るとか、牧場にするとかしてよく働いて、もっと立派な人となりなさい」(バチラー 二〇〇八、285)と説教した。

キリスト教が、原生的な自然を好まないことがバチラーの口を通しても発せられる。開墾して初めて神に報われるというエートスは、北海道のような自然の厳しいかつ広大な大地の開拓のイデオロギーにこそふさわしい。

しかしアイヌにキリスト教を広めることは、困難を極めた。かれによればそれは、アイヌが迷信的な信仰を深く信じていたことにもよるが、日本では為政者が、和人やアイヌにキリスト教の広まることに警戒的だったからである。特にバチラー周辺では、アイヌにもキリスト教を広める者がいるとし、「それを信じるものが出てきたなら、すぐに役所に知らせるよう」（同、256）厳しく伝えられていた。この禁令が廃止されたのは、かれによれば岩倉遣欧使節団帰国以降の一八七三年で、その後もアイヌはキリスト教を恐れ、なかなか受け入れなかったという（同、256）。それでもアイヌで洗礼を受けた者は、「千人以上に及ん」（同、211）だ。しかもこの数も、かれの日本滞在途上の記録である。当時のアイヌの全人口は、「一万五千人を数えるに過ぎない」（同、331）というから、正確な数なら大変な割合である。

消滅の危機とみたアイヌ

アイヌが増えない背景には、明治以降混血が進んだことにもよる。かれはいう、「アイヌの女たちはみな好んで日本人の妻になりたがります。したがって混血があまたできてくるので数年後には全くアイヌ民族というものはいよいよだんだん少なくなってついに全くなくなるだろうと思います。これはアイヌが滅亡するわけでなく大昔にあったように混血になってついに完全の（ママ）日本人となることができるのだと思い、むしろ喜ぶべきことと思います」(同、286)。

こうした言及には、図らずもバチラーがアイヌの文化を非文明そのものと捉え、そのような状況から少しでも脱却するなら、日本人化することも進歩とみなしたことを物語る。和人との結婚を望んだ理由には、アイヌの特徴を薄めようとしたこともある。筆者自身、友人のアイヌの男性からそうしたことを聞いたことがあり、文明開化が叫ばれた当時、何もかもマジョリティを範とした時代の影響を感じる。

アイヌに所有の観念がなかったことも、バチラーを驚かせた。これには、二つの理由がある。一つは、当時、アイヌの人口が少なかったこと、一八七二年、明治五年、アイヌの人口は一万五二七五人である。バチラーは、一八七三年時点でアイヌの人口は一万五〇〇〇人を超えるに過ぎないと述べたが、かなり正確な数字である。その後一九三〇年でも、アイヌの人口が一万五〇〇〇人程度だったことは、アイヌ民族の人口増減がほとんどなかったことを物語る。北海道の面積は先述したが、南北アイルランドとほぼ同じ面積である。こうした状況では、土地は個人で所有・管理するより、コタン単位で所有・管理する方がはるかに合理的である。

二つは、かれらの生業が、狩猟・漁猟に依拠し、農耕ではなかったことである。農耕の生業化は、土地を中心に開墾・開拓も絡んで所有関係の明示化を迫るが、狩猟は、土地の所有より利用の仕方に重きが置かれる。野山の動物には、境界というものがないからである。

2　イザベラ・バードの先住民観

イザベラ・バードの北方周遊

アイヌ民族に、土地の所有観念のないことに驚いたもう一人の英国人にイザベラ・バードがいる。彼女は、一八三一年一〇月一五日英国国教会の牧師の娘として生まれた。体が弱く、医師から旅を勧められたというから生涯を女性探検家として、旅人として送った。亡くなったのは、一九〇四年一〇月七日であり、彼女の生涯は、一八三七年に即位し一九〇一年に亡くなったイギリスの黄金時代ビクトリア期の象徴ビクトリア女王と奇しくも一致する。帰国後出版した『日本紀行』は、当時の東北や北海道道南の農民、アイヌの生活を活写して、名著の誉れが高い。

幕末期には、今日読んでも興味深い日本社会論が多くの外交官によって書かれた。オールコック『大君の都』、ミッドフォード『英国外交官の見た幕末維新』、アーネスト・サトウ『一外交官の見た明治維新』などの作品は、幕末の動乱が外国人の眼にどう映ったかを示し、興味は尽きない。

しかしバードの『日本紀行』は、日本の事情を知るうえで特権的な地位にあった外交官にすらできないことをした。それは、当時の外交官の日本社会論が、江戸や京都のような日本文化の中枢の描写だったのに対し、彼女のものは、外国人には想像絶する日本の辺境、東北や蝦夷の探索記録だったことである。どうして文明の頂点を極めていた国から、何もかも正反対の国の、しかもその辺境の地を訪れる気になったのか。彼女にも英国国教会、「辺境民族」生活の地、「文明の使命」を連想しても的はずれではあるまい。

事実、彼女の踏査した中心部には北海道の日高（二風谷）、胆振（有珠）地域が含まれ、当時のアイヌ民族の生活が克明に記されており、貴重な資料になっている。彼女が日本の周辺へと旅立ったのは、明治一一年、一八七八年のことである。日本政府が急激な近代化に舵を切り、士族による最後の反乱といわれた「西南の役」から一年、米欧に政治の範を求めて米欧使節団が帰国してわずか五年という時期に、異国の女性がただ一人、一八歳になる男性通訳者を連れて日本の辺境の地、東北、北海道の旅に出たのである。

彼女が北海道に到着した一八七八年八月頃は、すでにバチラーが道内に居たが、かれが有珠コタン周辺で本格的に活動するのは一八七九年からなので、二人が直接相まみえることはなかった。有珠の生活描写においては、バチラーよりバードの方が早かった。

探索ルート

彼女のたどった北海道の軌跡は、函館から森まで陸路で行き、森からは海路で室蘭に渡った。その後は、現在の胆振地方東部を通って平取を中心とした日高地方の入り口まで行き、帰路は有珠を中心とした噴火湾沿岸を陸路で函館まで下るコースである。広大な北海道の南部を中心とした旅であり、アイヌの多い地域である。たしかにこの地域に住む多くのアイヌの元の発祥地ともいえる道東（本多、64-5）までは行っていない。しかし現在、道内でアイヌの人口が多いのは、先述した日高であり、胆振地方である。それだけに当時、異国の女性にアイヌの生活がどう映ったかは、それだけでも興味は尽きない。

貴重なのは、幌別や白老、平取、有珠地域の現在でもアイヌの末裔が住む地域の生活を入念に描写していることである。例えば幌別については、「ちらちらと見える太平洋の眺め、まったく人の住んでいない未耕の平たい湿原、そして主に森林で覆われた遠くの山々があたり一帯の風景をなすうちにわたしは幌別に着きました。海辺の砂地にある日本人とアイヌ混住の村です。このような混住の村々では、アイヌは日本人集落から少し離れて暮らすように強いられ、またアイヌが四七に対して日本人の戸数はたった一八である幌別のように、住民数では日本人をしのいでいることが多いのです」（同、58）。

絶対数ではアイヌ民族の方が優っているのに、和人入植後移転を迫られ、かつ隔離状況のなかで生活することを余儀なくされている姿がうかがえる。明治政府は、一時期アイヌ民族と和人の隔離政策をとり、その施策は学校教育まで及んだが、いみじくも当時の様子がバードの書からうかがえる。アイヌの教育に詳しい小川は、アイヌがこれまでの土地を追われ別の所にできた集落を、「強制コタン」と呼び、自然発生的に形成された集落、すなわち「自然コタン」と区別している（小川、176-178）。自然コタンが、水はけのよい健康にも適した土地なのに対し、強制コタンには、地味もやせた不衛生な所が多かった。アイヌのたどった不運な歴史を知るうえで、重要な区別である。

有珠は、バードの特にお気に入りで「有珠は夢のように美しくて平穏なところです。この沿岸の海では干満の差があまりなく、岩の水面より一フィート（約三〇センチ―引用者注）ばかりの上のところが繊細なひばまたで金色を帯びていなければ、湖のようにみえる幻想も完璧なものとなったでしょう」と述べ、「アイヌの小屋のある木々の生えた岩だらけの小山、夕陽よりさらに赤い有珠岳の赤い山頂」を含め「わたしが日本で目にした最も美しい絵となっていました」（バード、167-168）と述べている。

ほかにも「有珠湾の寂しさにはどこかすばらしいものがあります。たったふたりしか住んでいない空き部屋だらけのくずれかけた家――五〇〇人の未開人集落にあるたった一軒の日本人の家。そこはわたしがこれまでに泊まったなかでは、雨戸にも門にもかんぬきをかけない唯一の家です」（同、170）といい、さらに「噴火湾ですごしたこの一週間は最良の食事に恵まれました。おそらくこの一週間は日本北部の旅で最も快適な一週間となりました」（同、188）と述べるほどである。施錠を必要としない地域は、昔はざらだったが、それでも現代以上に治安が守られていたことを連想させる。

有珠湾に魅せられたのは、バチラーも同じだった。「私が初めて有珠湾を見たのは、一八七七年（明治十）の春でした。札幌と平取を訪れる途中でこの村を通ったときでした。有珠はこれまで見た村の中で、最も美しい村の一つでした。海に面したところには、多くの美しい小さな入江があり、後ろには美しい火山が今も活動を続けていました。貝殻の山は、貝殻が豊富であることを示しています」（バチラー 一九九三、187−188）と、山海のコントラストと同時に海辺の幸の豊かさを描写している。

日本人より好意もたれたアイヌ

ちなみに彼女のいう有珠地域のアイヌの人口は、結構正確だったという指摘もある（仁多見、31）。イザベラ・バードは、和人よりもアイヌにはるかに好意的だった。日本人のペチャクチャ食べる食事のマナーや、行く先々での好奇なまなざしに辟易している。アイヌには、そうした礼を失する態度はみられなかったという。

バードが驚いたもう一つに、アイヌの損得勘定抜きの行動がある。彼女は、「アイヌは、人を泊めたり何かを与え」ても、代償は何一つ求めず、その「高貴な」態度は、「日本人が忘れたものをすべて身につけている」とまで述べた。通訳者が、このような「礼儀正しさ」は日本人から学んだといえば、それにはまったく根拠がないといい（バード、95）、反対にアイヌは浴びるほど酒を飲むが、これは日本人の影響で、アイヌは「日本文化との接触から益より害をたっぷりと受けている」とさえ論じた。また、日本人より多いにもかかわらず、日本人と隔離した生活を余儀なくされていることにも同情的であった。

彼女は、アイヌ集落を去りがたかった。「このあと私はアイヌのガイドの沈黙や低く歌うような話し方と別れ、日本人の耳障りでペチャクチャととどまるところを知らないおしゃべりとつきあうこととなりました」（同、187）とは、虐げられている者への賛辞だったのだろうか。

ただし、イザベラ・バードが抱いたよそ者からみたアイヌ観は、彼女が最初ではなかった。バードのいう「この未開人は、鈍くて、温和で、気立てがよくて、従順である。日本人とは全く異なった民族である」（同、28）との印象は、江戸末期の日本人探検家松浦武四郎のアイヌ観でもあった。

松浦は、樺太アイヌの例ではあるがとしていう。「途中、アイヌの家々に泊めてもらい、共に食事するが、どこへ行ってもアイヌコタンでは、たとえ見ず知らずの他郷人であっても、顔さえ見れば鍋をかけ、魚を煮てもてなすのが風習であった」（花崎、113）と回顧している。江戸に帰ってから、アイヌ民族の独自性を認めず、非文明人として同化一点張りの幕府のアイヌ政策に疑問をもち、間もなく幕府の要職から身を引いている。松浦の北海道探索そのものが、アイヌの協力なくしては成り立たなかった。その恩人に対する幕府のやり方に、我慢がならなかったのである。

キリスト教的アイヌ観

ただしバードには、北海道のどの地域を渉猟する際も、彼女の身にしみ込んだビクトリア期の価値観が顔を出す。函館に着いた際、近代的な病院や診療所がいくつもあることにふれ、「このように辺鄙な地方でこういった啓蒙と進歩の証左がみられるのは興味深いばかりでなく、岩倉使節団がその最良の成果を日本の土壌に移植すべく欧米に西洋文明を観察に行ってまだ七年に満たないことを考えると、驚くべきことでもあります」（バード、43）と「未開の大地」の無限の進歩を確信するかのようである。イギリスから船出するとき、当地を席巻していたスペンサーの進歩史観が、濃厚に感じ取れる一節でもある。

当時の聖職者は、普及活動に熱心であり、ことのほか途上国の啓蒙教化（異教徒の霊魂救済）に真剣だった。『帝国主義論』の著者ホブソンも、新天地が領有されると真っ先に聖職者も向かうが、「帝国主義の精神を神聖視する」（ホブスン、一九五二、下、113）こととは無縁とみた。しかし反面、聖職者たちは「帝国主義の尖兵」ともみられ、ハードな帝国主義的経済利害に代わり、ソフトな文化伝達の使命も託された。アイヌ民族を「野蛮」呼ばわりし、かつ、啓蒙すべき対象にみていたのも無理はない。しかし彼女は、アイヌを啓蒙不可能ともみていた。前の「進歩の余地のない無害な人々」（バード、71）の一節を想起しよう。

ホブソンには、途上国の人間を未開人呼ばわりする表現が頻出するが、バードもアイヌをそのような目で眺めていた。アイヌのコタンを訪れたとき、「旅行中の体験で一番おもしろかったのはアイヌの小屋で二泊三日を過ごしたこと、完全な未開人と生活をともにしてその暮らしぶりを眺めたこと」（同、74）と述べている。アイヌの誠実性には敬意を表しつつも、「たしかにこれらの素朴な未開人は幼き子供」（同、85）と断じた。

「彼らには歴史は何もなく、伝統はほとんどその名に値しません。彼らは自分たちの先祖は犬だといい、家にも人にも害虫がたかっています。彼らはまったくの無知に陥り、文字も一〇〇〇以上の数もなく、樹皮となめしていない樹皮の服を着ています。彼らは熊を、太陽を、月を、火を、水を、そして私にはなにやらわからないものを拝みます。彼らは文明化できない人々で、教化のすべのない未開人です」（同、104）といい放ち、布教不可能な民族ともみている。

「東洋の未開人と西洋の文明人がこの小屋で相対し、未開人が教えて文明人が教わっている」（同、84）とも茶化した。「わたしと共通の概念など、もしあるとしてもほんのわずかしかない人々」（同、74）といい、「これらの素朴な未開人」は「子供として判断しなければなりません。『世を審判するためではなく救うために来た』神を通して、子供として救われるよう望んではいけないでしょうか？」と聖書の一節「これらの幼き者が命を失うのは天にましますが汝が父の御心にあらず」（同、85）を思いだしている。

彼女は、布教活動こそしなかったが、ほかの当時の英国人同様、「未開社会」に入るときのキリスト教的まなざしは忘れていなかった。このまなざしは、リビングストンがアフリカ先住民と出会ったときと変わらない。「西の文明対東の野蛮」を思わせる、ヨーロッパ中心の歴史観である。

ビクトリア時代の価値を背負って

このような彼女のアイヌ観には、ビクトリア時代のイギリス文明に揺るぎのない確信がみてとれる。その絶頂期に、社会や歴史をみていたスペンサーの歴史観と瓜二つである。そこには、ビクトリア時代に流行した体形でもって先進性をはかる見方まで投影している。

ある村で、男性三〇人の身長と頭の大きさをはかった記録に関し、身長は、「五フィート四インチ［約一六三センチ］から五フィート六インチ半［約一六九センチ］のあいだ」、「頭囲は平均二二・一インチ［約五五センチ］で、耳から耳までの括弧の長さは一三インチ［約三三センチ（訳ではインチとあるがセンチの間違いであろう―引用者挿入）］」とあり、頭蓋骨を測定した人によると、「インド平原の全種族、ヒンドゥー教徒やイスラーム教徒、インドとセイロンの先住民全種族のそれより重く、同程度の重さがあるのはヒマラヤ山脈の民族、シャム人、中国系ビルマ人しかいないといわれ」ると記す。続けて「この数値は一般的アジア人種の平均脳重量を上回る……こうまでいわれているのに、アイヌは鈍い人々なのです」（同、106）といい放つ。

ある村とは平取のことだが、旅ノートから推定すると彼女の滞在期間は三～四日である。三〇人の男性の身長と頭囲を測定とあるが、これは本人が測定したのではあるまい。コタンに客が来るとみんな挨拶に来る習慣があったようだが（去るときも同じ、同、142）、本人の測定とすれば来訪した者を片っぱしから測定しなければ不可能である。すでに測る者と測られる者の間には、非対称性が反映しており、医者が患者を診察するように、自分の地位によほどの自信がないとできない。脳の重量に関しデイヴィス氏のことが取り沙汰されているので、頭囲の長さもかれの記録によるのかもしれないが正確にはわからない。いずれにしてもこのような記述自体、イギリスのビクトリア期の国家的な絶対的優位性を抜きには、考えられないことである。

世界の民族をイギリス的進化の基準で並べて、頭部の大きさや上肢と下肢の比率、頭や骨格の特徴で進化の度合いをはかる見方は、当時のイギリスで流行したもので、彼女自身、いかにビクトリア時代のイデオロギーを背負って日本に来たかがわかる。これは、前述したスペンサーの人類形態学そのものであり、ビクトリア時代の進化史観でアイヌをみている。こうした形相上の特徴で進化の度合いをみるやり方は、その後も尾を引き、イギリスでは二〇世紀の移民労働者の時代にカリブ系に対しても繰り返し登場した観念である。

よみがえるスペンサー

矢内原の帝国主義論に影響を与えたのは、レーニン以上にイギリスの「異端の経済学者」ともいわれたホブソンである。矢内原は、前述の通りホブソンの『帝国主義論』の訳者でもあるが、その解説によると、ホブソンに影響を与えた人物が三人いた。一人は、思想家であり画家でもあるラスキン（John Ruskin, 1819–1900）だが、残りの二人はヴェブレンとスペンサーであった。

スペンサーは、和人がアイヌと本格的な交流をもった時代、日本でも大流行したイギリス社会学の創始者である。帝国主義的海外進出がヨーロッパ列強のおぞましさだとしても、文明化の使命に一縷の光をみたホブソンは、スペンサーの主張と重なるものが多い。しかしスペンサーの進化思想は、その後糾弾されるまでもなく驚くほど単純であり、それだけに俗人に受け入れられ易く、容易に人種差別に利用された。

例えば、体の体型や四肢の比で人類進化の度合いを測るなど、バードが生きていた時代の空気が読み取れる。次のスペンサーの主張を知れば、バードと差のないことがわかる。「四肢の相対的発達という点で、文明人は未開人に比べて胎生哺乳類の一般的類型から遠い、という事実をあげることが出来る。パプア人の胴体が腕は概してよく発達しているが、足は極端に短い。これは、後肢と前肢のサイズに対して差のない四足獣を思わせるものである。これに対してヨーロッパ人の場合は、明らかに足の方が長く強い。つまり、未開人に比べて前肢と後肢が異質的なのである」（スペンサー　一九七〇、405）。

人類史を壮大な動物の発達史に重ね合わせ、先住民族を動物の姿に近く、先進国の人間を動物の対極に描き、先進国の文化的優位を説く試みは、当時のイギリスで隆盛を極めた。今日でいえば、骨格の体型や頭部の大小が、人の意識や行動なかんずく犯罪と関係するという骨相学とも頭蓋測定学ともいわれるものである。

社会学史の世界でいえば、刑務所に収監されている犯罪者の骨格や頭蓋を測定し、犯罪との関係をまじめに調べようとしたイタリア犯罪学派のようなものにも当時の影響はみてとれる。スペンサーより一世代あとの社会学者デュルケム（Durkheim,E.1858–1917）が、犯罪や自殺さえもこのような生物理論で片づけるやり方に自然決定論をみて、社会的要因や集団の組織力を重視する見方を対示させたのも当然である。

スペンサーの言説には、人類進歩のなかでヨーロッパなかんずくイギリス社会、イギリス人が、歴史進化の頂点に立つとの自負を感じさせる。

分化史観

同時にスペンサーは、進化の度合いを社会的組織の複雑さにも求める。高度な社会は、異質な組織の集積からなり、異質な組織は、分化による。近代の教会も国家もしかりである（同、408）。分化といってもその後のジンメルの労働や機能の分化ほど緻密ではなく、高度な文明社会は同じ社会でも集団を同質的なものから異質的なものにするという程度のものである。

ただスペンサーは、この分化を言語にも応用し、分化の進んでいる言語を優秀な言語と評価する。もともと「叫び」に過ぎなかった言語は、しだいに抑揚や波長を複雑なものとし、単数、複数、名詞、形容詞、動詞等に分節化され、場面や状況によって機能の細分化も進んだ（同、410）。骨相学は、感覚、感情論とも結びつき文明化された社会に生きる人間の豊かな感情や表現方法の奥行にも関連ありとされる。

こうした機能の分化、言葉の音声から書き言葉への進化・細分化の見方によれば、書き言葉への転化のない民族の文化が、一段と劣ったものと評価されるのも無理はない。問題は、このような歴史観なり分化史観が、当時のイギリス社会の一般大衆をも支配していたことである。自然と一体、自然に融合したアイヌの生活は、ただそれだけで開化途上の社会、人間に思われただろう。バチラーやバードにも、この見方は投影していた。

進化思想が社会全体に充満していたイギリスに交易を迫られたことが、日本の北方に独自の文化をもつアイヌ民族をもビクトリア時代の進化思想のまなざしでみることになった。アイヌに対する偏見は、和人のまなざしのみならず、開国を迫った欧米列強のまなざしをも反映している。

明治期に一世を風靡するまでになったイギリス・ビクトリア期の文明開化イデオロギーは、またたく間に世界を席巻し、アジア、アフリカと接触するなかで、日本にも宣教師たちを中心に直接的な形で注入されていったのである。

第八章　文明化の使命と文明の使命への懐疑——ミルから福澤を経て矢内原へ

1　猛威ふるった文明論

ミルの文明化論

あらためて当時の進化思想の力強さを知るが、独力で自国の文明化が困難なとき、文明化しつつある他国に併合されて文明に浴するのも止むを得ないとする当時のイギリスのイデオローグは、ミルである。ミルは、文明開化を至上命令とする当時の日本で、大いに読まれた。

ミルは、弱小民族の運命に関しこう述べる。人類の歴史をみれば、民族の合従連衡の連続である。しかし、弱小民族が強大な民族にのみ込まれても、大いに文明の益に浴することができるのなら、結構なことではないか。例えば、「ブルターニュ人やフランス領ナヴァールのバスク人」のような、とるに足らない小民族が、フランスの保護下におかれてフランス市民と同等な権利が与えられるのなら、歴史の片隅で何も知らずに生きるより、はるかに満足すべきことではないか。同じことが、「イギリス国民の構成員であるウェールズ人やスコットランド高地人にも当てはまる」（ミル 一九六七、358）と。

ミルのこの書の出たのは、一八六一年である。エンゲルスは以前、世界史をリードするのは世界的民族と呼ばれる大民族で、スラブ民族のような小民族は、「進歩の担い手」（マルクス・エンゲルス、六、163、もとは一八四九年『新ライン新聞』とある）になりえず、「滅びゆく使命をもっている」（同、164）としたが、少数民族の歴史的評価という点でミルとエンゲルスは、多くの論点を共有している。この下敷きには、ヘーゲル（Hegel, G, W, F. 1770-1831）の歴史哲学がある。

オーストリアのマルクス主義者オットー・バウアーもまた、エンゲルスに学びつつ、このような少数民族を「歴史なき民族」（バウアー、57-77）と呼んだ。このような歴史の光が届かない民族は、光ある民族から学ばなければならないとの見方は、マルクスのアイルランド論やインド論にもあり、ミルもマルクスもビクトリア期のイギリスから独自に学んだものと思われる。

当時のイギリスでは、産業革命、植民地の獲得、人口移動が世界的規模で行われており、前にみたウェイクフィールドの独自の植民論なども生まれていた。ミルもまた人の流れが、高き文明国から低き途上国に向かうものであることを認めつつ、植民の文明化に果たす役割に注目していた。マルクスが『資本論』の準備作ともいえる『経済学批判要綱』の一説で、全文ドイツ語のなかに突如、英語で「資本がもつ偉大な文明化作用」に言及したのも、当時イギリスでは、産業化―植民地の拡大―人の流れ―文明化が盛んに議論されていたからだろう。

ほかにもミルには、今日読んでも重要なエスニシティと国家に関する議論が展開されている。かれはいう。「人類のある部分が、かれらと何か他の人びととのあいだには存在しない共通感情によって、相互に結合されているならば、一つの民族を形成する、といってよかろう」（ミル 一九六七、354）。この共通の民族感情を形成するものには、人種が同じとか、血統、言語、地理的空間等があるが、もっとも重要なのは、政治的沿革の共有性である（同、354）。ウェーバーはこれを、国民形成に欠かせぬ政治的運命の共有化と呼んだ。このあとでミルは、スイス、シチリア、ドイツ、イタリア、ハンガリー等の複雑な民族構成にふれるのだが、これらの指摘は、現在も多くの妥当性をもっている。ミルのこうした言説は、明治期の知識人に大きな影響を与えた。

これを日本に当てはめてみると、徳川末期に全国の多くの藩は、あたかも関ヶ原の再現のごとく西軍（薩長土肥＋西側諸藩）と東軍（一会桑＋東北諸藩）に分かれて大きな歴史的動乱を経験したが、北海道は別だった。多くのアイヌは、このような近代日本の国民形成をめぐる政治的運命に関わる経験を共有していない。それだけに異地域の領域化、国内化には、政治的経験を共有する人々の入植も必要になる。江戸時代後期から明治期の北海道は、まさにそうした場であった。

もともと植民地には、「生地を離れて移住」した「土地」の意と、それから転じて「他国に支配され従属的な位置」に置かれた土地・地域の二義がある（猪口他編、509）。前者は、新渡戸のところでみた「殖民」に関わり、後者の典型は、近代資本主義以降の先進国による途上国の支配に関わる。

こうした植民地に共通にみられるものは、直接・間接支配の差はともかく、もともといた住民の同化、土地や資源の収奪、富の本国への還流による支配・従属関係の強化、先住民の階層関係への強制編入等である。もともといた先住民は、新たな階層構造の底辺に追いやられる。

こうした植民地関係は、人類の記憶にとり近代資本主義国家成立以降の西欧諸国と途上国の関係が生々しいため、海外植民として想起されるが、植民現象は、近代以前の古代にもみられるし、国内にもいえる。その意味でも北海道は、国内植民の好例になる。

植民の究極目標

しかし新渡戸にとり植民とは、国家以外の海外に新領土を獲得することだった。けだし植民は、自国の領土を拡張するだけではなく、未だ文明を知らない民族に文明を伝える任務も果たす。「医学の進歩と殖民発展」（新、四、326）でいう。「殖民と云ふと唯自国の発展とのみ考へ、其国が権力の及ぶ所、其国の従来の国境以外に領土権を占める事であると云う様にばかり人が思つて居つたが、見様に依つては殖民は文化の拡張である、文明の発展である。是は亦無理ならぬ事である」（同、328）。

そこで新渡戸は、人の「入植」をより積極的に示す「殖民」概念を使用したのであった。文明の遅れた地域に、進んだ文明人を「人殖」させる（「殖民」する）ことにより、高度な文明を周りに伝染させようという訳である。帰化も英語では naturalization というが、言葉そのものが「そとから来たよそもの」を、自然に「内側に土着化」させる、結果として「国民化」するという意味が濃厚である。人の移動をめぐっては、移民も植民も、たしかに外部のものを内部に取り込み自然に同化させる生物学的な色彩が濃厚に漂う。

新渡戸も当の民族に自力で文明化する力がなければ、より高度な文明圏から人を入植、殖民するのも不可避と考えた。殖民の究極の目標は、「医学であり衛生」（同、329）の進歩・改善なのだ。かくして新渡戸は、「植民は文明の伝播である」（同、167）として、『植民政策の原理』の末尾を日本語と同時に英語で「Colonization is the spread of civilization」と締めくくった。

この植民を文明化なり、社会の進歩と絡めて問う見方は、北大植民思想のお家芸ともいうべき歴史観である。先述したが、北大植民思想の源流に位置する佐藤昌介の当時の講義ノートをみると、随所に「殖民地ハ未開の景況アリ」とか「殖民者ナルハ元来開明先進の国より来ルもの」（井上、二〇〇五a、16–17）という表現や書き込みが目につく。佐藤はこれらをイギリスの植民地やアメリカの事例から学んでいるが、新渡戸にも英米の例は、大きな影響を与えた。

ちなみに新渡戸の本論文はもともと「医学の進歩と殖民発展」と題し、一九一八年『南洋協会会報』に掲載されたものである。ここには、医学、進歩、衛生がキー概念として登場する。医学にしろ衛生にしろ、本来の新渡戸の農業研究とは、直接、結びつかない。以前、同化について後藤新平との台湾時代の交流を紹介したが、社会進化に関する衛生の観念もこの時代にその重要性を確認したのではないか。途上国をみながら文明化とは、鉄道が敷設され、都市と地方が有機的に結びつき、土匪の襲撃から安全が確保され、アヘンやマラリアもしだいに一掃される状況下で、確信を深めたものと思われる。

ただし新渡戸と後藤のいう衛生には、微妙な差もある。新渡戸の初期における『農業本論』等での衛生は、ほとんど「健康」なり「長寿」と同義である。例えば同書、第五章「農業と国民の衛生」に登場する「衛生」は、農業が他の職業に比べていかに身体を動かすうえで健康に適し、かつ世界的にみても都市より田舎の方が、寿命が長いかについての論述である。現在では、おやっと思われるデータなり説明がないわけではないが、いずれにしろ本書における衛生は、長寿の意味に近い。

しかし二〇年後の『南洋協会会報』における同論文の衛生は、明らかに環境衛生、清潔・予防に関する意味で使用されている。単に健康を意味した衛生概念も、専門的に分化している。つまり人間の精神的、肉体的衛生管理・予防であり、社会の環境保全としての衛生概念である。それだけに後藤の衛生概念との微妙な差もはっきりする。後藤は衛生を、しばしば「生理的円満」「生理的補充」（鶴見、一、495、591）とも換言するように、より生物学的にして生理的な意味で使用する。かれの衛生思想は、当時のダーウィンの進化論やその社会版としてのスペンサーの社会進化論から大きな影響を受けており、人間を万物の頂点に立つと捉え、そのような地位をもたらした自己保存的な身体的作用、器官的能力に注目する。

動物は、身を守るために甲羅や強い外皮をもつが、人間にはそうしたものがない。しかし代わりに集団なり、社会や国家という組織、外皮をもつ。衛生とは人間が、「その生理体内」（同、501）にもつ社会なり国家をつくる性癖を円滑にするためのものである。後藤にとり衛生は、人間の生物としての性向、生理と深く関わる。とはいえ、新渡戸にも後藤にも、文明社会日本にとり衛生並びに予防が必須となることは、自明であった。後藤が例えば、日清戦争後「もうひとつの戦争」と形容し、前線で戦った兵士がもち帰るコレラをはじめとする伝染病の初の予防・検疫制度の確立に尽力したことは広く知られている（山岡、115）。

全盛きわめる進化思想

一方、矢内原に文明化の使命を教えたのは、新渡戸もさることながら留学先のイギリスの当時の思想界の動きであり、より直截には自ら翻訳までしたホブソンの『帝国主義論』である。本書は、ヒルファーディングの『金融資本論』やレーニンの『帝国主義論』に影響を与えるなど、帝国主義の侵略性に関し、当時、イギリスで応用可能なさまざまな統計類を用いて糾弾している。

しかしその一方でホブソンは、先進国の「文明の使命」「文明の信託」を重視した。ヨーロッパ先進国は、アフリカやアジアの文明後進国に、文明を高度化する使命を担っているというのだ。そのため帝国主義を批判するのも、先進国が途上国の多様な文化を理解しえないで、その使命を果たしていないとの糾弾を含む。

前に矢内原の北海道論が、新渡戸や内村と異なり単なる原生的な自然と文明化としてのキリスト教とは異なり、資本の原蓄の場としての資本主義的外部として捉えられていることをみたが、この見方は文明の使命にも受け継がれる。すなわち文明間の落差は、先進的な民族対遅れた民族の問題ではなく、資本主義的な生産により、崩壊を余儀なくされた民族の文化の階級的な従属関係として、である。それ故矢内原の文明化の使命は、先進社会の途上国の文化を崩壊させた責任と、その再建のために途上国の文化理解を欠落させたままの一方的な同化への批判を含む。

ホブソンの『帝国主義論』は、二編からなり帝国主義の侵略性を糾弾したのは、主に一編の方である。二編は分量において一編の倍に相当するが、その主題は先進国の果たす文明化に関するものである。しかし一編でも、カナダやオーストラリアのような旧連邦国とアフリカやアジアの新連邦国の違いに言及したところでは、次のようにいう。

「第一――この帝国的膨張の殆んど全部は、白人がその家族を引き連れて定住することを欲しないところの熱帯又は亜熱帯地方の政治的併呑によって占められていること。第二――ほとんどすべての土地に、『劣等人種』が稠密に住んでいること」と述べた後で、近年の帝国的膨張をこう確認する。「このように最近の帝国的膨張は、白人植民者が母国の統治様式や産業上及びそのほかの文明の技術を携えてゆくところの、温帯地方における人口希薄な土地の植民とは全く趣を異にするものである」（ホブスン 一九五一、上、72）。

すなわち帝国主義とは、もともと先進国の政治形態、産業技術、高度な文明の伝播を担うものなのだ。ホブソンは、当時の人種理論にかなり依拠している。それだけに、アフリカやアジア市民への現在なら聞くに堪えない用語が頻出する。いわく「劣等人種」、「未開民族」、「劣等遊牧民」（同、下、178）、「野蛮人」、「後進的」（同、211）等々である。同じ『帝国主義論』を執筆したレーニンには、先進国と途上国での文明化の度合いより支配・服従関係の方が重要なので、民族を論じる場合も、被抑圧民族という言い方はあっても、劣等人種なり未開民族と呼ぶことはない。

しかし矢内原は、ホブソンが『文明なる白色国民』が『劣等種族』の社会生活に対する干渉」として、正当化される条件に三つあげたことに注視する。一つは、文明の伝播を目的とし、自国の「特殊利益の追求を主としない」こと、二つは、あくまでも「原住者の品性の改良向上」を旨とすべきこと、三つは、既述の二点を自国のみの判断にゆだねるのではなく、「文明社会全体の組織的代表者によって決定」（矢、一、309）することである。

一は国家の利己心の追求を排斥したものであり、二は「委任統治の精神」に関わり、三は国際連盟のような国際機関に委ねることを説いたのだと、矢内原はみている。二の委任統治とは、イギリスの植民地方式から学んだものであり、原住民に統治能力を教育することである。矢内原は、植民者との接触により、原住民がより高度な文明に浴することを退けなかった。「もとより土人は優勢なる植民者との接触によりその文化を模倣するが自然」（同、311）である。ただし、植民政策でも自主主義を重んじた矢内原であるから、文明の使命を論じる際も一方的な教授ではなく、原住民自らによる取捨選択・受容を重視した。それは、文化の模倣といった言説にうかがえる。模倣の主体は、あくまでも原住民自身である。

文明の神聖なる使命

矢内原はホブソンが、「『文明なる白色国民』が『劣等種族』の社会生活に対する干渉は正当なるや否やとの問題に対し」、いつも悪とはいえないとし、原住民に「世界文明の安全進歩を第一の目的」とするときや「原住者品性の改良向上を期す」（同、309）場合は、善と考えたことを紹介する。

ただし委任統治に関しては、南洋群島の委任統治にふれたところで、「右第二十二条は受任国が『連盟に代り』住民に対し後見の任務を果たすべきものと明定せられて居る」（矢、五、132）という言い方があり、日本の南洋群島統治に関する国際連盟との取り決めにふれている。委任統治には、国際連盟との約束に基づいて、代わってその住民の後見人になることがある。これらの先進国の途上国に関する一種道徳的な礼節は、福澤流にいえば、丸山眞男が指摘する「徳智」の教化ということでもある。この点では矢内原も、当時のイギリスで盛んにいわれた「文明の使命」、文明国の責任を一定程度評価している。

「南洋群島の研究」で矢内原は、日本が国連より委任統治をまかされたことに関して、次のようにいう。「従つて日本統治下に於ける島民人口保護の必要は功利主義的見地からは強く認識せられるに値せず、そはただ委任統治制度の理想的目的として掲ぐる『文明の神聖なる使命』といふ語をば文字通り正直に受取ることによりてのみ、根本的に基礎付けられるものである」（矢、三、412）。

国連の標語として「文明の神聖なる使命」という言葉が登場しており、当時の国連に与えたイギリスの影響と同時に、矢内原自身も南洋群島等を調査しながら、「文明の使命」の必要性を実感したのではないか。パラオ支庁のコロール島を訪問した折り、「原始的な粗末な家を一戸づつ（ママ）のぞいて見たが、殆んど凡ての家に病人が居り、殆んど凡ての家に子供が無い。人口衰滅の途上にある南西離島の縮図と見るべきこの光景に、思はず目をそむけた。夜不眠」（同、428）とある。直接には離島の厳しい現実を指摘したものだが、文明から遠ざけられた離島の悲惨さをも感じさせる一文である。

文明の使命への懐疑

ただし矢内原が、「文明の使命」に警戒的であったことも指摘しておかなければならない。「文明の使命」という美名に隠れて、宗主国が本国に都合のいいように植民地に介入することがあまりに多い。これに関し矢内原思想をよく示すのは、「帝国主義下の印度」である。インドの現状に関し、「進歩は頗る困難である。人民は殆んど信じ難き程に未開であり、疑深く且つ無智である」（同、468）という他書を引用し、「上述の如き貧困無学多死の原因はなんであるか。英国の統治は之等を緩和改良し、印度人の経済的社会的地位を向上せしめたりしや、或は英国の統治そのものがこの貧困と無知とに対して責任を有するものなりや」（同、469）と問いかける。

これに対する矢内原の見方は、イギリスの産業革命がインドを土台に成し遂げられていること（同、472）、イギリスが金本位制を採用し金融産業の頂点に着けたのはインドに銀本位制を強制し、インドの金を独占してきたこと（同、493、501–2、592）、インドの工業が植民地後衰退し、農業国に閉じ込められたのもイギリスの自国の輸出には、関税を撤廃し、インドの製品には関税を課すなど、その植民地政策が大きく関係していること、大衆の無学無教養の真の原因は貧困にあること、イギリスの人口が都市に向かい始めたのに、インドでは逆に人口が農村にとどめ置かれたこと（同、604）にも、イギリスの植民地化を抜きには考えられない等々のことを指摘し、植民地化の真の狙い、弊害の分析も怠らなかった。

イギリスが産業革命の先陣を切り、急速に産業化に成功したのは、イギリス人がとりわけ勤勉でも、敬虔なキリスト教徒であったからでもない。矢内原には、隣国アイルランドからの低廉な労働者に加えて、植民地の資源や販売ルートにおいて有利な地位を占めていたとする、近世世界システムの確立に通じる見方がある。

マルクスが、「文明の使命」を説いたのは主にインド論においてである。近代産業を定着させるには、資本の論理に基づいて最小の労力で最大の効用を得るべく人的資源も含め配置が求められる。しかしカーストにより人間が細かく分断され、近代的・科学的分業すら成立不可能な社会では、自生的に近代社会を成立させることは困難である。こうした場合、たとえ外部から強制的にでも近代社会に引き込まれるのは、失うものより得るものの方が大きいと考えたのである。この点矢内原は、インドが植民地化されることにより、失ったものも冷静にみていた。矢内原は、「文明の使命」の単純な肯定論者ではない（同、612）。

姜尚中は、新渡戸、矢内原はともに「文明化作用」の擁護者であり、日本のアジア近隣諸国の植民地支配の真の目的もそこにみていたと述べた。その結果矢内原は、「植民問題の本質が民族問題にあることを見抜」(姜、116)けなかったという。姜尚中の指摘が、当時の植民研究者の重要な陥穽の一面をついていることは認める。たしかに矢内原も、植民は文明の使命という認識を引き継いでいる。しかし矢内原が、もともと文明に高低はないともみていた事実も忘れるべきではない。また植民が文明化作用をもつとみた故に、矢内原も植民問題の本質が民族問題にあることを見抜けなかったというのは、いい過ぎであろう。

前にもみた矢内原の東大辞職に通じる一連の大陸政策につながる論考はもとより、例えば辞職後一九四一年三月の『嘉信』の次の文は、植民問題が民族問題に他ならないことを示している。「事変以来外地に於ける同化政策の強行は、満州及び支那に対する民族協和の声明と矛盾し、安価なる東亜共存圏論者を警醒するに足るものがある」(矢、二三、329)。

先述した「大陸と民族」にも、「日本と満州、支那その他」が、「経済および文化の協同体」を形成することは理想であっても、現実には「政治的摩擦軋轢」(矢、五、121)を生んでいるとは、植民地支配のイニシアティブの問題である。東亜協同体の背後に民族問題があり、政治的摩擦なり軋轢とは、植民地に絡む民族の支配、従属問題に他ならない。

東亜協同体が、政府がいう通り民族対等の実験なら日本に同化する必要すらないのに、事実は違った。明らかに日本民族が上位を占め、他民族が下位に置かれ、植民地問題が民族問題に他ならないことをついている。こうした指摘はほかにもあり、矢内原は自分が東大を追われたのは、植民問題が民族問題であり、帝国主義的なアジア近隣諸国への侵略を糾弾したことにあるとみている。

むしろ姜尚中とマイノリティの絡みでいえば、矢内原の書に在日朝鮮人の問題があまり登場しなかったことの方ではないか。本書で矢内原に注目するのは、一九二六年の『植民及植民政策』以降三五年の「南洋群島」までのほぼ一〇年間と述べた。この間は、朝鮮人はまさに「日本国民」であり、選挙権はもとより被選挙権もあった。とはいえ、吉野の関東大震災時の朝鮮人殺害等への指弾を待つまでもなく、種々の問題があったはずである。朝鮮半島の植民地統治下に置かれた朝鮮人へのまなざしはあっても、在日朝鮮人への言及が少ないのはなぜか、気になる。

戦前は、在日朝鮮人はこのまま日本人と「同化」すると思ったのだろうか。例えばこの点に関しては、民族と国民の違いに言及した矢内原の次の言及が目を引く。「民族と国民とは同じではない。……例えば朝鮮人は国家をなして居りません。国民としては日本国の人民であります。併し民族として尚ほ朝鮮民族といふ一つの存在をもって居ります。将来に於ては或は段々と日本民族と同化するかも知れませんが、少なくとも今日に於ては日本民族と異なつたものとしての朝鮮民族の存在を認めなければなりません」（矢、一八、280）。

戦後、矢内原は一九六一年に亡くなるが、五〇年代後半から北朝鮮への帰還運動が盛んになる。あるいは朝鮮半島の問題は、いずれ消滅するとみたのだろうか。一九六五年日韓条約が締結され、南北分断が在日朝鮮人にももたらされ、いよいよ朝鮮半島出身者に対する日本政府の扱いは混迷の度を深めるが、それ以前に亡くなったことにもよるのか。和田春樹は、矢内原の朝鮮植民地批判も、その内容は朝鮮の「同化」政策にあり、植民地支配の内実までは迫り切れていないとみている（和田、152‐6）。

いずれにしても矢内原にとり在日朝鮮人に対する関心は、アイヌ民族と比べても落差がある。

同化への警戒

近代・現代の悲劇は、異なる民族や文化を接触させる技術や手段が高速化され、「集団意識の融和」を「自然的過程の発展」（矢、一、314）に任せずに、大国の利益により人為的に短期に進めるところにある。難民の世紀ともいわれる前世紀後半から今世紀に起きている文化、宗教の衝突が明らかにしたことは、異なる民族や宗教集団を接触させる通信、運輸技術は加速化されながらも、人の心や身体（行動）がその速さについていけないことである。

これまでもたびたび矢内原が植民政策で強調したことは、自主主義であった。異なる文化への「集団意識の融和」においてもまた、かれは自然の過程による自主主義を重んじたのである。政策としての自主主義は、海外植民との関連ばかりではなく国内植民との関係でも重要である。もともと人の移動という点で、国内植民と海外植民の一体把握を説く本書からすれば、自主主義の本領は、日本の先住民アイヌにもいかされるべき視点である。新規移民集団による先住民の強制的同化は、海外の先住民のみならず、アイヌ民族をも衰退の危機にさらす。

先住民の「同化」に慎重だったのは、新渡戸も同じである。新渡戸には、さまざまな言説があり一概にいえないことも多いが、例えばいう。「原住民の風俗習慣にはみだりに干渉すべきでない——これだけの事を知るにも、各国多年の苦き経験を要した。有害なる風俗習慣は廃止しなければならないが、有害の程度如何、又何を以て有害と認めるかが、困難の問題である。イギリスはインドで、有害なる風俗であるとして廃止を企て、失敗した例が頗る多い」(新、四、165)。

新渡戸は、飲酒の習慣にすら世界的な先住民族滅亡の危機をみた。新渡戸によると先住民を滅亡させるには、大きく間接的と直接的方法があり、直接的方法には、スペインによるカリブ諸国の先住民撲殺の例がある。一方、間接的方法として注目したのが、アルコールの奨励である。「未開人はアルコールを好むが、その飲用は次のやうな悪い結果を現す」。それは、「生殖力の衰退—人口減少、アルコール中毒—早世、懶惰—生活困難」である。そこで「土人救済の第一歩は禁酒であるとし、「アイヌ保護会」(同、146)にふれているが、民族浄化の一例に明らかにアイヌを意識していた。

ほかにも土地の私有性の意味がわからない民族に、土地を与えてもたちまちアルコール飲料と引き換えに土地を手放したアメリカ・インディアンの例を紹介しているが(同、154)、ここにもアイヌに通じる運命をみていた。先住民の教育でも、個人単位の教育では、かれらが集団に帰ればたちまち元の習慣に退化することを説き、集団単位での教育の必要性を語るなかにもアイヌに等しいものをみている(同、155)。

たしかに何を以て有害と判断するかは困難であり、他文化の目からは有害と思われる習慣ですら、当の全文化体系の下では意味をもつことも多い。矢内原も「（新渡戸）先生の植民政策の結論は、『原住民の利益を重んずるべし』ということにあった」（矢、二四、724、カッコ内は引用者注）と述懐しているから、「同化」に関しても師に近い関係にあった。

ちなみに「原住者」という言い方は、矢内原独自のもので、「土人」というにはいかにも差別的と思われた。矢内原は、師新渡戸に「植民政策講義」の出版をさかんに薦めたが、新渡戸はなかなか首を縦に振らなかった。ようやく矢内原の全面的な協力の下で出版にこぎつけると、矢内原はただ一カ所、新渡戸の原文にあった「土人」を「土著人」ないしは「原住民」に改めた（矢、五、467）。新渡戸の本書にも「原住民」なり、「土著人」とあるのは、矢内原の編集方針によるものである（新、四、9、矢内原の編著序）。

2　福澤の先住民論

「文明の使命」と『文明論之概略』

北海道の開発―キリスト教―「文明の使命」は、日本人並びにアイヌの啓蒙教化において密接に結びついていた。当時のかれらのイデオローグは、スペンサー、ホブソンである。しかしイデオローグは、ビクトリア時代のイギリス人だけだろうか。日本人のなかにもいた。それは福澤諭吉

（1835–1901）である。矢内原には、ホブソン、スペンサーに劣らず福澤もまた大きな存在だった。

明治の日本は、文明開化が盛んにいわれた時代である。福澤諭吉の『文明論之概略』自体、進歩史観が濃厚な書である。福澤固有の歴史観、野蛮、半開、文明の三段階からすれば、幕末期の和人の生活が半開（丸山、上、103）であり、いっときも早く文明化することが目的なら、アイヌ民族の生活は、まさに「野蛮」と映っただろう。当時の日本の課題が、文明化にあったことは、人気を博した雑誌明六社のあげて取り組んだのが文明化にあったことからもわかる。その際、海外で大きな影響のあったのが、これまでたびたび取り上げたイギリスのスペンサーでありミルであった。

福澤が、文明を固定的にとらえず、日々進行する「文明化」――シビライジングととらえたことは重要である。前述したが、マルクスの『資本論』の準備作ともいえる『経済学批判要綱』に、独語原文中、突如英語で「the great civilizing influence of Capital」として、資本の偉大な文明化作用を認めているが、「文明化」は当時の時代のキーワードだった。

ギゾーに学ぶ

福澤にとり文明化とは、多様化でもある。社会にさまざまな価値が横溢すること。文学、政治、経済、音楽、美術、スポーツなどの諸価値が開花すること（同、133）と同義である。人はさまざまな領域で活動し、そのことで専制が阻止される。この見方は社会学でいえば、のちのジンメルの「圏の重層性」――すなわち近代化は人々の所属する集団（コミュニケーションの交わされる範囲）

の複合多重性に導く――との歴史観に結びつくが、福澤はジンメルよりかなり先輩にあたり、かれ自身は、ギゾー（Guizot, F. 1787–1874）から学んだ。

ギゾーのヨーロッパ文明史は、初版が一八二八年に出ている。本書最大の特徴は、文明を停滞の対極にとらえ、歴史を革命や階級闘争を経てより高度な段階へと進化、発展する動的なもの――進行形で捉えたことである。ギゾーの日本語訳者解説によると、マルクスは一八四三年から四五年頃に本書を読み、エンゲルスもまた『フォイエルバッハ論』で階級闘争史観、唯物史観の先駆にギゾーをあげたという（ギゾー、訳者解説、322）。ギゾーの文明史観は、きわめて進化史観濃厚な書であった。

こうした史観の影響下にあった福澤が、明治維新を積極的に評価し、日本の近代化を進化主義的に解釈することになるのも極めて自然である。アイヌのような昔から変化の少ない社会は、停滞そのものにみられたであろうし、文明の対極に思えただろう。アイヌ一民族のみならず、アジア社会そのものが福澤には停滞社会に映じた。しかし、今日の時点からいえば、ギゾーの文明観そのものが西洋的であり、ヨーロッパ中心史観そのものである（同、322）。福澤の文明化も、なかみは欧米化であった。

福澤にとり文明化の状態とは、人民の独立自存が獲得されることである。独立自存には、武力・暴力は不要であり、知識が必要となる。明治維新後も帯刀の時代は続き、士族の独立すら武力・暴力に依存していた。帯刀禁止令が出るのは、維新八年後の一八七六年三月のこと（丸山、上、198）

である。個人が、自分の知識に基づいて人生を切り開いていくこと、ここに文明が開化された時代なり社会の特質がのぞく。アイヌの共同体主義は、この面でも文明開化には遠いと思われた。

福澤のアイヌ論

福澤は、『文明論之概略』冒頭「文明の本旨を論ず」で、ギゾーに倣り文明のあり方を四通りに分類しつつアイヌについていう。衣食住が適度に満たされ、生活がある程度安定していても、社会構成員の積極的な交流やコミュニケーションがなければ、文明とはいわないと。「昔日、松前より蝦夷人を取扱いしが如き、これなり。これを文明開化というべきか。この人民の間に智徳進歩の有様を見るや否や」(福澤 一九九五、59)。

これは、松前藩周辺のアイヌの生活を述べたのではない。むしろ和人とアイヌの人々の交流についての評価である。どんなに波風立てずに支配していても、人民どうし対等で積極的な交流がなければ、文明化された状態ではないというのが福澤の真意である。

ギゾーが文明化で重視したのは、物質的な豊かさと精神的成熟に加えて(ギゾー、12、15、17)、人々の多面的な交流であった。原始社会や狩猟生活では、職業自体も単一であり、多様な職業集団が相互に交流する契機を欠いている。ギゾーの文明観の圧倒的な影響下にあった福澤にとり、アイヌ社会への関心は二次的なものではあったが、関心をもったとしても職業が分化し、分化した職業集団間で積極的な交流の行われている社会とはみなかっただろう。

福澤は、歴史を進化の過程とみており、松前周辺の「蝦夷人」（福澤 一九九五、59）たちの仕事が、固定化されている限り文明化された社会とはみなかったし、それ以上に和人とアイヌに自由な相互交流が欠けている限り、和人も含め文明状態からはほど遠いとみた。福澤の進化主義的歴史観、社会観には、ギゾーの『ヨーロッパ文明史』の影響がみられ、明治期の進化主義的で発展主義的な思想状況時代に、アイヌ民族が和人に出会ったことは、その後のアイヌ民族の評価にも決定的な影響を与えた。アイヌ民族の社会も生活も、単調で停滞的社会と思われたからである。

福澤のネイティブ・アメリカン論

『西洋事情』において福澤は、しばしばネイティブ・アメリカンについても語る。人がある程度群れれば、必ず政府を必要とするが、政府がないとすれば、人口が少なく群れないか、民族ごとに交流がないときである（福澤 二〇〇二、128）。当時の北海道にいたアイヌは、二万弱、南比アイルランドよりわずかに小さい八万三四五六平方キロメートルの面積に、である。当然群れないし、ほかのエスニシティと交流の機会も少なかった。

福澤は、さらにいう。「西洋各国の都府は固より村落にいたるまでも学校あらざる所なし。……人生まれて六、七歳、男女みな学校に入る。或いは校に止宿する者あり、或は家に眠食して毎日校に行く者あり。初て入る学校を小学校と云う。先ず文字を学び、漸くして自国の歴史、地理、算術、天文、窮理の初歩、詩、画音楽等を学ぶ。斯の如くすること七、八年、諸学漸く熟し、又大学校に入る」（同、36）。すべて欧米を範にしたいこの時期、学ぶべき文字がなく、学校もないアイヌは、和人が「半開」だとすれば、それ以前と映ったろう。

しばしばアイヌに文字がなかったことをもって、非文明の証しにみる向きもあるが、福澤もその一人であった。文字がないことは、本多勝一がいうように独自の記憶術、口承技術を発展させる。特にユーカラのようになるとその域は、独特の韻を踏む暗唱術となり、口承芸術にすらなる（本多、106）。これは文字化されたものとは、比較できない独自の価値をもつ。口承芸術は、人間の記憶術をすり磨き、一種の高度な芸術的価値すら帯びてくる。

記憶を文字化することは、一般の人を念頭に誰にでも接近可能にするため、記憶、記録の方法を大衆化したものであろう。それは、記憶に必要とされる労力を節約し、凡人にも真似できるように試みたものである。文字化することにより、誰もが模倣できることと引き換えに、人間は記憶力や暗記力を喪失してきた。文字をもたないアイヌ民族は、独自の記憶術と口承芸術を発達させてきており、その限りでこうした民族文化を合わせもつ日本は、それ自体価値があり、多文化社会なのである。

教育が重要なのもこの点に関わる。後ほどもふれるが知識社会学者マンハイム（Mannheim, K. 1893–1947）と共に確認するなら、個々の人間は悠久な歴史の一断片、一期間にのみ関わる。階級・民族が相似ている人は、同じような行動をとる。しかし世代が違えば、同一の状況でも異なる受け止め方をする。共通しているのは、老いも若きも歴史の一部分にのみ関係するということである。「間断のない世代交代」（マンハイム　一九七六、191）という現実のなかで、老年世代の文化・遺産と若年世代の記憶をつなぐのは、教育である。ともに歴史の一断片にのみ関わる人間にとり、過去の文化・遺産を継承させるものは教育以外にない。

福澤の時代、文化を類型上の違いとみてそれぞれの文化に固有の意味なり教育の課題が存在するという多文化的な視点は、望むべくもなかった。

福澤は、アフリカについてもいう。「凡そ地球上、人類の集まる所には、人々互いにその通義を知り、自から一種の政府を建ざるものなし。亜非利加の南方に『ボスマン』とて一種の野民あり。その民嘗て世に政府のあることを知らずと云えり。然れどもその政府なきは、元来土地広く人口少なくして相集ること稀なるが故なり」（福澤　二〇〇二、127-128）。福澤から大きな影響を受けた明治期の為政者に、アフリカの「野民」が、日本の先住民と二重写しになったとしても不思議はない。議会もなければ政府もなく、あげく次世代の子どもたちに文字や文化を伝える学校もないとなれば、そうした社会を文明社会とみることは、福澤にはできなかった。

文明への離陸と私的所有

こうした半開の状況に光が差し込むのは、人類が農耕を始めること、所有の観念が生じるときである。福澤は私的所有についていう。「人類に於ては、仮令い草味夷俗たりと雖ども、私有の得失を弁別すること遥かに禽獣に優れり。亜米利加土人の弓矢はその私有なり。土人若し私有の弁別なくしてその弓矢に常矢なくば、誰か心力を労して自から之を作るものあらん」。「蛮野の民、手に弓矢を携え身に獣皮を着るは即ちその私有品にて、之を携え之を着て何れの地を徘徊するとも、他の野民、その品物を認てその人の私有と為し嘗て怪む色なし。……加之土地を墾開して芋を作れば、その土地は即ち之を墾開したる人の私有を為る」（同、201）。

ここには、私有を文明の始まりとみる姿勢が濃厚である。ロック（Locke, J. 1632–1704）に顕著な自己労働に基づく自己所有の世界である。たとえアメリカ・インディアンのような土地共有制の狩猟民といえども、自分の使用する弓矢には私有の観念があるだろう、そうでなければ鋭い弓矢を作り、管理する関心も生じまい。私有の観念がないのは、禽獣の世界と同じである。働いて得たものは当人のものであり、それにより自己の所持品への関心も生まれ、機械などもより精巧になり、管理も行き届く。人間は、自分の所有物にすることによりはじめて利害に目覚め、その維持に関心をもつ。

私有の対象を詳細に吟味しているわけではないが、一切の私有の観念なき文化は、停滞社会とみなした。福澤は、アジアの専制社会（「亜細亜諸国の人民、神政府のために束縛を蒙り……」『文明論之概略』、59）も専制なきアイヌの停滞社会も、文明社会とはみなかった。

3　国内ディアスポラとしてのアイヌ

西欧近代主義の席捲

前述したが福澤の時代、文化相対主義の観念は成立すべくもなかった。文化が相対的でないということは、絶対的な文化があることを前提にしており、絶対的な文化とは西欧的文化にほかならない。福澤の価値のいっさいが、近代西欧の価値に由来している。けだしこれは、アジアのしかも日本のみにみられた考えではなかった。西欧のたとえば本書にたびたび登場したスミスもまた、西欧的価値の体現者だった。

スミスの植民論には、原住民が自生的に産業化できないときは、先進国による植民地化による文明の交流並びに地球規模での起伏の平準化、西欧的文化によるグローバル化の進行が予知されていた。だからこそ明治期日本の文明化論最大のイデオローグ福澤も、ただこの一点を目指して獅子奮迅できたのである。

スミスにも多くの箇所でみられる原住民への野蛮人、土人呼ばわりは、福澤にも新渡戸にも等しくみられる。文明化は、当時の原住民に対するいっさいの躊躇を氷解させる魔法の杖だった。時代の関心があげて文明化の未来に向けられた当時、アイヌ民族は、過去に生きる民族に思われたのだ。福澤にアイヌへの言及はそれほどない。あっても「旧来の土人アイノ（ママ—引用者注）」というい方であり、アイヌは、「農耕製造」も知らない、「禽獣を猟し海草」「魚介」を採取する（福澤 一九六〇、八巻、420）文明にはほど遠い民族であった。北海道の先住民をこうみること自体、文明化への焦りにも似た姿がうかがえる。

以前の日本の法律で、あえてアイヌとは呼ばないで土人保護法や土人学校といったのも、文明が遅れていることを呼び方でも表示したかったのではないか。アイヌと呼んで民族意識を覚醒・高揚されるのも避けたかった（宮島利光、141）。

福澤のアイヌ民族観、ひいては北海道観は、一九世紀なり、明治期のそれを代表するもので、二〇世紀の例えば矢内原にみられる先住民観、北海道観とは明らかに異なる。福澤は、当時の北海道を人口も少ない、かつ近代的所有関係を欠落させた未開地とみて、人々の自由な往来による経済活動の行なわれることを理想と考えた。この北海道観には、内地に従属する北海道との認識も、内地の資本形成に不可欠な外部との見方も存在しない。

しかもこれまでの人の移動を主軸にした国内植民、海外植民の一体把握からすれば、ここにみた北海道観は、福澤のアジア近隣諸国観をも決定づける。例えば福澤は、朝鮮に対し、日本はすでに文明の域に達しているが、朝鮮は「未開」と断じ、未開朝鮮の進歩を助けることは、文明日本の務めとする（福澤　一九六〇、八巻、29）。しかも日本と朝鮮の関係は、かつての日本とアメリカの関係に等しいとし、アメリカが日本にしたように朝鮮を指導することは、両国の発展に不可欠とみる。ここにあるのは、文明とはどの国にも等しい歴史の目標であり、到達点との信念である。しかもその目標に到達する道も共通とみている。単線的な文明進化論である。

この単線的な文明進化論は、吉野により疑問に付され、それへの疑義は矢内原によりさらに体系的に仕上げられていった。矢内原の国内植民論は、吉野、福澤とさかのぼる過程でより先鋭的に捉え直す必要があったのではないか。少なくとも植民政策の三類型に示された従属や同化に対する自主主義には、日本の先住民アイヌや日本近隣諸国の独自性の認識をも読み取るべきことを指摘しておく。

日本のディアスポラ

二〇世紀後半から重要な考えとして浮かび上がってきたものに、ディアスポラ（diaspora）とクレオール（creole）がある。双方とも、二〇世紀後半から現実的にリアリティをもちつつある重要な概念である。

ディアスポラとは、もともとギリシャ語に発し、種を播く等四方に散らばることを指した言葉という。転じてこれまでは、ユダヤ人が祖国から離散し世界各地に散らばって行ったことを指すことが多かった。またユダヤ人は、国家ももたなかったため、四散しかつ国家なき悲劇の民の代名詞にもみられた。

『グローバル・ディアスポラ』の著者ロビン・コーエンによると、ディアスポラ民族には、祖国に関する共通の記憶や神話、祖国の理想化、祖国への帰還運動、独自のエスニック集団としての集合意識、移住先での差別の経験、民族どうしの連帯感等がみられるという（コーエン、292−3）。

これらの多くは、アイヌ民族にも当てはまる。アイヌ民族にも、共通の民族的な出自に関する記憶や神話がある。先祖のコタンでの伝統的な生活空間としての象徴イオルもある。こうした共同の生活手段としての原野や河川、漁場を失い、郷里を後にした者も多い。場所を変えても、ビジブル・マイノリティ（可視化されたマイノリティ）として、差別に直面することも起きる。これらの特徴からアイヌ民族を、ディアスポラ―国内ディアスポラと捉えることも可能であろう。北海道の原野や土地のアイヌ民族への返還運動などは、ディアスポラ民族（祖国復帰・回復）の一面をうかがわせる。

筆者がアイヌ民族にもディアスポラの性格をみるのは、在日韓国・朝鮮人等とも共通するものをみるからである。在日韓国・朝鮮人は、モンゴロイドとして外観的に日本人と異なるところはない。アイヌ民族も混血を繰り返しており、和人となんら変わらない人も多い。そこで子どもによっては、アイヌ民族の血が流れていることを知らないで育つ者もいる。そんな子が、何かのきっかけでアイヌ民族の血が流れていることを知ったときは、それなりの衝撃という。

筆者もまた、友人と親しくなればなるほど、悩ましい例を聞いたことがある。いっそうのこと、可視化されている方がはるかにましだとも聞いた。可視化されていれば友人は、自分のことを知ったうえで友人になっているからだ。こうした在日韓国・朝鮮人との共通性は、ほかにもあり、自分の民族性に悩む点（当該社会のマジョリティと異なることを敏感に受け止めること）で、アイヌ民族もまたディアスポラの性格を濃厚にとどめる。アイヌ民族のなかには、日本人でありながら日本という社会に安らぎを見出せない者もいる。名のるに名のれないということは、過去も現在も差別がいかに苛酷であったかを物語る。

ディアスポラ民族のアイデンティティ形成の特徴は、四散する過程で当該国家にこだわらなくなること、祖国や既存国家アイデンティティとは異なる独自性を有することがあげられる。既存の国家にマージナルな存在であることが、別種のアイデンティティを生むのだ。

日本でも在日韓国・朝鮮人――なかでも一九九一年の出入国管理特例法による特別永住者並びにその子孫（オールドカマー）は、ディアスポラの性格を濃厚にとどめる。かれらの多くは、先祖が第二次世界大戦以前に朝鮮半島を後にした者が多い。独自の故郷に関する記憶や物語を有するが、三世、四世のアイデンティティは、日本国でもなければ、親の郷里の朝鮮半島でもない。親の郷里は、三世、四世ともなると知らないことが多い。そのため自らのアイデンティティは、特定の国家ではなく、東アジア人なり、よりグローバルな人間（市民）になる。

ついでにふれておくなら和人と結婚したアイヌの女性には、しばしば夫の家庭内暴力に悩んでいる者も多い。なかには、アイヌの民族的な特徴を盾にとり、暴力をふるう者もいる。外国人女性にも日本人夫との結婚で在留資格を得ている女性に、夫の暴力に苦しんでいる者がいるが、同じ日本人どうしでも民族的なものにつけいる夫がいるのだ。日本に民族的な差別がないというのは嘘で、これらの例は身近な家庭にも先住民族問題が潜んでいる例である。

これまでディアスポラとは、もともとユダヤ人の離散や祖国のない状態を指す否定的な意味が強かった。しかし、グローバル化の現在は、むしろ祖国にこだわらずに世界そのものを活動の場とする新しい生きざまを示す肯定的な響きをもって受け止められつつある。生まれた所、教育を受ける所、働く所、退職後に住む所、臨終の地が、いずれも同一地域なり国家という人は、将来マイナーな存在になるだろう。

アイヌの人々も自分たちの民族を固定的に捉える必要はないし、和人とも混成し、かつ今後も種々の民族と混成していくだろう。また活動の舞台も、その昔は北の大地であったが、将来もこの地に限定する必要はない。グローバル化の時代、むしろ自己の帰属を固定的に考える必要もない。

外国人労働者にしろ、移民労働者にしろ、一見すると本国で成功する見込みのない人が移動を繰り返すようにみられた時期がある。かれらに対する反発には、こうした見方がいくらか関係していた。しかしこれは根拠のない偏見であり、事実はむしろ逆のことの方が多い。本国に自分の能力を生かす場が無いか、自分の力をもっと大きな世界で試そうとする場合、移動する人も多い。そうであればこそ、世界的に高度人材の獲得合戦も熾烈さを増している。

こうした時代、生涯にわたり同一地域、国家という人は、将来、少数者になるだろう。国内ですらこれらの一致がとうに崩れている時代、以前の国家の位置に世界が変わりつつあることを思っても、ディアスポラこそ人間としての積極的な生きざまを示すバロメーターになりつつある。ディアスポラの消極的響きから積極的響きへの意味転換こそ、現代を象徴している。

「血液の単一純粋なる人種」はない

クレオールもまた、前世紀後半から重要な概念として浮かび上がってきている。この言葉は、本来「植民地生まれ（の白人）」を指す言葉だったという。それが、カリブ諸国で黒人奴隷がアフリカから大量に連れて来られ、そこで多くの子どもが誕生するにつれて、アフリカの子どもと区別するためにクレオールという言葉が使用されたという（西谷、7）。

この言葉は、その後転じて混じりあったもの、混成という意味に使用され、純粋でないもの、不純なものという意味で使用されるようになる。その使用も、民族だけではなく言語や文化と幅広く応用される。すなわち純粋とは、言葉としてのみ成立するものであり、民族にも文化にも純粋というものは存在しない。

日本人をみても、もともとはモンゴロイドの先祖がバイカル湖付近で生活しており、しだいに南下して日本列島にたどり着いたのが始まりである。今のように車も飛行機もない時代、かなりの年月をかけてたどり着いたのであろう。たどり着くまでに混成は何度も繰り返されたろうし、たどり着いた後も、その後やってきた者との混成は繰り返された。日本人が、モンゴル人や中国人、韓国人と近似しているのは当然のことであり、民族に純粋というのは存在しないのだ。

言語もしかり、文化もしかりである。混じり合ったもの、混成こそは真理であり、その意味では「不純なもの」こそ真である。すでに矢内原も「今日存在して居る人種は既に混血を重ねて来たのであって、決して血液の単一純粋なる人種はありません。その人種がまたいくつか集まって民族を成して居るのであるから、血液の絶対的純粋なる民族などはない」（矢、一八、283）と述べている。

新渡戸にも絶対数において少ないアイヌは、先にみたように和人と混じり合って生き続けることへの予感があり、そうした内容は他にもみることが可能である。かれもまた民族の混交を自然なこととみ、アイヌ民族文化と和人の文化が混じり合うところに、意味ある日本文化も生まれるとみた。

シャモでもアイヌでもない「日本人」

手元に『ペウレ・ウタリ』という本がある。副題に「ペウレ・ウタリの会、三〇年の軌跡」とある。この会は、和人の青年が阿寒湖でアルバイトをし、アイヌの青年たちと交流しているうちに夏の一時期だけの交流に終わらせたくないとして、東京に戻った後もアイヌ民族を忘れないで活動を続けてきた記録である。ペウレとはアイヌ語で「若い」という意味である。本書を数ページめくっただけでもいかに多くのアイヌ民族の若者が、故郷にいる限り、差別的な文脈で語られる「アイヌ」のイメージから逃れるために、札幌に、東京に脱出しているかがわかる。まさに祖国なき民、若人である。

そうしたなかであるアイヌ民族の若者が、さまざまな差別に傷つく過程で、自分はシャモでもなければアイヌでもない、自分は「日本人」だといって、これまで自分を苦しめてきた二分法から飛翔する姿を描いている。これはまさしく、クレオール的な人間の歩みに気づいた瞬間であろう。現在なら「日本人」でも狭く、同じ「人間」であり、「世界市民」だということになる。

シャモもアイヌ民族も、刻一刻と混じり合って変化してきたし、これからも変化していく。その混交、融合を繰り返す途上で、なに人、なに人種といってみてもあまり意味はない。繰り返しになるが、和人なり、日本人なりシャモになる前に、われわれの先祖は、大いに大陸を移動しながら混じり合ってきた。アイヌ民族もそうである。混じり合っている途上に、国民国家が生まれ、国民概念が成立し、そのうちのマジョリティが国家に中枢の位置を占め、マイノリティが周辺に追いやられた。この混交は、これからも絶え間なく続く。

現在は人々の営みが、まさにローカルからナショナルへ、そして当面はリージョナルへ、そしてさらにグローバル、ユニバーサルへと飛躍する過程といえる。その途上のシャモやアイヌ民族にこだわること自体、悠久な歴史の下ではあまり意味がない。すでに今日の多くの国際結婚が、その子孫を特定の国家の人間（国民）ではなく、より広域の東アジア人なり、さらには世界市民なり、地球市民となる夜明けを暗示している。現在世界各地で繰り広げられている民族闘争は、この長き産みの苦しみの渦中にある兆候ともいえようか。

第九章　アイヌの末裔と現代――北の大地の地域学習室から

1　ペンは武よりも強し――有珠先住民の挑戦

北の湘南

明治以降にわかに騒々しくなった有珠地域も、植民の流れが落ち着くにつれて平穏な大地に戻りつつあった。しかし最初の植民が行われてほぼ一〇〇年後の一九七〇年代、この地が突如、道内はもとより日本中をにぎわすことになる。知る人ぞ知る北海道電力が、火力発電所の建設予定地に決めたのである。

一九六〇~七〇年代といえば、産業開発が盛んに行われ、かつ公害にも世間の目が厳しくなるときである。水俣病訴訟や新潟水俣病の告発も行われ、学生運動も盛んだった。東大、日大闘争が、国家権力により沈静化されたとき、学生だけの運動に限界のあることを知った若者たちは、労働者に学べと叫び、勤労者や住民との連帯が盛んに問われるようになる。

当然、伊達火力発電所問題は、地域住民や道内の学生のみならず、日本の地域運動の代表になる。何しろ火力発電には大量の重油を必要とする。そこで温められた温水は、海に放流される。有珠海外沿いの主産業は、近海のホタテや漁業関係である。これらの従事者には、多くのアイヌの子孫が含まれる。こうして伊達火力発電所闘争は、漁民、労働者、マイノリティ、学生の日本を代表する地域運動にのし上がっていったのである。

北大闘争がもとで辞職した著名な同大助教授も伊達火力発電所闘争の輪に加わり、かつ、学生のなかにも付近の漁村に寝泊まりし、なかには大学を中退し、運動に身を投ずる者も現れた。東大闘争で要領のいい学生運動に厳しいまなざしが向けられていただけに、学生のなかにも、命がけで取り組もうとする者も現れたのである。このとき学生で、この地域の出身者ではないが、そのまま当地に定住した人々によって維持されたアイヌの子どもの地域学習室運動が、筆者に一世紀半以上も前に入植した伊達藩と結びつけて開拓と先住民族のことを考えるきっかけを与えてくれた。

伊達市は現在、人口三万五〇〇〇人ほどの町である。しかし士族の入植地という歴史もあり、剣道が盛んで、教育熱心な町でもある。町の中心部、市役所に近いところには剣道道場があり、今も子どもたちが熱心に稽古をしている。剣道大会も行われる。同時にこの町は、教育熱心な町でもある。街を歩いても目につくのは、塾が多いことである。さらにふれるならば、かつての伊達邦成公邸宅からほど遠くない所には寺もいくつかある。埋葬地の確保は、明日の身も知れぬ武士にとりなくてはならぬものだった。

藍の生産も行われている。これは、北海道でも数少ない生産地の一つであり、その歴史も明治期徳島からの移住者が壮瞥に住み着いたことに始まる。徳島はもともと藍の生産が盛んで、開国以降、藍の暴落により北海道への移住が始まる。当時の北海道の受け入れ先は、現在の余市だが、ほどなく満杯になり、路頭に迷ったところを、伊達邦成や家臣田村顕允の寛大な措置で壮瞥に入植した経緯がある。伊達での藍の生産は、その当時の邦成や顕允の要望による（平井、6）。移住先でも藩政時代の知恵が随所で発揮されたところに、伊達市と伊達藩のつながりの深さがわかる。

地域学習室の開設

現在、道内のアイヌの親たちの要望で一番多いのは、「子どもの進学、技術・技能の習得等子弟教育」に関するものである。道は、一九七二年から七年に一度、道内の「アイヌの生活実態調査」を行っている。そのなかに、アイヌ民族に今後どのような対策が必要かの設問があり、調査開始以来一貫して群を抜いて多いのが、この項目である。それというのも最新の二〇一七年の「アイヌ生活実態調査」でも（これまでの七年ごとの調査だと二〇二〇年前後だが前倒しで行われた）、高校進学率は市町村の九八・八（九八・六）パーセント（カッコ内は二〇一三年のもの）に対し、アイヌの血を引く者は、九五・一（九二・六）パーセント、高卒以後の進学率は市町村四五・八（四三・〇）パーセントに対し、アイヌ三三・三（二五・八）パーセントと、今なお差がある（ここでいう市町村とは、「アイヌの居住する市町村」のことであり、「アイヌの人たちが居住する市町村の全体の数値」を指す）。

このような状況のなかで、地域のアイヌの生活相談員であるAさんが、二〇〇〇年から取り組んだ運動にアイヌの子どもの学力向上を目指したアイヌの子どもの地域学習室がある。道内には、アイヌの人々の講習会や集会所として生活館が二〇数個ある。ここには、相談員が配置されており、市町村によっては市役所に勤務し、曜日を決めて生活館にきて地域に密着する形で、相談にのる方式の所もある。

伊達市の場合、相談員は市の社会福祉課に属するが、市がある胆振総合振興局（旧支庁）は、環境衛生課にある。環境衛生課とは日常的には今日、広く生活・健康に関する相談窓口でもある。人によってはこのような部署への配置に、アイヌ民族への構造的差別の残滓をみ、傷つく者もいる。以前、アイヌの居住地域はしばしば環境不良地域に指定されたが、その名残りを感じるのだ。事実、前述した『ペウレ・ウタリ』の本には、「不良環境地区対策によるアイヌ関係施設分布図」が載っており、道内の生活館や共同浴場の所在地が一目瞭然になっている（同、208–9）。

本書に出典は明示されていないが、「昭和四〇年七月現在」とあり、地域名や併設されている施設の種類等かなり精確・詳細なことを思うと、公的な関係機関で使用されていた（いる）ことを思わせる。とすれば、アイヌ居住地区が不良環境地区なり、対策の必要な箇所にみられていた（いる）ことになり、こうした過去を知る人にとり気になるのは当然であろう。移民や難民の受け入れ先進国では、「傷つきやすい境遇の人々への配慮」ということで、ヴァルネラブル（vulnerable）へのセンシティブな対応が求められるが、せっかくの支援がそこなわれるものであってはならない。

近年、アイヌの生活を向上させる運動も盛んになり、ウタリ協会（二〇〇九年四月、アイヌ協会に名称変更）自身も各支部活動を重視している。伊達地区でも支部活動重視のため、「アイヌ協会支部活動強化事業」が設けられ、「強化事業実施要綱」が定められた。そのなかの「事業の内容」には、次のようなものが、目的と同時に対象になるとされている。「アイヌ協会の支部活動の活性化を図るために、支部が独自に実施する事業に対する補助事業（支部活動強化事業費補助金）である。助成の対象となる事業は、次代を担うアイヌ子弟の育成、支部活動の中核となる成年や女性の活動の充実・強化など、支部活動の活性化を図り、もってアイヌ協会の組織強化を目的として行われる事業とする」（平成二四年度アイヌ協会支部活動強化事業実施要綱）。

Ａさんも支部強化事業の対象に、「次代を担うアイヌ子弟の育成」がうたわれていることを確認し、アイヌの子どもの学習支援に予算執行が可能と判断して学習会を立ち上げたのである。そのとき講師役を引き受けたのが、伊達火力発電闘争に参加し、その後もここに住み続けている人だった。一人は文系、もう一人は理系である。二人はいずれも大学時代に伊達火力発電闘争に身を投じ、それがきっかけで伊達市に居住し、その後も漁業関係の仕事や結婚で地域に留まった人である。いわば本気に地域運動に飛び込んだ人々である。

学習会活動は、順調に進んだ。正式名称は、「会員子供の為の学習会」である。家の誰かがウタリ協会（当時の名称）に会費を払っていれば、どの子も参加できる。ただし対象は、小学生と中学生である。申請時期は四月なので、開始の時期は七月からになる。最盛期の夏季を例にとれば、七月下旬に二回、八月上旬に三回の合計五回もたれ、その後は一二月まで毎水曜日と金曜日、小学生は国語と算数、中学生は英語と数学の授業がもたれた。登録者数は、小学生二〇人、中学生一五人である。

筆者も数回参加し、ときには英語や数学、社会の問題を児童生徒とともに考えたこともあるが、常時小・中学生合わせて七〜八人は来館し、多いときは数十人に及ぶこともあった。来館者は必ずしも学習するわけではないが、放課後以降、六時前後まで地域の子どもの居場所にもなっていたのである。

しかしこの地域学習室も、一〇年経つかたたないうちに閉室に追い込まれた。理由は、アイヌ協会本部の支部活動強化事業費の対象に関する解釈による。たしかに支部活動強化事業として、子どもの育成、若い人、女性への支援が並べられていたが、これはあくまでも他支部との交流を深めるための支部活動強化事業の一環であり、他支部との交流抜きの子どもの学力支援だけを目的としたものではないとの解釈が、協会本部から出されたのである。

規約の解釈しだいではどうともとれるものであるが、道内のほかの支部でこの規約に基づいて子どもの学習支援をしている所は、皆無とはいわないものの少なく、結局は本部の解釈に従わざるを得なかった。アイヌ協会本部の「事業内容」の解釈により、伊達支部協会会員の子どもの学習支援は打ち切られたのである。

ボランティアに引き継がれた学習室

しかし現在、数年のブランクをはさみ、再び地域学習室活動が始まっている。伊達市は北海道には珍しく気候温暖な所だと述べたが、道内はもとより内地でも定年退職した人が移り住んでいる。市もまた、新しい宅地の造成や空き家の開放等を進めることにより、全国から人口誘致を行っている。こうした市の方針もあってか、伊達市は、北海道の周辺化された地方都市の割に急激な人口減を免れている。

定年退職者で伊達市に移り住んだ人のなかから、二人の女性が立ち上がったのである。一人は、畿内の元小学校教員であり、もう一人も同じく畿内で小・中学校の理科の非常勤講師として互いに、長年教育研究に従事してきた方である。二人はともに、老後の生活地として伊達市に移り住んだ人である。ただし今回の学習支援の対象者は、会員の子どもに限らない。小学生と中学生がメインであることはそのままだが、エスニシティには関わりなく誰でも参加できる。なかには、伊達市の中心部から来る中学生もいる。生活館に来るには、市の中心部からバスで三〇分、列車でも徒歩を含めれば三〇分以上かかる。無料で勉強がみてもらえることがうわさを呼び、市中心部の生徒をも引きつけているのだ。

現在の学習室の再開には、大きな時代の流れを感じる。一つは、特定のエスニシティに限定して運動する時代ではなくなったことである。アイヌの親のかつての願いが子弟教育の充実にあることは、過去の調査が明らかにしている。しかし大学進学率が低いのは、エスニシティのせいばかりではない。胆振総合振興局は、本州では一つの県にも相当する広さだが、大学は室蘭工大と苫小牧駒澤大学の二つしかない。伊達周辺から苫小牧まで一時間半、最寄りの駅までの所要時間を加えればゆうに片道二時間は超える。

首都圏では二時間の通学時間はザラだから、何でもないように思われるが、列車の回数が二時間に一本であることを考慮すると、これほどのことをして大学に通う意味はあるかと誰もが思うだろう。道内のアイヌの大学進学率が低いのは、特定のエスニシティのせいばかりではなく、この近辺に住む多くの住民が等しく経験している産業構造の周辺化による。周辺住民は、共通の地域的・経済的課題に対し連帯していかなければならない。

二つは、学習室で指導する先生もまた、これまでの地域運動とは関係がないことである。現在の日本は、高齢化が進みどの地域も人口減少に悩んでいる。現在の定年退職者の多くは、学生時代学園紛争を経験し、社会の不条理に敏感で誠実に働いてきた人が多い。それだけに退職後は、自分の時間を有意義に活用し、かつ定年後も人の役に立とうとする気持ちが旺盛である。

数年前から再開された有珠地域の子どもの学習室活動は、対象となる児童生徒も指導する先生も、特定のエスニシティやこれまでの地域の運動とは直接的な関係をもたない形で、リセットされた。今後この活動がどのような軌跡をたどるか、見守っていきたい。

しかしそれにしても、北海道南部に道内で二番目に多い（本書三〇四ページを参照）日本の先住民族の子孫が、これほど住んでいることは知られているだろうか。しかもかれらの最大の関心が、子どもの教育であり、現在においても高校や大学への進学において和人と差のあること、生活困窮者が多く、失業率も高いこと、日本という均一と思われかねない空間に、以前からのエスニシティ問題が存在することはあまり知られていないのではないか。

アイヌ民族の現状

いやそれどころか、現在、アイヌ民族として自覚する人々がどれほどいるかも知られていない。表9－1は、道庁が七年ごとに行う「アイヌ生活実態調査」のここ四回の動向である（前述の通り一九七二年以降八回目の調査が、前倒しで二〇一七年に行われた）。二〇一七年の調査でアイヌ民族として自覚ある人は、一万三〇〇〇人強である。「自覚ある人」という表現をしたが、道庁のアイヌの人口の出し方は、自己申告制である。これは、自分にアイヌの血が流れている、自分もアイヌ民族の一員と自覚している人数である。

自分にアイヌの血が流れていることを知っていても、アイヌ民族としての自覚のない人は含まれない。反対にアイヌの人と結婚した配偶者は、アイヌの血が流れていなくとも、アイヌの人口に含まれる。またこの人口は、北海道に住む人だけである。推測の域を出ないが、東京にも一万人前後、大阪にも六〇〇〇人前後のアイヌ民族の後裔がいるといわれる。かれらもアイヌの人口には含まれ

表 9-1　過去 4 回の「アイヌ生活実態調査」報告書

	1999 年	2006 年	2013 年	2017 年
市町村数	73	72	66	63
世帯数	7755	8274	6880	5571
人口	23767	23782	16786	13118
生活保護率	37.2%	38.3%	44.8%	36.1%
保護の市町村との差	2.0 倍	1.6 倍	1.4 倍	1.1 倍
進学の奨励・技術・技能の習得	71.8%	78.6%	67.9%	70.3%

（出典　平成 29 年北海道環境生活部）

ない。

日本の統計類は概して正確であるが、こと少数民族アイヌに関しては、民族の規定から居住地にいたるまで、杜撰さが目につく。政府の公式見解では、日本には少数民族問題はないことになっており、こうした方針とも関係しているのだろうか。また道外で暮らしているアイヌ民族に関しても、もし道内に居住し生活が困難であれば、高校生には最大月額二万三〇〇〇円、年間二七万六〇〇〇円、専門学校の生徒にも高校と同額の支援（就学資金）が得られるが、これらの優遇措置を放棄しても道外で生活していることになる（親が道内に居住していれば子の進学が道外でも対象になる）。

前にアイヌ民族のディアスポラ性を論じたが、これらの受給できる権利を放棄してまで北海道を離れたのはなぜか、グローバル化の時代、離北がより積極的な意味からであれば構わないが、それだけではないのではないか。筆者が、アイヌ民族にもディアスポラ性をみるのはこのためである。

以前、七年ごとの調査票を配布する人の話を聞いたことがあった。この時期はいつも憂鬱だという。以前から調査に協力してくれた人を中心に配布するが、もうアイヌ民族であることを忘れたいのに、まだこのような調査をするのかとの反応を得るのがしばしばだという。配布するには、それぞれの地区にアイヌ協会があり、その名簿を参考にするが、生活が苦しい人にとっては年会費（二〇一八年時点有珠は、八〇〇〇円、以前は一万円）の捻出も楽ではなく、退会する人も後を絶たない。特に就学時の子どもがいなくなるか、家を購入する、建替える等の必要性がなくなると退会する人もいる。就学期の子どものいる人には、わずかながらも補助があるからである。

一方、退会したはずなのに調査票が配布されると、なぜいつまでも答え続けなければならないのか、となる。この背景には、せっかく質問に答えても、差別はなくならないし、アイヌ民族としての地位が向上するわけでもない、とのいらだちもある。前に二〇一三年に、アイヌの人口が過去二度の調査と比較し、一挙に七〇〇〇人も減少しているのをみたが、これには配布の仕方にも問題があったとされる。配布する側にも、答えたくない気持ちが痛いほどわかるため、逡巡するのだ。加えて市職員がまとめる時点で、この数字はさらに曖昧になるともいわれる。

二〇一七年の最新の動向によると、調査対象となった市町村数はそれほど多く減っていないものの、世帯数では前回より一三〇九世帯、人口では三六六八人減となっている。特に減少が著しいのは、日高振興局で、前年より世帯数で一〇三一世帯、人口にして二七〇〇人減である。わずか四年間の間にこれだけの世帯数減、人口減に関しては、慎重な検討が必要であろう。

今回の調査でアイヌの人口は日高より胆振振興局の方が多かったが、同じく減少したとはいえ、胆振は前年より世帯で一五九世帯、人口で五一九人減である。北海道でアイヌ人口の多い日高、胆振地方で、日高の激減が何によるのか、北海道のみならず和人も含め、人口減が日高で一段と進行していることなのか、調査に協力してもメリットがない故か、生活が改善され地域のアイヌ協会に所属する必要もなくなったからなのか――調査は主に北海道各地のアイヌ協会会員を中心に行われる――あるいは調査者側の問題か、気になるところである。

この分で減り続ければ、ようやく政府の目も日本の民族的マイノリティ（アイヌ）に向けられ、予算措置すら行われるようになったのに、いつ廃止されないとも限らない。もしこのところの二度に渡る急激なアイヌの人口減少に、アイヌの文化や芸能に直接関わらない自分には、何の益もないとの思いからなら、その気持ちもわからないわけではないが、それでも種々の支援制度を進学や住宅、貸付に役立てている人もおり、民族全体なり、日本社会の多文化という観点からも、答える必要はありそうだ。

ただ北海道の、なかんずく日高のような地域の人口減には、さらに歴史的に幾重にも積み重ねられたアイヌ民族や地域住民の重層的な周辺化も関係している。一つは、現在の日本の中枢から遠く離れた北海道の産業構造の置かれた位置、二つは開拓使が札幌に設けられた後の道内での位置関係、アイヌ民族が多く住む日高や胆振、釧路、根室等の振興局の問題である。札幌が東京の中枢に対し準周辺化されると、札幌以外の道内の諸地域は、完全に日本なり北海道の周辺に追いやられた。

こうした国内の政治、経済の周辺化に加えて、民族的にも少数者としてのアイヌの地位、それに伴う定住地での階級・階層構造、さらには祖父母の代からの国内植民地の結果として、生産手段の喪失と窮乏化による親、子、孫に至る負のスパイラルの再生産構造がある。こうした負の連鎖を何とか断ち切ろうと試みたのが、有珠の生活館の「会員子供の為の学習会」であった。経済的・地理的ハンディ故に（有珠は伊達市中心部から遠い）、塾に通えない子どもにも、市中心部の子どもに負けない学習機会のチャンスを与えたい、そうした切実な願いもあった。

国内植民地の後遺症

二〇一七年一〇月時点で東京、千葉、埼玉、神奈川の、いわゆる一都三県の人口は、約三六〇〇万人（外国人を含む）である。この一都三県の総面積は、一万三五〇〇平方キロメートル強であり、日本の総国土面積の三・五%に過ぎない。かくも狭小過密な空間に、日本の総人口の三分の一弱が集中している。

集中しているのは、人口ばかりではない。二〇一五年度の『学校基本調査報告書』によると、日本全国に大学は七七九あるが、このうち先ほどの首都圏には、二二四大学、全大学の二九%までが集中している。全国の大学のほぼ三分の一近くの集中である。

一方、本書の対象となった明治以降伊達藩等が入植し、先住民アイヌとその子孫の一部も生活する北海道胆振総合振興局は、総面積三六九八平方キロメートル、東京都（二一九一平方キロメートル）の一・七倍の所に、前述したが人口わずかに四二万人、二大学のみである。胆振総合振興局の面積は、北海道では小さい方だが、それでも本州ならそれより小さな府県は、東京以外にも大阪府、神奈川県、香川県、佐賀県等がある。

胆振総合振興局だけでは、北海道の実像はピンと来ないのでもう一つの振興局をあげる。アイヌの末裔が、これまで北海道でもっとも多いのは、隣の日高振興局である（二〇一七年の調査では、胆振より少なかった。これには慎重な検討が必要なことは前述の通り）。当振興局は、面積が四八〇〇平方キロメートル、人口はわずかに七万であり、大学はない。総面積が東京都の約二・二倍の所に、人口は東京都の一六〇数分の一なのだ。大学がないことに関していえば、道内では日高だけではない。檜山、根室、留萌振興局にもない。あらためて一極集中のすさまじさを知るが、これは近年に始まったことではない。

歴史的にいえば、近代以降、国内植民地の負の遺産の結果ではないか。明治維新を迎え、日本のほぼ中央の東京に都が定められた。天皇が皇居に移動し、東国の都としての中枢には、さまざまな資本が投下された。結果として中枢の比重が高まれば高まるほど、地方は周辺化された。あるいは同じことだが北海道では、開拓使の置かれた札幌の準周辺化が進めば進むほど、道内の地方の周辺化が進んだ。国内植民地の特徴は、失業率の高騰、労働力の高齢化、女性化、文化や産業の地域外、国外移転等に特徴がある。

海外の国内植民地論

同じ島国イギリスでスコットランドを国内植民地と捉えその独立運動を描いたのは、アメリカの社会学者、マイケル・ヘクター（Hechter, M. 1943–）である。今日スコットランドのハイランド地方は、過疎化が進み失業率も高い。スコットランドは、北部のハイランドと南部のローランドに大きく二分される。スコットランド全体もそうだが、特にハイランド地方はケルト系が住み着いた所である。いわゆるケルティック・フリンジ（ケルトの淵、へり）と呼ばれる地域である。

スコットランドのなかでもハイランド地方の住民に民族意識が強く、近年の独立運動でも看過できない動きを示すのはなぜか。もともとスコットランドは、南のイングランドとは異なる国であったが、一六〇三年「同君連合」の下に統一国家を形成した。一七世紀といえばイギリスの海外制覇の時代であり、世界の植民地化に乗り出した時期である。一八世紀には、議会も統一された。イングランドにとり、フランスと友好的なスコットランドをそのままにして海外に船出するのは、リスクが高い。一方、スコットランドにしてもイングランドと連合するのは、時代が時代だけに得るものも多かった。

日本でもマクドナルド（McDonald）をはじめ、マッカーサー（MacArthur）、マックイーン（McQueen）等、マックとつく名は知られている。もともとこの名はスコットランドを代表する名で、マクドナルドとはドナルド家の息子の意味である。しかし二〇世紀の後半ともなると、多くのイギリスの海外植民地は独立し、海外から得られるものも少なくなる。ＥＵにさえ加盟していれば、イングランドと一緒でなくともやれるとの思いも出てくる。卑近過ぎる例になるが、「金の切れ目が縁の切れ目」なのだ。

周辺部エスニシティの反乱

イギリス国内に目を転じると、産業の中枢はロンドンが占め、EU加盟後はロンドンの位置が一層高まった。人の流れもますます盛んになるが、それもスコットランドをみる限り、ローランド地方であり、イングランドと比較するならきわめて限定されたものである。スコットランドの特にハイランド地方の周辺化は、むしろ強まった。

ヘクターのインターナル・コロニアリズムの背後にあるのは、ウォーラースティン（Waller-stein, I. 1930–）の世界システム論、従属論、中枢・周辺論であり、さらにはレーニンの都市と農村の不均等発展の法則の応用である。

ヘクター理論で重要なのは、中枢部と辺境部で辺境部に独立運動が盛んなのはなぜか、ある地域に中枢部が形成されると、ほかはなぜ周辺化されるか、一国の富はなぜ均等に配分されないか、その意味では文化や産業が国レベルであたかも均等に拡散するかにみる単線的伝播主義者（diffusion-ist）への批判である。

一つの国をシステム的にみた場合、どの国にも政治・経済の中枢地域が形成されると、そのほかの領域は周辺化されざるを得ない。北海道は、近代日本社会が形成されたときから周辺化された地域として、本州や東京に従属することを余儀なくされてきた。その状況は今も続いている。エスニシティ間の対立とは常に存在するのではなく、財の不平等な配分に対する政治的表現であり、ときにそれが独立運動にまで昇華するということである。ケルトのナショナリズムとは、地域的発展に関する不平等への政治的表現、より正確にいえばナショナリズムとは、文化的分業（スポラン、タータン、バグパイプ等の固有のスコットランド魂の凝固物）を梃子とする民族的反発に起因し、その意味で産業化による統合には、もともと限界があるということ（McCrone. D, pp. 57–62、佐久間 一九九八、67）でもある。

矢内原の国内植民地論が、ここまで見通していたわけではないが、スコットランドで起きている国内植民地の特徴は、現在の北海道にそのままいえる。アイヌ民族に主流文化への対抗はあっても、独立運動がないのは、数が絶対的に少数なこと、さらに明治以降、徹底した同化政策がとられたこと、同じことだが「文明化」の下に先住民族の文化や価値に対する誇りが一掃されたことなどによる。

2　周辺地域に共通する課題

文化相対主義を想う

明治期にとられた文明化イデオロギーが、今日でいう進化主義的なものであり、それが大きなりスクをもつことはみてきた通りだが、維新前までの和人の文化それ自体が欧米の価値にふれ、遅れたものとみなされた結果、和人の劣等感は自然に近い先住民の文化や価値に対する尊大なまでの優越感となり、先住民への攻撃は熾烈を極めた。

当時の日本を代表する内村鑑三や新渡戸稲造が、なぜかくもキリスト教にのめり込んでいったかは、日本社会の一大転換期にあり、かれらの過去の規範になっていた士族の倫理・道徳が否定されるに及んで、それに代わりうるものを探し求めていた若者の琴線にふれたからであろう。当時は、和人もそして先住民族は一層熾烈に、文明化イデオロギーの嵐にさらされた。

この嵐は、二〇世紀最後まで続いた。二〇世紀の後半から多文化共生の時代を迎え、ようやく文化相対主義の意味を考え始めている。文明化という名の近代技術の止まることのない発展は、核の出現をもち出すまでもなく、地球生態系の破滅をもたらす野蛮化の象徴になろうとしている。ここにおいて人類は、先住民の自然にやさしい生きざまに、まじめに向き合おうとしている。

今なぜアイヌ文化なのか、これは十分に議論されなければならないが、少なくとも底流には、現在の文明化がこのままでは人類を破滅に導くのではないかとの予感がある。A・スミス、福澤、新渡戸、矢内原のいずれにもなかった発想である。明治期日本が出会った西欧の歴史観は、進化主義的発展史観であった。社会は、そのほかの動物と同じく、もっとも単純なものから順次、高度なものに進化していくとする考えである。しかし現在は、誰もが今のような歩みを継続していけば、やがて人類は、自然を消耗し尽くして破滅の奈落に突入すると感じている。

自然の支配に意味を見出した人類は、やがて自然により報復されるとは、社会学者ジンメルの警告であり（「自然に仕えることによって自然を支配するという命題には、われわれは自然を征服することによって自然に仕えるという恐るべき裏面がある」ジンメル　一九九九、545）、一九世紀のマルクスにはない歴史観である。二〇世紀前半を生き抜きある種近代の「正体」を察知したフロイトやウェーバーと同じく、ジンメルの警告は歴史の未来に希望を託せない文化ペシミズムの先陣を切ることにもなるが、今日の気候変動や生態系の破壊をみるにつけ、不気味にも現実味を帯びる。

人類の歴史観には、大きくみれば循環史観と直線史観があり、アジアはもともとインドに代表されるように、自然のリズムとの調和を重んじる循環史観の濃厚な所だった。しかし、イギリス等欧米諸国に植民地化されることにより、直線史観に感化されたが、二一世紀になり奇しくも日本では、東日本大震災や自然支配の象徴ともいえる原発神話が崩壊するなかで、自然との共生、共存が問われている。このときアイヌ民族で語り継がれた知恵が、その再生が、多文化の豊かさのバロメーターとなる。

人は集団のなかで思考する

筆者は以前（二〇一〇〜一一年）、有珠周辺のアイヌ民族の子どもを中心に、教育環境を調べたことがある。有珠は、伊達市九地区の一つで内浦湾に面し、ホタテを中心とした漁業の盛んな所である。明治時代に訪れたバチラー、イザベラ・バードともに、海と山の調和がもたらす景観を激賞したことはみてきたが、古くからアイヌ民族のコタンもあった。平成二八年（二〇一六年）一二月時点で和人を含む全人口は九五四世帯、一七〇一人である。

筆者の調査に協力してくれたアイヌ民族につながる子どもは、小学生一七人、中学生七人、高校生八人であり、主な項目は学習時間、習い事、学習塾や補習塾への参加、パソコンや携帯、個室、自分の机の保有状況、朝食・夕食の同伴者、新聞の購買状況、将来身につけたい学歴、つきたい仕事、海外経験の有無等である。有珠という小さな空間で、これほど多くの先住民族の子どもの教育環境を知ることができたのは、日ごろからアイヌ民族の生活相談にのって信頼厚い、A氏のお陰である。

これを東京都江東区の小学生児童四年生と六年生の総計二一〇名と比較したが、アイヌの同じ学年の児童は少ないので、アイヌの子どもの置かれている教育環境に関しては、対象者全員の三二名でみた。

詳細は省くが主な結果は、持ち物や住環境に関しては携帯電話を除き、個室といい、机、本棚、パソコンに至るまで東京と大きな差はなく、将来修めたい学歴に関しても大学や大学院をあげる子もおり、差がなかった。差がみられたのは、学習塾や補習塾、ソロバン、音楽、習字、スポーツ等の文化・教養に関する習い事と将来就きたい仕事であり、さらに学年が上がるにつれて日々の学習に費やす時間差である。携帯の保有は、通塾と密接に関係し、東京では安全確認のため親が与えるのである。

そのうえで見逃せないのは、将来行きたい教育機関や就きたい仕事が、有珠の子どもでは小から中・高と学年が上がるにつれて、地域に応じ現実的なものに変化していくことである。小学生の段階では、有珠の子どもの多くも身につけたい学歴に大学や大学院をあげ、就きたい仕事は、サッカーや野球の選手である。

しかし中学生、高校生になるにつれて、進学したいレベルが地域にある高校や専門学校と現実的に可能な範囲になり、就きたい仕事も日常的に見慣れかつ確認できる介護や漁業関係になる。外国人の子どもの調査においても、日本語が不自由ながら得たい学歴は大学や大学院であり、就きたい仕事も医師や弁護士、あるいはメディアに登場するプロのスポーツ選手である。

有珠の子どもは、身につけたい学歴や職業選択において、一部、外国人の子どもと反応が似ている。これは、身近な範囲にロール・モデルがないためであり、現代的用語でいえば、社会関係資本の欠如とも関係する。それは特に将来就きたい仕事に、医者、弁護士、研究者、作家等がないことにうかがえる。具体的な像が描きにくいのだ。そこで子どもたちは、自分を取り巻く環境のなかでしだいに現実的なものへと職業選択の判断を変えて成長している。周辺部の子どもにとっての成長とは、中枢部の子どもと共通の夢の剝奪過程ともいえる。

それだけに東京都の子どもとの将来設計における差は、地域の社会関係資本なり文化格差を示しており、同じ国民に生まれながら、中枢と周辺にまたがる落差のなかで生きざるを得ない現実である。その限りで有珠の子ども一人ひとりの反応は、単独で考え、行動した結果ではなく、自己の所属している社会集団のなかで思考し、社会集団の流儀に従って行動した結果（マンハイム一九七一、99）といえる。

知識社会学者マンハイムとともに今日の有珠の子どもたちの意識や行動を確認するなら、小学生も高校生も、個人で自分の現在や未来を考えているのではない。かれらは、「かれ以前に他人が考えてきている思考に加わる。……個人は、前代から引き継いだ状況、それも前代の状況にふさわしい思考様式をおびた状況のなかに自分がいることに気がつく」。したがって子どもたちは、成長とともに「状況がすでに形成された状況であることを発見」し、「その状況のなかでこれまた事前に形成された思考様式や行動様式を見いだす」（同、99–100、奥村、317）のだ。

集団としてみた場合の、中枢と周辺の子どもたちの意識の差は、明治以来植民地化した中枢と植民地化された周辺の人々との意識の差であり、中枢と周辺という何世代にもわたり蓄積されかつ歴史的に構造化された差である。憲法二六条にいう「すべて国民は、法律の定めるところにより、その能力に応じて、ひとしく教育を受ける権利を有する」が空疎に響く。

気になるのは中枢と周辺の文化格差が、目にみえない形で進行していることである。前述した通り、胆振、日高振興局地域は、人口も少ないが文化施設、特に高等教育機関も少なかった。資格を取るにも身近な所に訓練を受ける施設がない。しかしそればかりではなさそうだ。人は、集団のなかで思考し、集団とともに行動するといった。集団とともに行動するといっても、団体行動をするという意味ではない。マンハイムがいったのは、子どもを含め人間は、地域（国でもよい）の流儀に従い、地域の作法に従って行動するということだ。周辺化は、地域の学びの文化、作法をも危機に陥れる。

世界都市東京と周辺化の進む地域

そして二一世紀、矢内原もまた前世期に直感したように世界の一体化が進行し、あたかも世界が単一国家として、経済的にも政治的にも再編されようとしているなかで、東京がグローバル・シティとなり、東京圏がメガロポリス化し世界の拠点都市としての比重を高めれば高めるほど、日本の地方の周辺化・末端化が一段と進行する事実である。

最近、新宿駅前地下街を歩いても大きな変化を感じる。それは外国人が増えたことである。海外の人々が空港に到着すると、都心のターミナル駅に集結するから駅前周辺だけで判断することはできないものの、行き交う人のかなりの人が外国人である。日本への観光客誘致が大きな国家目標に定められ、その数も一千万単位から二千万、三千万と上げられ、現在は二〇二〇年まで四千万が政府目標とされるが、決して不可能な数でないほど海外からの来訪者が増えている。世界都市の特徴には、金融関係の集中化や情報の集積などと並んで外国人の占める割合の増加もあげられる。

世界都市ロンドンでは、住民の多国籍化が進行し、区によってはマイノリティがマジョリティとなる区も現れている。例えば、ロンドンの金融街の中心シティに隣接するタワー・ハムレッツ区は、とうに白人マジョリティが海外出身のマイノリティに抜かれ、かつ最近は、バングラデシュ系一エスニシティより少ない。すなわち二〇一一年の一〇年おきのセンサスでは、白人が区全体の三八％を占めるのに対し、バングラデシュ系は一エスニシティで三九％であり、全外国人では白人のイギリス人が、絶対的な少数者マイノリティに転落している。こうした世界都市の住民構成員の変化を通して、移民・難民外国人による都市ジャックの恐怖を植えつけるポピュリズム、ゼノホビアも台頭する。

日本で外国人が増えたといっても、外国人人口の比率の高い新宿区ですら全住民の一二・三％（二〇一八年）であるから、海外のように一エスニシティでマジョリティを占める区はまだない。しかし人口構成からみても、東京が海外の世界都市と同じくグローバル・シティ化しつつあることは確実にいえる。こうした日本の中枢都市東京の世界都市化に応じて、国内の他の都市も大きく変化している。これまで東の東京に対抗していた大阪が、準周辺化されると、独自の発展を目指していた名古屋の地位も大きく揺らぎ、準周辺化の位置に追いやられている。残りの札幌、仙台、広島、福岡も準周辺化され、付近の中小都市のセンターとしては機能しても、日本全体としての準周辺化の位置は免れがたい。

かくして日本全体の世界経済への接合の度合いが高まれば高まるほど、中枢や準周辺都市は、何とか都市の機能を再生できても、その他の多くの周辺化された都市は、地域の商店街の衰退が著しい。われわれの子ども時代に残っていた駅前商店街や地域の小売店は、中央の大手チェーン店の進出により、軒並み淘汰され、駅前シャッター通りどころか、町全体のシャッター化が進む。辛うじてにぎわっているのが、郊外に広い駐車場を設けることのできる中央資本並びに系列化されたスーパーマーケットである。北海道の伊達近辺の周辺化は、一層顕著である。

車がなければ生活が成り立たないところから、公共的な乗り物の利用頻度が少なくなると、定期バスが運行されても乗客は常時四〜五人となる。その結果、運行頻度はますます少なくなり、バス時間に合わせていては生活が成り立たないため、車への依存がいっそう高まる。公共的な乗り物は動いていても、乗客がいないため間引きされる悪循環の繰り返しである。悲惨なのは、ＪＲである。民営化されたときから予測されたことではあるが、道内のＪＲは、どこも廃線の危機を迎えている。車の運転のできない老人や未成年には、医療や学校という基本的権利すら満たせない現実に向き合わされている。

こうした近年の北海道の姿は、先住民族にはいっそう辛い現実として迫るようだ。再度貝澤に登場してもらうなら、内地は、「明治初期には失業武士団」を北海道に送り込み、資源の掠奪を欲しいままにした。その後も内地の貧乏な人々を送り込み、第二次世界大戦のときは疎開先として多くの人々を住み込ませた。戦後は海外からの「引揚者や家を失った者」や「除隊兵」に大地をわけ与え、かれらは大地の木々を採取して生活を切り盛りしたが、生活が困難になると内地に「引き上げてしまった」。北海道の資源は、奥地に至るまで掘りつくされ、資源も魚もなくなると、陸の足、「鉄道」ですら廃止されようとしている（貝澤、212）。われわれの大地を、自然を、返せとの叫びが聞こえる。

国内植民地としての性格を濃厚にとどめる北海道が、今後どうなるのか、北海道のみならず、北陸、山陰、四国の再生は、一都三県の世界でのメガロポリス化を前にいかに可能か、重たい課題に直面している。

周辺地域との連帯

東京のメガロポリス化が、日本全国にまたがる不平等をどの程度まで映し出すかはわからないが、北海道の周辺化されている状況の厳しさは窺える。加えてアイヌ民族には、民族的な差別も加わる。先述したが日本では、外国人に対し街頭で憎悪を煽るような行動にようやく規制が加えられた。正式名称を「本邦外出身者に対する不当な差別的言動の解消に向けた取組の推進に関する法律」という、二〇一六年六月公布・施行である。長いので通常、ヘイトスピーチ解消法と呼ばれる。全文を記したのは、いみじくも「本邦外出身者」と修飾語がついているように、アイヌ民族はこの法律の対象外である。札幌や道内、国内で、かれらの感情を刺激するような街頭演説、行動がなされても、取り締まることができない。なぜこのような括り方がなされるのか。

事実、二〇一八年八月三〇日の国連人種差別撤廃委員会も、ヘイトスピーチに対し、適用対象者を海外出身者に限定しないよう勧告している。これまでアイヌ民族は、あるときは「日本人」と同じであることが強制され、他のときは日本人と区別される。その結果、外国人以上に不利な位置に置かれることも起きる。一例をあげれば、在日韓国・朝鮮人の総数は、日本国内のどこに住んでいても等しく数えられる。特別永住者の地位も、日本国内ならどこに住んでも等しく付与される。しかしアイヌ民族は異なる。既述のように、アイヌ民族として統計に載るのは、北海道に住む者であり、道外居住者は民族統計から排除される。その結果、子どもの進路に対し道外居住者には就学資金等が付与されないことはすでに言及した。たかが統計データというなかれ、正確な統計数値は、基礎資料として支援や対策のもとになるものである。

明治以降、「帝国の北門」としてにわかに国家に編入された北海道は、先住民族アイヌの運命に象徴されるように、矢内原やマイケル・ヘクターのいう国内植民地の性格を濃厚にとどめる。近年の世界的規模で繰り広げられるグローバル化の動きは、道内住民の生活の足でもあるＪＲのリストラに象徴されるように、中枢部での世界的比重の高まりに反比例するかのように周辺部の荒廃は進んでおり、明治以降置かれてきたこの負の連鎖をどう断ち切るか、正念場を迎えている。

とりわけ筆者が、この感を深くしたのは、本書ではまったく言及しなかったが、グローバル化の進行により、近年、北の大地北海道の海外資本による買い占めが行われている事実である。矢内原が警告した、周辺部非資本主義的エリアの堀崩しによる、中枢部産業の発展という前世紀の周辺部の国内従属が、新世紀のグローバルな動きとともに国際従属にとって代わる萌芽がみられ始めていることである。

最初に付記したが、二〇一九年二月、政府は初めて、アイヌ民族が日本の先住民族であることを法律に明記し、支援する閣議決定を行った。この願いは、アイヌ民族の長年にわたる悲願だったが、政府は、国際的に先住民族の概念が明確ではないとして、かたくなに退けてきた。ところが、突然の先住民族に位置づける法律の決定である。この間、先住民族の概念に何かが加わったわけでもなければ、先住民族をめぐる議論が継続されてきたわけでもない。長らく政府が拒否してきたのは、先住民族に法律でも正式に認めると（二〇〇八年は衆参両議院での議会決議、国会承認のみ）、世界の通例として先住民族の権利としての土地の返還交渉やこの間の保障をめぐる訴訟が、怖いからではなかったのか。

民族共生の祭典オリンピックを前に、日本にも先住民族がいることを法律でも認め、多文化・多民族共生が実践済みであることを内外に発信し、あわよくば観光資源にも活用したい思惑がみて取れる。しかし、アイヌが先住民族であることを法律でも正式に認めた以上、長らく中枢部産業発展の梃とされた北海道の先住民族に対する土地の返還、自然の復元、さらに現在進行している海外資本からの大地の取り戻しも含め、今後の在り方を真剣に考える時期ではないか。これが本州の、和人の、国内植民地化したアイヌ民族や周辺部への中枢の、政治の責任であろう。

近代日本の黎明期に、国内植民地化された北海道がどうなるか、これからも目が離せない。

おわりに

筆者がアイヌ民族に関心をもったのは、いつ頃からだろうか。イギリスをしばしば訪れていたとき、筆者が関心をもつのは、かの国のエスニシティに関する問題でも、イギリス人が関心をもつのは、日本のアイヌや沖縄、「被差別部落」のことだった。いつか、かれらの関心に応えなければと思うようになっていた。

自分なりにアイヌ民族研究の視点を確立したいと思っても、これまでの研究史にはそれこそ膨大な蓄積がある。一方、世界を見渡すとグローバル化の下で、移民、難民問題が深刻度を増している。しかし移民、難民問題と並んで、日本では数年前まで植民問題を抱えていたのではないか。そう思って新渡戸稲造や矢内原忠雄を読み直してみると、日本の植民理論の草分けのかれらにも、独自の先住民に対する思いのあることに気がついた。こうして二本の支流は、一つの川となった。

従来、矢内原の植民思想は、さまざまな視点から読解されてきたが、意外にもかれの植民理論を北海道国内植民論として解読し、日本のナショナル・マイノリティとしてのアイヌ民族の危機をも語るものとしては読まれていない。矢内原植民論を、日本の先住民研究に生かすことが求められながら、これまでは不問にされてきた。本書は、その課題に応えることを目指した。

矢内原は、経済学者にみられているが、かれの植民論は、国家による権力的な支配・従属関係より、集団レベルでの新規入植者と先住民の社会的行為レベルでの「闘争と結合」に関心があった。これをかれは、形式的植民に対する実質的植民と呼び、植民研究のかなめとした。これは今日でいえば、すぐれて行為論的な社会学的実証研究に連なるものをもつ。

この現実重視の実証研究が、当時、中国大陸に忽然と姿を現した満州国の分析にも生かされた。当時の社会学者の大御所、高田保馬や新明正道は、大陸を訪問しても現実に進行している「東亜協同体」の庶民の生活には理念・政治以上に関心を示さなかった。政府側の思惑に依拠して、東亜協同体の意義・理想を一方的に論じたところに、多くの誤謬を生んだ。

矢内原は、社会学者以上に現実重視の姿勢を貫いたため、日本がアジアでしていることは、先進国がアフリカやアジアでしている帝国主義的侵略であることを見抜き、国家の方針と対立していくが、その意義を、新渡戸稲造、内村鑑三そして古くは吉野作造にも連なるキリスト教、自然の支配、非資本主義的外部としての北海道、資本の本源的蓄積、朝鮮・中国大陸論等、人の移動に関する独自の植民思想と絡めて考察した。

矢内原植民論の新たな読解の試みが、これまでと異なる思想をどこまで抉《えぐ》り出すことに成功したかは、読者の判断を待つしかない。

このような小論でも、言及しなければならない思想や問題は、多岐に及ぶ。特に新渡戸にも矢内原にも、膨大な書や資料があり、かつ旧仮名づかいも多く、現在ではパソコンにない字も少なくない。一部、新仮名づかいに改めた個所もあるが、思い違いのないことを祈っている。

本書執筆中の二〇一八年は、奇しくも新渡戸稲造が初代学長を務め、矢内原忠雄も演壇に立ち、二つのＪ（イエスと日本）について講演を行った東京女子大学の一〇〇周年記念にあたる。筆者が研究者のはしくれとしてスタートを切ったとき、一人ひとりの人格を最大限尊重し、自由闊達な研究の場を与えてくれたのは、ほかならぬ東京女子大学であった。本書の完成は、東京女子大学なり、新渡戸稲造の活動に合わせたわけではなく、節目の一致はまったくの偶然によるが、筆者としてはこれも何かの導きと感じている。

本書は、もう少し早くまとめる予定であったが、図らずも新設されたばかりの大学に身を置くこととなり、スマホももち歩く習慣のなかった筆者には、最新の機器を活用した授業収録、配信、学習管理システム等への備えに予想外の時間を費やすことになった。これまでの平穏な生活からすれば、未来の大学の講義はかくもビジュアル化、システム化、高速化されるのかと思いつつ驚嘆の日々を過ごしている。

本書を作成する上で実に多くの方にお世話になった。特に有珠のアイヌ民族の生活実態や子どもの教育に関しては、元地方公務員でアイヌ民族の相談員の方に大変お世話になった。訪問中印象に残るのは、相談員の方が生活館に来るどの子の要望にも、たとえ些細なことであれ真摯に向き合う姿である。子どもに接する者の原点をみる思いであった。

生活館の学習指導では、筆者も夏季の一時期訪問し、小、中学生と宿題をともに考えたりしたが、前の学習室のお二人の先生はもとより、現在の先生や市職員の方にいつも温かく迎えていただき、地元のことを含め多くのことを教えていただいている。これらの方々との出会いがなければ、本書は生まれなかった。心から御礼を申し上げるしだいである。

本書もまた、勁草書房並びに編集者藤尾やしおさんにお世話になった。藤尾さんには、矢内原の講演で全集に収録されていない、筆者自身どうしても探しきれなかった論集を探し出し、コピーまでして送付いただいた。執筆者冥利に尽きる思いであった。記して心から御礼申し上げるしだいである。

二〇一九年初春

佐久間　孝正

人名索引

ア行

カ行

サ行

タ行

ナ行

ハ行

マ行

ヤ行

ラ行

ワ行

事項索引

英字

ア行

カ行

サ行

タ行

ナ行

ハ行

マ行

ヤ行

ラ行

ワ行

参考文献

＊本書で頻繁に引用する矢内原忠雄と新渡戸稲造の文献表示は、以下の通りである。『矢内原忠雄全集』岩波書店からの引用は、カッコ内順番を、矢、巻数、ページ（例、矢、一、123）とし、『新渡戸稲造全集』教文館からの引用も基本的に同様とし、新、巻数、ページ（例：新、四、123）と略記する。いずれの書からの引用も、新仮名づかいに改めた箇所がある。

＊巻末の参考文献で一書しかないものは、本文中に苗字を載せ、複数あるときは名前まで記した。

アイヌ政策のあり方に関する有識者懇談会、2009『報告書』。

アイヌ民族共有財産裁判の記録編集委員会編、2009『百年のチャランケ――アイヌ民族共有財産裁判の記録』、緑風出版。

赤江達也　2017『矢内原忠雄――戦争と知識人の使命』岩波新書。

秋辺日出男他　1997『アイヌ文化の現在』札幌学院大学人文学部編。

秋元律郎、1979『日本社会学史――形成過程と思想構造』早稲田大学出版部。

浅田喬二　1990『日本植民地研究史論』未来社。

浅田喬二　1993「戦前日本における植民政策研究の二大潮流について」『歴史評論』513 号、校倉書房。

アレント，H.　寺島俊穂・藤原隆裕宜訳、1989『パーリアとしてのユダヤ人』未来社。

バウアー，O.　倉田稔一訳、1993『帝国主義と多民族問題』成文社。

バチラー，J.　仁多見巌・飯田洋介訳編、1993『ジョン・バチラー遺稿、わが人生の軌跡』北海道企画センター。

バチラー，J.　村崎恭子校訂　2008『我が記憶をたどりて――ジョン・バチラー自叙伝』北方新書。

バード，I.　時岡敬子訳　2008『イザベラ・バードの日本奥地紀行』上・下、講談社学術文庫。

コーエン，R.　駒井洋監訳、角谷多佳子訳、2001『グローバル・ディアスポラ』明石書店。
伊達市史編さん委員会編　1994『伊達市史』伊達市。
伊達宗弘・伊達君代　2004『仙台藩最後のお姫さま――北の大地に馳せた夢』新人物往来社。
蝦名賢造　2007『北海道大学の父　佐藤昌介伝』西田書店。
榎本守恵　1981『北海道の歴史』北海道新聞社。
榎本守恵　1993『侍たちの北海道開拓』北海道新聞。
エリクソン，E.　仁科弥生訳、1977『幼児期と社会』Ⅰ、Ⅱ、みすず書房。
エンゲルス，F.　1961「マジャール人の闘争」「民主的汎スラブ主義」『マルクス・エンゲルス全集』6巻、大月書店。
福澤諭吉　松沢弘陽校注、1995『文明論之概略』岩波文庫。
福澤諭吉　2002「西洋事情」『福澤諭吉著作集』第Ⅰ巻、慶応義塾大学出版会。
福澤諭吉　1960『福澤諭吉全集』第8巻、12巻、岩波書店。
藤永茂　1974『アメリカ・インディアン哀史』朝日選書。
藤井茂、2006「北の大地に魅せられた男――北大の父　佐藤昌介」岩手日日新聞社。
藤田若雄　1984『藤田若雄著作集』3巻、木鐸社。
後藤新平　1889『国家衛生原理』秀英舎第一工場。
ギゾー，F.　安士正夫訳、1987『ヨーロッパ文明史――ローマ帝国の崩壊よりフランス革命にいたる』みすず書房。
フロム，E.　佐野哲郎訳、1977『生きるということ』紀伊国屋書店。
蓮見音彦　1969「新渡戸博士の農業論」『新渡戸稲造研究』東京女子大学新渡戸稲造研究会。
花崎皋平　2008『静かな大地――松浦武四郎とアイヌ民族』岩波現代文庫。
半藤一利　2009『昭和史』平凡社。
平井松午　1986「徳島県出身北海道移民の研究」『人文地理』第38巻、第5号、人文地理学会。
平川祐弘　1990『進歩がまだ希望であった頃』講談社学術文庫。
平野健一郎　2000『国際文化論』東京大学出版会。
Hecter, M. 1975, *Internal Colonialism: The Celtic Fringe in British Na-*

tional Development, University of California Press.
ホブスン，J. A.　高橋哲雄訳、1983『異端の経済学者の告白』新評論。
ホブスン，J. A.　矢内原忠雄訳、1951、1952『帝国主義論』上・下、岩波文庫。
『北海道大学百年史』 1976、財界評論新社。
本多勝一　2001『アイヌ民族』朝日文庫。
池澤夏樹　2003『静かな大地』朝日新聞社。
飯田泰三　1994「吉野作造随筆解題」『経済志林』92巻、2号、法政大学法学志林協会。
家永三郎　1952『近代精神とその限界』角川新書。
井上勝生　1998「佐藤昌介『植民論』講義ノート植民学と札幌農学校」『北海道大学文学部紀要』46巻3号。
井上勝生　2003「札幌農学校と植民学——佐藤昌介を中心に」『北大百二十五年史、論文・資料編』。
井上勝生　2005a「佐藤昌介『植民論』初期講義ノート（上）——札幌農学校と植民学（二）」『北海道大学文学研究科紀要』115巻。
井上勝生　2005b「佐藤昌介『植民論』初期講義ノート（中）——札幌農学校と植民学（三）」『北海道大学文学研究科紀要』116巻。
井上勝生　2006「佐藤昌介『植民論』初期講義ノート（下の一）——札幌農学校と植民学（四）」『北海道大学文学研究科紀要』120巻。
井上勝生　2007「佐藤昌介『植民論』初期講義ノート（下の二）——札幌農学校と植民学（五）」『北海道大学文学研究科紀要』123巻。
井上勝生　2013『明治日本の植民地支配——北海道から朝鮮へ』岩波書店。
猪口孝他編　2004『政治学事典』縮刷版、弘文堂。
違星北斗　1984『違星北斗　遺稿　コタン』草風館。
入江公康　2004「『中間派』社会主義——高田社会学における社会／国家の相克」早稲田社会学会、『社会学年誌』45号。
鴨下重彦他編　2011『矢内原忠雄』東京大学出版会。
貝澤正　1993『アイヌ　わが人生』岩波書店。
掛川源一郎　1964『写真集・若きウタリに』研光社。
亀井俊介　1988『ナショナリズムの文学——明治精神の探求』講談社学術文庫。

金子文夫　1979「日本における植民地研究の成立事情」小島麗逸編『日本帝国主義と東アジア』アジア経済研究所。
金子文夫　1985「日本の植民政策学の成立と展開」『季刊　三千里』三千里社。
姜尚中　1996『オリエンタリズムの彼方へ』岩波書店。
萱野茂　1990『アイヌの碑』朝日文庫。
木村健二　1993「近代日本の移植民研究における諸論点」『歴史評論』513号、校倉書房。
北岡伸一　1988『後藤新平――外交とヴィジョン』中公新書。
北岡伸一　1993「新渡戸稲造における帝国主義と国際主義」『近代日本と植民地』4、岩波書店。
キムリッカ，W.　角田猛之他監訳　1998『多文化時代の市民権――マイノリティの権利と自由主義』晃洋書房。
小島麗逸編　1979『日本帝国主義と東アジア』アジア経済研究所。
小森陽一　2006『レイシズム』岩波書店。
今野敏彦・高橋幸春編　1993『ドミニカ移民は棄民だった――戦後日系移民の軌跡』明石書店。
クレヴクール，M.-G. J.　渡辺利雄他訳　1982『クレヴクール――アメリカ農夫の手紙』研究社。
久米邦武　1977〜1978『米欧回覧実記』（田中彰校注）1〜5、岩波文庫。
レーニン，В. И.　副島種典訳　1961『帝国主義論』大月書店。
ルクセンブルク，R.　長谷部文雄訳、1953〜1955『資本蓄積論』上・中・下、青木書店。
桑原真人　1982『近代北海道史研究序説』北海道大学図書刊行会。
マルクス，K.　全集刊行委員会訳、1968『資本論』2巻、大月書店。
McCrone. D. 1992, *Understanding Scotland: The Sociology of a Stateless Nation*, Routledge.
丸山真男　1986『「文明論之概略」を読む』上・中・下、岩波新書。
マンハイム，K.　高橋徹・徳永恂訳、1971「イデオロギーとユートピア」『世界の名著』、中央公論社。
マンハイム，K.　鈴木廣訳、1976「世代」『マンハイム全集』3巻、潮出版社。

三木清　2007『東亜協同体論集』こぶし文庫。
ミル，J.　水田洋・田中浩訳、1967「代議制統治論」『世界の大思想』2–6、河出書房。
ミル，J.　末永茂喜訳、1959～1963『経済学原理』1～5、岩波文庫。
宮地英敏　2014「北海道開拓使官有物払下げ事件についての再検討――誰が情報をリークしたのか」『経済学研究』第 80 巻、第 5・6 合併号、九州大学経済学会。
宮島喬　2014『多文化であることとは』岩波書店。
宮島利光　1996『アイヌ民族と日本の歴史』三一書房。
宮川透　1970『三木清』東京大学出版会。
宮本常一　2002『イザベラ・バードの「日本奥地紀行」を読む』平凡社。
メンミ，A.　菊地昌実・白井成雄訳　1996『人種差別』法政大学出版局。
村上勝彦　1993「矢内原忠雄における植民論と植民政策」『近代日本と植民地』4、岩波書店。
永井秀夫編　1998『近代日本と北海道――「開拓」をめぐる虚像と実像』河出書房新社。
中村勝己　1981『内村鑑三と矢内原忠雄』リブロポート。
南原繁　1973『南原繁著作集』7、9 巻、岩波書店。
南原繁他編　1968『矢内原忠雄――信仰・学問・生涯』岩波書店。
成田龍一　2007『大正デモクラシー』岩波新書。
日本社会学史学会　1985『社会学史研究』第 7 号、いなほ書房。
日本社会学会　1951『社会学評論』第 4 号、有斐閣。
西川長夫　1999『フランスの解体？――もうひとつの国民国家論』人文書院。
仁多見巌　1991『異境の使徒――英人ジョン・バチラー伝』道新選書。
新渡戸稲造　1969『新渡戸稲造全集』、1～5、15、17、20 巻、教文館。
小川正人　1997『近代アイヌ教育制度史研究』北海道大学図書刊行会。
小熊英二　1998『〈日本人〉の境界』新曜社。
岡蕃　1949『伊達町史』中西写真製版。
大江志乃夫　1992「第 1 巻まえがき」『近代日本と植民地』1、岩波書店。
大澤聡　2005「『東亜協同体』論をめぐる思想連関」『情況』8・9 号、情況出版。
奥村隆　2017『社会はどこにあるか』ミネルヴァ書房。

小内透編　2018『現代アイヌの生活と地域住民——札幌市・むかわ町・新ひだか町・伊達市・白糠町を対象にして』東信堂。
大内兵衛　1975『大内兵衛著作集』第 9 巻、岩波書店。
大内三郎他編　1993『日本キリスト教教育史——思潮篇』創文社。
太田雄三　1986『〈太平洋の橋〉としての新渡戸稲造』みすず書房。
太田雄三　1995『英語と日本人』講談社学術文庫。
小沢三郎　1961『内村鑑三不敬事件』新教出版社。
折原浩　1969『危機における人間と学問』未来社。
折原浩　1998、ウェーバー『社会科学と社会政策にかかわる認識の「客観性」』「解説」、岩波文庫。
ペウレ・ウタリの会　1998『ペウレ・ウタリの会　三〇年の軌跡』現代企画室。
良知力　1993『向う岸からの世界史—— 一つの四八年革命史論』ちくま学芸文庫。
坂野徹　2005『帝国日本と人類学者—— 一八八四－一九五二年』勁草書房。
佐久間孝正　1998『変貌する多民族国家イギリス』明石書店。
佐久間孝正　2017「近代日本の植民思想とナショナル・マイノリティ——アイヌ民族差別との関連で」『移民政策研究』第 9 号、明石書店。
佐久間孝正　2019「新明正道の『東亜論』——矢内原忠雄の『満州論』との関連で」庄司興吉編『二一世紀社会の仕組みと変え方』近刊予定。
佐々木馨　2001『アイヌと『日本』——民族と宗教の北方史』山川出版社。
佐藤昌彦・北海道大学大学文書館編　2011『佐藤昌介とその時代』増補・復刻、北海道大学出版会。
シャモワゾー，P.・コンフィアン，R.　西谷修訳　1995『クレオールとは何か』平凡社。
白井暢明　2010『北海道開拓者精神とキリスト教』北海道大学出版会。
新明正道　1936『ファッシズムの社会観』岩波書店。
新明正道　1939『東亜協同体の理想』日本青年外交協会出版部。
新明正道　1941『政治の理論』慶應書房。
新明正道　1942『民族社会学の構想』三笠書房。
新明正道　1944『社会学辞典』河出書房。
新明正道　1946『デモクラシー概論』河出書房。

新明正道　1968『綜合社会学の構想』恒星社厚生閣。
新明正道　1979『現代社会学の視角』恒星社厚生閣。
新明正道　1978『新明正道著作集』第 1 巻、誠信書房。
新明正道　1976『新明正道著作集』第 2 巻、誠信書房。
新明正道　1980『新明正道著作集』第 8 巻、誠信書房。
新明正道　1985『新明正道著作集』第 10 巻、誠信書房。
新明正道　1927『経済往来』「人物評論　新渡戸稲造」第 2 巻 4 号。
STV ラジオ編　2002『ほっかいどう百年物語』中西出版株式会社。
ジンメル・G　居安正訳、1994『社会学』上・下、白水社。
ジンメル・G　居安正訳、1999『貨幣の哲学』白水社。
新約聖書、1981　共同訳・全注、講談社。
スミス・A　1969、1970、米林富雄訳『道徳情操論』上・下、未来社。
スミス・A　1965、大内兵衛・松川七郎訳『諸国民の富』(1〜5)、岩波文庫。
スミス・A／巣山靖司・高城和義他訳　1999『ネイションとエスニシティ』名古屋大学出版会。
スペンサー・H　清水禮子訳、1970a「進歩について」『世界の名著』36、中央公論社。
スペンサー・H　清水禮子訳、1970b「科学の起源」『世界の名著』36、中央公論社。
スペンサー・H　清水禮子訳、1970c「知識の価値」『世界の名著』36、中央公論社。
鈴木範久　1984『内村鑑三』岩波新書。
副田義也　1997『教育勅語の社会史――ナショナリズムの創出と挫折』有信堂高文社。
副田義也　2002「日本社会学におけるジンメル体験・断章――新明正道のばあい」『ジンメル研究会会報』第 7 号、ジンメル研究会事務局。
副田義也　2003『死者に語る』ちくま新書。
副田義也　2014『生活保護制度の社会史』増補版、東京大学出版会。
高倉新一郎　1947『北海道拓殖史』柏葉書院。
高倉新一郎　1972『新版　アイヌ政策史』三一書房。
高倉新一郎・林喜茂監修、渡辺茂編　1972『新稿　伊達町史』上・下、三一書房。

高岡熊雄　1926『増補　農政問題研究』成美堂。
高岡熊雄回想録編集委員会　1956『時計台の鐘』楡書房。
竹野学　2003「植民地開拓と『北海道の経験』——植民学における『北大学派』」『北大百二十五年史、論文・資料編』。
竹岡範男　2006『唐人お吉物語』文芸社。
高田保馬　1939『東亜民族論』岩波書店。
高田保馬　1942『民族論』岩波書店。
田中彰・桑原真人　1996『北海道開拓と移民』吉川弘文館。
田中修　1986『日本資本主義と北海道』北海道大学図書刊行会。
田中愼一　1982「植民学の成立」『北大百年史　通説』ぎょうせい。
田中愼一　1984「新渡戸稲造と朝鮮」『季刊　三千里』三千里社。
トクヴィル・A.　井伊玄太郎訳、1987『アメリカの民主政治』上、講談社学術文庫。
帝国大学新聞　1927年5月23日、1930年2月17日、1932年4月25日、1934年2月26日、1935年12月2日。
テッサ・モーリス＝鈴木・大川正彦訳　2000『辺境から眺める——アイヌが経験する近代』みすず書房。
東北社会学研究会　1985『社会学研究新明正道先生追悼特別号』東北大学社会学研究室。
富田虎男　1982『アメリカ・インディアンの歴史』雄山閣。
富田寅雄　1989『北海道とアメリカ・インディアン』札幌学院大学人文学会紀要第45号、別刷。
鶴見祐輔　2004〜2005『正伝　後藤新平』1、3、4、藤原書店。
植木哲也　2015『植民学の記憶—アイヌ差別と学問の責任』緑風出版。
ウェイクフィールド・E・G　中野正訳　1947〜1948、『イギリスとアメリカ—資本主義と近世植民地』、日本評論社。
ウェーバー・M　尾前栄一訳　2003『東エルベ・ドイツにおける農業労働者の状態』未来社。
ウェーバー・M　田中真晴訳　1965『ウェーバー、政治・社会論集』「世界の大思想」23「国民国家と経済政策」河出書房。
ウェーバー・M　中村貞二訳　1968『ウェーバー、宗教・社会論集』「世界の大思想」Ⅱ-7「プロテスタンティズムの教派と資本主義の精神」河出

書房。
上田万年著　安田敏朗校注　2011『国語のため』平凡社。
内川永一朗　2009〜2010「後藤新平の真髄」『岩手日日新聞』、岩手日日新聞社。
内田弘編　2007『三木清　東亜協同体論集』こぶし文庫。
内村鑑三　1938『余は如何にして基督教徒となりし乎』岩波文庫。
内村鑑三　1939『基督教徒のなぐさめ』岩波文庫。
内村鑑三　2014『宗教座談』岩波文庫。
内村鑑三　1981〜1982『内村鑑三全集』岩波書店。
若林正丈　2001『矢内原忠雄の「帝国主義下の台湾」精読』岩波文庫。
和田春樹　2010『日本と朝鮮の一〇〇年史』平凡社新書。
XYZ　1927「新渡戸稲造論」『経済往来』第2巻第4号、日本評論社。
山岡淳一郎　2014『後藤新平——日本の羅針盤となった男』草思社文庫。
安田泰次郎　1941『北海道移民政策史』生活社。
安田敏朗　2006『「国語」の近代史——帝国日本と国語学者たち』中公新書。
山川力　1996『明治期アイヌ民族政策論』未来社。
山口和男　1956「初期のマックス・ウェーバーにおける経済政策論」出口勇蔵編『経済学説全集』第6巻、河出書房。
矢内原忠雄　1963「植民政策研究」『矢内原忠雄全集』1〜5、13、15、16、18、19、23、24、29巻、岩波書店。
矢内原忠雄　1940『余の尊敬する人物』岩波新書。
矢内原忠雄　1949『続　余の尊敬する人物』岩波新書。
矢内原忠雄　1952『大学について』東京大学出版会。
矢内原忠雄　1958『私の歩んできた道』東京大学出版会。
矢内原忠雄　1969『内村鑑三とともに』上・下、東京大学出版会。
矢内原忠雄　1978『嘉信』(5) 自1959〜至1961、新地書房。
矢内原勝　1987「矢内原忠雄の植民政策の理論と実証」『三田学会雑誌』80巻4号、慶應義塾経済学会。
山田伸一、2011『近代北海道とアイヌ民族——狩猟規制と土地問題』北海道大学出版会。
山本鎮雄　1998『時評家　新明正道』時潮社。
山本鎮雄　2000『新明正道』東信堂。

参考文献

山本鎭雄・田野崎昭夫編著　1996『新明社会学の研究』時潮社。
山本美越乃　1927『改訂　植民政策研究』弘文堂書房。
山本美穂子　2011「台湾に渡った北大農学部卒業生たち」『北海道大学大学文書館年報』6。
米谷匡史　2003「矢内原忠雄の〈植民・社会政策〉論」『思想』945、岩波書店。
米谷匡史　2006『アジア／日本』岩波書店。
吉田正生　2007「中学校社会科歴史教科書におけるアイヌ民族記述（近世史）の誕生」、北海道教育大学旭川校、社会系教科教育学会『社会系教科教育学研究』第 19 号。
吉野作造　1995〜1997『吉野作造選集』1〜15、別巻書簡、岩波書店。
吉野作造講義録研究会　2016『吉野作造政治史講義――矢内原忠雄・赤松克麿・岡義武ノート』岩波書店。
渡辺茂　1973『伊達小史』北海道出版企画センター。
渡辺茂編　1972『新稿　伊達町史』上・下、三一書房。

著者略歴

1943 年　生まれ
1970 年　東北大学大学院教育学研究科教育学専攻博士課程中退
現　在　東京通信大学教授
著　書　『外国人の子どもの不就学』（勁草書房，2006），『移民大国イギリスの実験』（勁草書房，2007），『外国人の子どもの教育問題』（勁草書房，2011），『在日コリアンと在英アイリッシュ』（東京大学出版会，2011），『多文化教育の充実に向けて』（勁草書房，2014），『多国籍化する日本の学校』（勁草書房，2015）
訳　書　M. アンワル『イギリスの中のパキスタン――隔離化された生活の現実』（明石書店，2002）

移民と国内植民の社会学
矢内原忠雄の植民論とアイヌ民族

2019 年 5 月 20 日　第 1 版第 1 刷発行

著　者　佐《さ》久《く》間《ま》孝《こう》正《せい》

発行者　井　村　寿　人

発行所　株式会社　勁《けい》　草《そう》　書　房

112-0005　東京都文京区水道 2-1-1　振替　00150-2-175253
（編集）電話　03-3815-5277／FAX　03-3814-6968
（営業）電話　03-3814-6861／FAX　03-3814-6854
理想社・松岳社

ISBN978-4-326-65422-2　　Printed in Japan